当代交通运输领域经典译丛

多式联运与物流发展的制度挑战

Jason Monios 著

付 鑫 王建伟 刘瑞娟 译

人民交通出版社股份有限公司
China Communications Press Co.,Ltd.

内 容 提 要

本书是一本从交通运输地理学、空间经济学以及制度经济学等多学科视角来探讨多式联运与物流发展的专业性读物。本书采用了"理论+实例"相结合的内容构成方式,其在经典的制度经济学理论框架下,首先阐述了制度设计对多式联运活动的影响;之后,通过对多式联运发展过程中联运场站与区域的发展关系、联运活动与物流活动的相互影响,以及多式联运发展背景下运输通道的形成三部分进行探讨,对多式联运发展过程中港口区域化和腹地一体化这一核心议题进行了系统阐述;最后,总结了多式联运与物流发展过程中各个环节的分类治理关系,以及两者在融合发展过程中所面临的制度挑战。

本书可供交通运输规划、运输管理、经济地理等相关学科专业的科研人员,交通运输行业部门管理者,多式联运和物流行业活动的从业者以及相关专业的院校师生参考使用。

图书在版编目(CIP)数据

多式联运与物流发展的制度挑战 / (英) 詹森·蒙埃尔斯 (Jason Monios) 著;付鑫,王建伟,刘瑞娟译. —北京:人民交通出版社股份有限公司, 2017.3
 ISBN 978-7-114-13660-3

Ⅰ. ①多… Ⅱ. ①詹… ②付… ③王… ④刘… Ⅲ. ①海上运输—货物运输—多式联运—物流—研究 Ⅳ. ①U695.2②F25

中国版本图书馆 CIP 数据核字(2017)第 024846 号

书　　　名:	多式联运与物流发展的制度挑战
著　作　者:	Jason Monios
译　　　者:	付　鑫　王建伟　刘瑞娟
责任编辑:	夏　犇
出版发行:	人民交通出版社股份有限公司
地　　　址:	(100011)北京市朝阳区安定门外外馆斜街 3 号
网　　　址:	http://www.ccpress.com.cn
销售电话:	(010)59757973
总　经　销:	人民交通出版社股份有限公司发行部
经　　　销:	各地新华书店
印　　　刷:	北京市密东印刷有限公司
开　　　本:	787×1092　1/16
印　　　张:	11.5
字　　　数:	248 千
版　　　次:	2017 年 3 月　第 1 版
印　　　次:	2017 年 3 月　第 1 次印刷
书　　　号:	ISBN 978-7-114-13660-3
定　　　价:	36.00 元

(有印刷、装订质量问题的图书由本公司负责调换)

序

多式联运是依托两种及以上运输方式的有效衔接,提供全程一体化组织的货物运输服务,具有产业链条长、资源利用率高、绿色低碳效益好等特点。发展多式联运,对于增强经济发展新活力、延伸绿色发展新路径、培育开发开放新优势具有重大现实意义。

习近平总书记指出,"十三五"期是交通运输转型发展的黄金时期,推进供给侧结构性改革,促进物流业降本增效,交通运输大有可为。党中央、国务院高度重视多式联运发展,《国民经济和社会发展第十三个五年规划纲要》《"十三五"现代综合交通运输体系发展规划》等均提出要加快发展多式联运。交通运输部党组深入贯彻落实党中央、国务院决策部署,将发展多式联运作为"十三五"期现代综合交通运输体系建设的战略导向,作为深化交通运输供给侧结构性改革的重要载体,从规划布局、通道建设、标准制定、示范引领等方面采取措施,持续推进多式联运发展。2016年底,经国务院同意,《交通运输部等十八个部门关于进一步鼓励开展多式联运工作的通知》(交运发〔2016〕232号)印发实施,进一步明确了多式联运在国家层面的战略定位,明晰了部际间、政企间统筹推动多式联运发展的工作纲领。

在各级交通运输管理部门和运输企业共同努力下,我国多式联运发展取得了初步成效,标准规范逐步完善,先进组织模式不断推广,市场主体快速成长,一体化服务能力明显提升,多式联运综合效益逐步显现。但与发达国家相比,我国多式联运发展尚处于初级阶段,仍存在一些问题。欧美发达国家经过多年实践,在多式联运发展方面积累了丰富经验,形成了较为完善的多式联运服务体系,值得我们学习借鉴。

他山之石,可以攻玉。为进一步研究借鉴发达国家推进多式联运发展的先进经验,交通运输部运输服务司组织长安大学有关教授学者编译了《多式联运与物流发展的制度挑战》一书。该书将理论研究与案例剖析相结合,系统阐述了影响多式联运与物流发展的地理与制度因素,归纳梳理了美国、欧洲等国家和地区在多式联运设施规划布局、组织模式创新、制度政策制定等方面的经验做法,并对未来多式联运与物流发展进行了制度展望。希望该书的编译出版,能够为政府管理部门制定完善我国多式联运发展的制度政策,为相关研究机构加强多式联运理论与技术研究,为有关企业提升多式联运经营管理水平提供有益借鉴。

交通运输部运输服务司
2017 年 7 月

译者的话

多式联运,特别是基于标准化载运单元的多式联运,被认为是综合交通运输体系发展的高级阶段。在各种运输方式(公路、铁路、水路等)经历了各自竞相发展的阶段之后,如何能够让不同的运输方式之间有效合作,实现深度融合,从整体的角度来提升综合运输效率,是当前和今后一段时期,综合交通运输体系建设的发展方向,也是促进物流活动水平提升的重要途径。然而,需要指出的是,在多式联运发展过程中,除了各种交通运输基础设施、运输装备以及相关技术因素之外,资源禀赋、地缘因素、管理水平、制度设计和人员等方面,都会对多式联运以及物流的发展产生重要的影响,正如本书作者所说"运输问题不仅仅包括运输方式和运输活动,也关乎政治、资金、人和权力",因此,"如何推动多式联运与物流在不同空间尺度上的发展,很大程度上是一个制度问题"。

英国爱丁堡龙比亚大学运输研究所的 Jason Monios 高级研究员编写的这本《多式联运与物流发展的制度挑战》,正是一本在传统的交通运输地理学和空间经济学的理论基础上,融合了制度经济学的研究思想所形成的研究著作。本书的研究目标,是在物流发展内涵的前提下,聚焦多式联运的若干主题。在内容上,本书主要从制度结构概念设计的角度出发,采用归纳研究的基本方法,在分析了制度设计的基本影响因素后,采用案例研究的形式,对多式联运与物流发展过程中的三个关键议题——联运场站、物流活动与运输通道分别进行了研究,之后,对于多式联运在区域或地区管理体制下的治理框架以及制度的适应性进行了探讨。

本书的一个重要特色是契合了"港口正在以多种不同的形式向内陆延伸"这一现实情况,提出了港口区域化的概念,进而研究了随之出现的港口腹地一体化和物流活动集成化的研究议题。本书的研究内容也是围绕这三个方面展开的。书中对于内陆"无水港"的选址与功能配置、物流活动与产业活动的整合、港口与腹地间物流通道的构建等重要研究主题,以及与之相应的多式联运过程中的公路、铁路以及水路承运人在运输和物流活动中的重要作用,都进行了细致而完整的表述。

在交通运输部运输服务司、水运局的组织下,我们完成了本书的翻译工作。本书主要内容可分为8部分:第1章——引言;第2章——多式联运与物流的地理学;第3

章——制度在多式联运与物流中的作用;第4章——案例研究(欧洲):多式联运场站;第5章——案例研究(英国):多式联运物流;第6章——案例研究(美国):多式联运通道;第7章——多式联运与物流发展的制度挑战;第8章——多式联运与物流制度选择和未来。

在本书翻译过程中,采用了"初译—修订—中审—校核"的工作组织模式,付鑫、王建伟、刘瑞娟、郑文龙、张诗青、杜逸芸、马姣姣共同完成了初译、修订阶段的翻译工作,之后,由付鑫、刘瑞娟、郑文龙、张诗青等人根据中审阶段提出的意见,对全书进行了修改,最后,付鑫、王建伟对全书进行了统筹和校核。

在此,感谢长安大学经济与管理学院的孙启鹏教授、马暕教授对本书提出了细致的修订意见。

特别感谢交通运输部运输服务司对翻译工作的指导和帮助;感谢交通运输部规划研究院谭小平所长、交通运输部科学研究院李忠奎主任、国家发改委综合运输研究所李玉涛副研究员、北京交通大学荣朝和教授、对外经贸大学王晓东副教授、东南大学张永副教授、上海海事大学王学锋教授、世能达物流(天津)有限公司王睿经理、成都国际陆港运营有限公司总经理周俊波先生、连云港港口控股有限公司副总裁张子扬先生等专家在分章评阅的基础上,又提出宝贵的意见和建议。最后,要感谢人民交通出版社的领导和相关编辑人员,感谢朱伽林社长、韩敏总编辑,使得"当代交通运输领域经典译丛"这一工作得以实现,感谢李斌主任一贯的鼎力支持,感谢夏犟编辑以及相关人员对本书的专业性编辑和校对。

对于交通运输行业的管理人员、科研人员以及广大的从业者而言,我们认为这是一本具有较强专业性的学术著作,因此,也希望本书能够从运输地理学和制度经济学的视角,加深各位读者对于多式联运发展过程中的运输系统构建和区域运输发展战略制定的认识和理解。本书涵盖的内容较为广泛,专业程度较高,因此,囿于译者的知识体系和英文水平,本书在翻译过程中难免存在诸多偏颇不足之处,也希望能够得到各位读者的悉心指正。

付 鑫

2016年11月

多式联运与物流发展的制度挑战

　　Jason Monios 在本书中提供了一个令人耳目一新的研究视角,以此来研究港口区域化的有关问题,通过大量令人信服的研究实例,揭示了在内陆场站的开发过程中,沿海港口的经营者是否能够深入地参与到这一过程中,是其成功与否的关键。本书同时阐明了在各个海运港口相互交织的腹地格局下,港口间开展集体性运输活动(集中化运输,collective action)的需求,为腹地物流的发展问题研究提供了一个有益的、整体性的研究视角。

　　　　　　　　　Eduard de Visser,战略与创新部主管,阿姆斯特丹港

多式联运与物流发展的制度挑战

——港口区域化与腹地一体化中的治理问题研究

Jason Monios
爱丁堡龙比亚大学,英国

ASHGATE

ⓒJason Monios 2014

版权所有。在未经出版商许可的情况下，本出版物的任何部分不得以任何形式或手段进行复制、转载，或存储在检索系统当中，包括电子化、机械化、影印、摘抄或其他形式。

Jason Monios 受版权及设计与专利法案（1988 年）保护，用以声明作者在本书中的工作。

由下列机构出版

Ashgate 出版有限公司　　　　　　　　　Ashgate 出版公司
Wey Court east　　　　　　　　　　　　110 Cherry street
Union Road　　　　　　　　　　　　　　Suite 3-1
Farnham　　　　　　　　　　　　　　　Burlington，VT 05401-3818
Surrey，GU9 7pt　　　　　　　　　　　USA
England

网址：www.ashgate.com

英国出版图书馆编目数据
本书目录可以从大英图书馆馆藏记录中查到。

国会图书馆编目印刷版本如下：
Monios，Jason.
多式联运与物流的制度挑战/港口区域化与腹地一体化中的治理问题，Monios，Jason. 著
包括参考书目与索引。

ISBN 978-1-4724-2321-4（hardback）—ISBN 978-1-4724-2322-1（ebook）—ISBN 978-1-4724-2323-8（epub）1. 集装箱化. 2. 货物与货运. 3. 商业物流. 4. 海港经济. I. 标题. II. 系列：运输与机动性系列

TA1215. M66 2014
385'. 72--dc23
2014003393

ISBN 9781472423214（hbk）
ISBN 9781472423221（ebk-PDF）
ISBN 9781472423238（ebk-epPUB）

作者简介

Jason Monios 博士是英国爱丁堡龙比亚大学交通运输研究中心的高级研究员,他领导的研究小组主要从事海运及物流方面的研究和咨询项目。他的主要研究领域是多式联运,尤其关注港口和内陆运输参与者在腹地接入管理方面的关系。

致　　谢

我想首先感谢本书中涉及的 100 名受访者,在这一研究过程中,他们慷慨地和我分享了他们的时间和知识。没有他们的帮助,本书是不可能完成的。我特别想感谢那些帮助安排调查和访谈的人:Xavier Gese(西班牙)、Fedele Iannone 博士和 Angelo Aulicino(意大利)、Gavin Roser(英国)和布鲁斯·兰伯特(美国)。

本书中,欧洲研究部分的资金由"无水港研究计划"提供,由欧盟通过"Interreg IVB 北部海域计划"来资助。美国部分的研究则由爱丁堡皇家学会资助。

如果没有 Gordon Wilmsmeier 博士的帮助,本书也不可能完成,他与我合作的许多思想都体现在了本书当中。此外,我的研究所主任,Kevin Cullinane 教授也一直在支持这个项目。

最后,谢谢各位编辑、Markus Hesse 教授和 Richard Knowles 教授,对本书的出版、指导建议以及最终手稿所提供的帮助。

Jason Monios

前　言

　　本书是英国爱丁堡龙比亚大学运输研究所在 2009 年到 2012 年间对多式联运和物流系列研究中的一部分。尽管海运部门已经进行了许多关于提高横向和纵向一体化的研究,而本研究的关注点则在于验证这种一体化过程是如何在内陆开展的,内陆的货物流动在本质上更加复杂,因此,其与海运所产生的影响有着不同之处。

　　在过去的十年中,货物运输增长十分迅速,因此,其作为交通地理研究领域的一个分支,仍有待深入研究。当然,它的相关概念仍然需要进一步的界定。如果说交通运输地理在理论上的研究落后于其他地理学领域的研究的话(Hall 等人,2006),那么,从理论角度看,货物运输也同样处于落后于其他类型交通方式的理论研究的境地(Ng,2013)。交通运输地理的研究是很少跨学科开展的,因此有时会过于单一,也许我们在研究过程中忽视了一个事实,即运输问题不仅仅包括运输方式和运输活动,也关乎政治、资金、人和权力,这就意味着,有必要从人文地理的角度来研究交通运输地理的若干问题(Shaw 和 Sidaway,2010:p.515)。对于货物运输而言,这意味着单纯考虑与物流相关的内容已经不足以解决一些实际问题。

　　虽然本书提供了一些运输行业中相关实践进展的全面概述,并且验证了空间对于货物运输的运营和操作方面的限制和影响问题。但是,需要指出的是,这本书并不是一本实用手册,也不是一本教科书。读者如果想寻求多式联运实践方面的持续研究,可以参考 Lowe(2005)的研究成果。对于运输在物流和配送中所发挥的作用,可以参考 Hesse(2008)的研究成果。其他研究则从更广泛的历史发展视角(Levinson,2006;Bonacich 和 Wilson,2008),或者全球视角(Dicken,2011;Friedman,2005)对集装箱运输问题进行了系统研究。同样地,那些渴望看到交通地理的教科书的读者应该参考 Knowles 等人(2008)和 Rodrigue 等人(2013)的研究成果。本书虽然分析了一些概念上的学术问题,但尽管如此,其仍然是牢牢地扎根于现实案例当中的。

　　在过去五年左右的时间里,多式联运的研究不断升温,联运场站和无水港研究的学术论文大量出现在一系列的学术期刊上,很多公共资金也致力于此方向,希望能够支持政府的减排目标、交通拥堵改善和经济增长等问题。本书将试图证明的是,这些动机并不容易实现,特别是在同一时期内同时实现。因此,本书的目的,是在物流发展内涵的前提下聚焦多式联运的研究主题,以此来说明,多式联运要想取得成功,所面对的一系列困难是很难解决的,这取决于该部门的企业组织的复杂性。海运部门已经发生了一波并购整合浪潮,这种整合并没有发生在陆地运输上,在假设多式联运中的陆路联运与两个大型港口之间的运输一样简单时,是需要非常慎重的,这些港口之间是由相同的运营商和船运公司,通过全球化和纵向一体化的手段来进行整合的。陆路运营商的运营模式是非常重要的,无论运营商能否在多式联运服务上取得成功,这些服务都是基于合作、整合、巩固和计划能力的。这些不仅仅是操作层面关注的问题,很多手段都是从治理模型演化出来的实际案例中得到的。如果政策的制定者要达到他们的目标,促进多式联运发展的话,那么公共部门的规划者和资助者不仅需要了解基于理想化的联运交通流量下的潜在成本和排放减少水平,而且还需要理解在整合和规划均衡的多式联运运输流量过程中存在的困难。

为了解决这些问题,我们采取了一个跨学科的研究方法,试图来达到另外一个目的,即扩展现有的运输地理理论方法、应用经济地理学和制度经济学的相关学术见解来进行研究。这种方法研究体现了我的研究理念,即交通运输地理还有很多需要深入研究的地方,尤其是货物运输的地理学问题,这也对地理学研究中的其他学科分支做出了一定贡献。多式联运和物流的地理学研究为探索各种各样的理论研究命题提供了肥沃的土壤,即聚焦于一个用于支撑成功的多式联运与物流的制度结构概念框架。特别指出的是,港口区域化策略,以及其他的腹地一体化策略提供了一个启发性的线索来跟踪概念的演化,它可以用来诠释其他研究领域的一些理论尝试,无论是空间上的(例如,分析集聚和中心化)或制度上的(例如,分析治理和制度转型)。

还需指出的是,本书主要关心的是铁路运输,而不是水运。虽然集装箱多式联运是由铁路和船舶联合来进行的,但铁路运输迄今为止仍是多式联运的主力。船舶方面的研究成果则倾向于关注运营层面的操作,而不是策略制定以及港口一体化过程中制度方面的内容。

缩 略 词

3PL Third-party logistics provider 第三方物流供应商
AAR American Association of Railroads 美国铁路协会
AASHTO American Association of State Highway Transportation Officials 美国国家公路运输协会
ARC Appalachian Regional Commission 阿巴拉契亚地区委员会
BNSF Burlington Northern Santa Fe 北柏林顿圣塔菲公司
CNRS Company neutral revenue support 中性税收支持公司
DC Distribution centre 配送中心
DFT Department for Transport 交通运输部
DOT Department of Transport（美国）交通运输部
DRS Direct Rail Services 铁路直达服务
ECML East coast mainline 东海岸线
ECT European Container Terminals 欧盟集装箱场站
EFLHD Eastern Federal Lands Highway Division 东部联邦公路部门
FCL Full container load 整箱货
FFG Freight Facilities Grant 货运设施补助金
FGP Factory gate pricing 出厂价
FHA Federal Highways Association 联邦高速公路协会
HAR Hinterland Access Regime 腹地进入制度
HMT Harbour Maintenance Tax 港口维护税
ILU Intermodal loading unit 多式联运装载单元
ISTEA Intermodal Surface Transportation Efficiency Act 地面多式联运效率法案（冰茶法案）
ITU Intermodal transport unit 多式联运运载单元
LCL Less than container load 拼箱货
Mar Ad Maritime Administration 海事局
MPO Metropolitan Planning Organisation 大都市区规划组织机构
MSRS Modal Shift Revenue Support 收入支持模式转换
MTO Multimodal transport operator 多式联运运营商
NDC National distribution centre 国家配送中心
NIE New institutional economics 新制度经济学

NS　　Norfolk Southern 诺福克南方(公司);诺福克南方(铁路)
ORDC　　Ohio Rail Development Commission 俄亥俄州铁路发展委员会
PCC　　Primary consolidation centre 主要集中托运中心
PPP　　Public-private partnership 公私合营
RDC　　Regional distribution centre 区域配送中心
REPS　　Rail environmental benefit procurement scheme 铁路环境改善采购计划
RTI　　Nick J. Rahall Appalachian Transportation Institute 阿巴拉契亚运输研究所
RTP　　Regional transport partnership 区域运输伙伴关系
SAFETEA-LU　　Safe, Accountable, Flexible and Efficient Transportation Act: A Legacy for Users 运输安全、舒适、灵活和效率法案:对使用者的馈赠
SFN　　Strategic freight network 货运网络策略
SKU　　Stock keeping unit 库存单位
TAG　　Track access grant 追踪访问权限
TEA-21　　Transportation Equity Act for the 21st Century　21世纪运输公平法案
TEU　　Twenty-foot equivalent unit　20ft 标准集装箱
TIGER　　Transportation Investment Generating Economic Recovery 运输投资刺激经济复苏
UP　　Union Pacific 联合太平洋铁路(公司)
VDRPT　　Virginia Department of Rail and Public Transportation 弗吉尼亚州铁路与公共交通部
WCML　　West coast mainline 西海岸线
WFG　　Waterborne freight grant (货物)水运津贴

目 录

第 1 章 引言 ·········· 1
1.1 开展多式联运的意义 ·········· 1
1.2 港口区域化背景下的多式联运与物流 ·········· 2
1.3 研究方法 ·········· 3
1.4 本书的内容构成 ·········· 5
1.5 研究结论的影响与关联性 ·········· 6

第 2 章 多式联运与物流的地理学 ·········· 7
2.1 引言 ·········· 7
2.2 多式联运与物流的地理学认知 ·········· 7
2.3 港口的演化：从扩张到区域化 ·········· 24
2.4 结论 ·········· 30

第 3 章 制度在多式联运与物流中的作用 ·········· 31
3.1 引言 ·········· 31
3.2 制度学派概述 ·········· 31
3.3 制度和治理 ·········· 34
3.4 治理理论在港口的应用 ·········· 35
3.5 治理理论在多式联运中的应用 ·········· 36
3.6 治理理论在物流中的应用 ·········· 37
3.7 多式联运与物流相关的关键治理问题总结 ·········· 38
3.8 结论 ·········· 39

第 4 章 案例研究（欧洲）：多式联运场站 ·········· 40
4.1 引言 ·········· 40
4.2 多式联运场站研究的文献回顾 ·········· 40
4.3 案例选取和研究方案设计 ·········· 45
4.4 案例 1——港口驱动型的内陆场站 ·········· 46
4.5 案例 2——内陆驱动型的内陆场站 ·········· 56
4.6 案例研究与分析 ·········· 61
4.7 结论 ·········· 68

第 5 章 案例研究（英国）：多式联运物流 ·········· 70
5.1 引言 ·········· 70

5.2　多式联运物流研究的文献回顾 ·················· 70
　5.3　案例选取和研究方案设计 ······················ 74
　5.4　案例研究展示 ································ 75
　5.5　案例研究与分析 ······························ 90
　5.6　结论 ·· 95
第6章　案例研究(美国)：多式联运通道 ··············· 97
　6.1　引言 ·· 97
　6.2　关于集体行动(集中化运输)和联运通道研究的文献回顾 ··· 97
　6.3　案例选取和研究方案设计 ······················ 100
　6.4　案例研究展示 ································ 100
　6.5　案例分析与研究 ······························ 109
　6.6　结论 ·· 116
第7章　多式联运与物流的制度挑战 ··················· 118
　7.1　引言 ·· 118
　7.2　联运场站和物流平台的治理制度分析 ·············· 118
　7.3　联运场站和物流平台之间的分类治理关系 ·········· 123
　7.4　探讨 ·· 125
　7.5　总结 ·· 126
第8章　多式联运与物流制度选择和展望 ················ 127
　8.1　引言 ·· 127
　8.2　多式联运与洲际物流的地理特征对比 ·············· 127
　8.3　广义港口地理学背景下的多式联运与物流 ·········· 130
　8.4　港口活动参与者的制度适应性 ···················· 133
　8.5　结论和未来的研究方向 ·························· 134
索引 ·· 136
　图 ·· 136
　地图 ·· 136
　表 ·· 136
参考文献 ·· 138

第1章 引 言

1.1 开展多式联运的意义

多式联运这一话题,是在政府政策、规划文件、行业宣传手册以及学术期刊文章不断涌现的背景下提出的。政府主张推行多式联运这种运输模式,是因为其可通过运输方式的无缝衔接来实现节能减排,同样,也可通过减少拥堵问题来促进经济增长,并且能够更加顺畅地参与全球贸易。在公共规划文件中,会有类似于"无水港"这样的术语,似乎其对那些缺乏竞争力的地区是一种"灵丹妙药",并且所有公共权力部门在制定交通运输战略时,似乎都需要某种物流平台来整合和巩固业务,以降低运输成本,并促进当地的就业等。很多企业都将自己宣传为集成化、一体化的物流服务提供商,可为顾客提供多种多式联运的运输服务以供选择,并且通过"多式联运(intermodal)""合作运输(co-modal)"以及"协同运输(synchromodal)"等多种前沿和流行的词汇,来争取其在运输市场中的主导地位,从而占据更多市场的资源。同时,学术界也试图跟上这些发展趋势,对新发展带来的运输成本、时间节省或排放量减少等进行测算。

在欧洲,尽管投入了大量的公共资金,但由于运输距离短、需求碎片化、装备不平衡等各种运营方面的原因,多式联运依旧与公路货运存在着矛盾。而这些问题也给美国国内的短距离运输带来了挑战,这个国家广阔的地理范围意味着其同时也存在一个大型的长距离联运市场。发展中经济体的国家则正在努力赶上这种发展趋势,虽然它们对改善物流效率的要求要比低排放和低成本的要求更为强烈。

多式联运的运输策略可以基于不同的动机、行为、功能和物流方式来制定。多式联运的场站可以靠近港口、与港口保持中等距离或远离港口。港口的目标也许是缓解拥堵,或找到腹地来作为港口间竞争的手段。运输场站和运输通道既可以通过港口权力部门(港务局)、港口运营商和运输服务提供商来发展,例如铁路运营商或第三方的物流提供商,也可以由公共机构,无论是国家、区域或地方的公共机构来发展。多式联运的商业模式可以基于在大容量、长距离的运输连接过程中实现规模经济,或者是在物流系统的改进基础上形成的,例如提供集装箱化的运输设施,或者是允许快速清关。即使在对多式联运运营过程中的各项挑战都进行了充分的努力尝试,但这些努力仍然没有解决来自于多个方面的问题。这当中存在一定的争议,即如果不能完全理解支撑每一项发展的制度关系,那么这项发展可能会失败,即使存在足够的已知需求。

对多式联运发展的经营策略缺乏清晰的认识,部分原因在于,虽然对于多式联运的运营实践已经相对比较熟悉,但对其制度层面的挑战仍理解不够。制度研究方法早已被应用在地理学和其他诸如经济学等的其他学科领域中,只是在最近几年,这样的视角才开始转向货物运输的地理学研究,目前,也只有很少量的学术期刊论文形式的成果。这也意味着,本项研究工作是第一次以著作的形式来讨论这个课题。

1.2 港口区域化背景下的多式联运与物流

传统货物运输的空间分析研究,已经扩展到了对运输连接复杂性的治理过程中的制度关系问题。最近的研究表明,如何推动空间发展,很大程度上是一个制度问题(de Langen 和 Chouly,2004;Van der Horst 和 de Langen,2008;Van der Horst 和 Van der Lugt,2009;Van der Horst 和 Van der Lugt,2011)。这种发展观点让我们认识到,现代运输活动的参与者正在一个日益复杂和日渐精益的运输与物流环境中进行运营和操作,同时,还伴随着在多个不同尺度的规划机制。运输仅仅作为派生需求的观念受到了挑战,进而转化为一种新的一体化需求概念(Hesse 和 Rodrigue,2004;Rodrigue,2006;Panayides,2006;Hesse,2008)。同样,节点与通道所构成的网络使得物流与空间发展间的关系变得更为复杂,因为它们或许无法充分发挥自身的关键功能——可能不仅仅是受到有形设施不足的约束,更有可能是缺乏连通性或无法适应更加广泛的网络范围。本书研究的重点之一,是铁路运输的利用问题❶;客户企业决定转为使用铁路运输方式,可能是由多种因素驱动的,包括外部环境的压力(如燃料价格、法律法规、客户要求等)或物流战略(如中央式仓库或配送网络、自有车队或第三方物流)(Eng-Larsson 和 Kohn,2012)。然而,专家们认为,运输在物流环节中的作用,以及供应链管理的很多问题一直在不断地研究当中(Mason 等人,2007)。

本书旨在通过港口区域化的研究框架,针对性地解决多式联运与物流的发展过程中在制度方面的挑战问题(Notteboom 和 Rodrigue,2005)。港口区域化是港口发展的一种新思路,它更加关注港口内陆腹地的发展,并从过去主要关注港口的空间地位,转向更加关注制度建设。

本研究识别并探究了港口区域化概念中暗含的发展过程,包括多式联运场站的发展、物流一体化策略以及解决集体行动(collective action,可理解为"集中化运输")问题时的制度过程。港口区域化的概念,比多式联运涵盖的更加广泛,上述的三个发展过程,都与这一概念有着密切的联系,这是因为,相关的基础设施和主导产业的整合,意味着可以夺取或掌控那些主要的通道和运载中心。港口区域化的概念依赖于有效的多式联运基础设施和运营,其支撑着夺取和掌控腹地所需的一体化水平。如果港口的区域化不能得以实现,其原因一定是没有深入地分析多式联运与物流在空间以及制度上的特征,没有充分地理解它们的含义。

这本书的基本问题,是试图理解港口和腹地间运输和物流的一体化过程,并将其与已经被深入研究的海上运输领域进行对比。在过去的十年中,船运公司和港口的场站经营者通过兼并和收购的方式,合并和整合了他们的一些投资项目组合,结果产生了一些主导型的企

---

❶ 多式联运包括铁路和船舶开展的集装箱运输,铁路运输是目前文献中最常研究的问题。船舶相关的文献(如 Choong 等人,2002;Trip 和 Bontekoning,2002;Groothedde 等人,2005;Konings,2007;Konings 等人,2013)则更倾向于运营方面的操作,而不是枢纽发展和港口一体化在制度方面的问题。

业。这些企业已经明显地从规模经济和范围经济中获益,这使得他们能够提供一个港口到港口的、无缝式的多式联运服务。许多内陆的运输参与者(actors)都在竭力追求同样的趋势,但是,如果想让多式联运取得真正意义上的成功,并且在经济上可行的话,那么,陆路运输的运营就需要达到一个与海运类似的整合水平。陆路运输有不同的特征,而且这一特征非常具有挑战性(McCalla 等人,2004)。正如格雷厄姆(1998:p.135)所言:"陆路运输的特点是投资相对较低,运营费用则相对较高,自身集中化运营的需求规模较小,是一种具有相当水平的无收益的活动,需要海运来进行横向的转移支付。"本书探究了这些过程的本质,以此来确定多式联运与物流发展过程中的制度壁垒。

1.3 研究方法

本书使用的研究方法主要是归纳法。归纳推理法的思路通常是从具体情况到一般情况(这与演绎法所指"从一般情况推演具体情况"的方向刚好相反)。这种方法开始是先进行观测分析,以识别事物当中的模式,之后,从中得到相应的假说和相关理论。与演绎法类似,归纳研究法也可从文献当中的理论开始,但演绎研究的目的往往是验证一个理论(或验证来自理论的假设),而本书使用归纳方法,则是要寻找还没能被当前理论所解释的那些现象,并试图发现新的理论,以寄希望于其能够对相关的差异做出解释。

Kelle(1997:未标注页码)建议,"定性研究者的理论知识并不象征性地表现为具有明确命题的完整连贯链条,以便从中可以推导出精确的模型和验证性的测试,相反,它往往是形成一个松散但连续的启发式框架概念"。

这有助于研究者集中注意在该领域中的某些现象。归纳法着眼建立一个可行的假设或推测,而不是一个宏大的理论,它是基于逻辑的,而不是统计或概率的(Cronbach,1975;Patton,2002)。根据 Seale 的观点(1999 年:p.52),研究者在无法获得明确知识的框架下寻求证据,并不追求短期内达成最终真理,但总是依据新的证据进行不断修正。他将这一观点进行了论证,认为可以通过个别研究者的技能来构建一个基于观察和规律性数据的有效框架,也可以通过既有的建构性知识研究,在实证真理与社会知识架构中找到一个平衡点,尽管这个可能不完美的框架是被用来对某一个特定主题进行探究的。

根据 Yin(2009)的观点,当要问的是"如何"和"为什么"这样的问题,研究者对事件不具掌控力(在实验方法论中也许可以),并且研究对象无法从其独特的语境中分离出来时,案例研究法就比较合适。本书研究也采用了案例分析方法,而且在不同案例分析的章节中使用了不同的研究方法(参考第 2 章和第 3 章)。

案例研究可以分别采取定性或定量的研究方法,也可以将两者结合(Mangan,2004;Näslund,2002;Woo,2011b)。定性的案例研究也需要捕捉到丰富的数据,并从这些"深度描述"中得到解释(Stake,1995)。根据韦氏词典(1988:p.16)的表述,案例研究是"特殊性、描述性和启发性的,并在很大程度上依赖于处理多个数据源的归纳推理"。因此,案例研究方法的关键是对定性数据进行深度挖掘,事实上每一个案例的特性都在于案例本身,以及尝试着从不同的角度理解这种现象(Simons,2009)。

本研究的数据收集是主要基于专家访谈法获得的,超过 100 名的受访者参与了这本书的实证部分研究。通过这些文档资料的分析,并不断进行扩充,就可以建立一个案例研究数据库,然后可以根据主题来进行分析。案例研究的方法为实现这项研究的目标提供了丰富且必要的资料和数据。港口区域化的概念需要更进一步的深化,而只有在具体案例的分析中,才可以加深理论解释,并改进和完善港口区域化的概念。本书没有采用唯一的空间视角,而是尝试使用多种理论来指导。因此,所研究的问题是开放性的,其目标并不是只适合某一特定的环境(如英国的港口区域化),对于理论概括(如改进或扩展理论)来讲,案例分析方法应可适用于多个目标的归纳。

第4章讲述了一个多重个案的设计,分析了欧洲众多的内陆场站的发展情况。

第5章和第6章都采用了单独的案例研究方法,并分别对每个案例进行了深度分析,目的是探讨如何在行业中解决这些问题。这些案例都是通过立意抽样选择的,而不是利用随机取样,选择它们是因为它们具有了某些确定的特征。特别在案例选择是为了理论目的的时候,它们之所以被选择还因为其潜在具有理论贡献的意义。它们可以被用来检验当前的场站类型划分,探索新的类型,并予以完善。尤其在基于多重案例的第四章的内容设计过程中,每一案例都为内陆新兴场站的类别划分提供了参考。第5章和第6章则是基于单一案例的深入分析,因此,这些案例被选中,是因为它们对相关的理论具有代表性。

在展示研究成果时,重要的是保留丰富的数据,并据以归纳总结来回答研究中的问题。Flyvbjerg(2006)认为,"案例研究既不能是几个主要问题的简要叙述,也不能是直接总结结果。案例本身就是结果,对其进行回顾意味着这些敏感的主题并非从理论出发就能简单地解决"(pp.238-9)。此外,总结案例研究的问题更多是基于现实的属性研究,而不是仅仅将案例研究作为一种方法(p.241)。另一方面,Miles 和 Huberman(1994)建议经常使用表格和矩阵以指导分析过程和展示研究结果。

本书中的案例研究都是通过结合叙事形式和列表来总结关键的研究证据,然后,在每一章的最后进行讨论。潜在的因素被用于构建研究结果,对问题进行整体研究是为了了解发生的过程,因此叙事性的风格可以更为详细地讨论这些问题,并允许在实际分析中注意更多细节。这种方法可以使读者按照研究过程得出自己关于案例本身的结论,也可以实现认识的一般化并将其转移到其他案例的研究中(Seale,1999;LeCompte Goetz,1982)。

同样重要的是,不能忽略同专家的交流,专家访谈提供了深度接触实际的机会,而不仅仅满足于过度抽象的分类判断。因此在每一章中用来总结主要研究结果的表格里,也都包含了来自访谈的实践案例的总结。考虑到某些细节的商业敏感性,它们在保留前已经过必要处理(主要是在第5章)。

案例研究的分析方法可以用来总结问题。Bryman(2008:p.55)表示,可适性或外部有效性并不是目的:案例研究人员不认为案例研究仅仅代表其本身的情况,它代表的应该是一类情况。案例研究可以用来概括理论命题,这意味着其目的是扩大和概括理论(分析概括),而不是列举频率(统计概括)(Yin,2009:p.15)。Hammersley(1992)命名了两种概括理论和实证研究的方法,Lewis 和 Ritchie(2003)则将统计或经验的普适性划分成两种,即表征和推理。本研究的目标是分析普适性,或总结以形成理论化的命题。

人们认识到,针对这种理论思路进行探索的话,需要进行更多的案例研究,并在这本书中,强调了对相关问题提供相应的解释是有必要的。另一方面,本书研究的优势之一,是采

第1章 引言

访了高素质的受访者,特别是在第五和第六章,因此,基于半结构化的访谈案例研究方法提供了机会,来获得通过其他研究方法所无法获取的有价值的行业知识。

1.4 本书的内容构成

本书提出了一个与多式联运和物流有关的重要议题的概述,主要包括政策背景、新兴产业的发展趋势和学术研究方法。多式联运地理的三个关键要点被认为是:多式联运场站、物流和运输通道。本书采用跨学科的视角,在讨论制度在其中所发挥作用的基础上,考察如何理解它们与运输之间的联系,以及它们是如何帮助理解成功的多式联运与物流所面对的棘手问题的。

第 2 章是多式联运与物流的概述,在简明的历史回顾之后,介绍了主要参与主体和相关问题,研究了有关行业和政府机构在降低运输成本以及减少排放方面的动机。第 3 章介绍了制度的分析方法,支撑起了这本书中的相关框架,主要涉及公共部门和私营部门之间的核心治理关系。

第 4 章到第 6 章,是实证性的内容,通过源于欧洲和美国的各种案例,探讨了涉及世界范围内的相关理论和实际问题。第 4 章比较了 11 个欧洲多式联运场站的案例,分为"有港口投资"和"无港口投资"两组,以确定内陆场站的不同的发展模式,内陆场站的分类有助于理解港口的区域化概念,包括诸如"无水港""子港"和"物流园区"。讨论了它们的主要特点和功能,包括公共和私营部门的角色,它们与港口和铁路运营方的关系,以及它们在物流行业中的情况。第 5 章分析了英国的多式联运物流案例,大型零售商是英国多式联运的主要驱动者,探讨了他们与铁路运营方以及第三方物流企业的关系。第 6 章考察了美国多式联运通道的发展历程,为详细研究集中运输问题提供了基础,在这当中,一些多式联运的参与方需要联合起来共同地解决联运问题。集中化的运输行为形成了一个平台,在这上面,结合非正式运输网络在货物运输通道管理当中的作用,不同的参与者都可以发挥其影响。

然而,制度性约束,例如合法性、代理行为、制度设计上的局限性等冲突直接制约了他们直接采取行动的能力。

在案例部分之后,第 7 章使用了第 3 章中制度研究的相关文献,通过在运输和物流管理方面更广泛的讨论,比较了本书研究与其他文献涉及的运营模式,扩大了实证研究成果。第 8 章则简要比较了覆盖欧洲、北美、亚洲、非洲和拉丁美洲的全球货物多式联运与物流系统,说明了各大洲运输和物流环境的关键趋势和问题。例如,拥有成熟运输和物流业的发达国家与寻求建设基础设施的发展中国家之间存在着的差异,还有在内陆通关以及海运集装箱箱源方面的问题。

书中对多式联运与物流面临的挑战进行了探讨,表明缺乏整合、竞争以及内陆策略的港口不利于推进必要的一体化进程,而这是多式联运取得成功的基础。有关的经验性案例反映了不同领域的策略和需求差异。在本书的结尾,总结了近期那些为适应货运行为所做出的制度改变,例如货运参与方为了寻求更高级别的集成化多式联运与物流而做出的转变,之后,给出了在后续研究中需要明确的议题。

1.5 研究结论的影响与关联性

第4章的内容表明,港口可以积极地发展内陆场站,但由港口自身开发和由港口运营方发展的内陆场站存在着差异,此外由港口开发和内陆参与者开发之间也存在着一定的差异。除实质性的接入铁路之外,场站成功开发的困难以及港口或物流运营模式也在此进行了列举。

国内货运具有不同的产品、路线以及装备特点,第5章阐述了连接港口与国内货运的需要是如何对铁路货运服务的效率提出挑战的。总结英国大型零售企业推进多式联运的经验,可以促进在类似操作条件下发展多式联运。研究结果显示,只要铁路业务保持微利,行业仍旧松散,不搞第三方集运,并且许多货流仍基于脆弱的政府补贴在做,那么,多式联运通道就不可能成为获取腹地货源和掌控英国港口的工具。除非内陆货运系统的一体化水平更高,否则,港口区域化概念所预测的一体化进程就不可能真正得以发展和实现。

第6章根据文献资料,建立了一个跨学科的理论模型,以试图融合制度经济学和经济地理学。文献表明,合法性和机构行为之间存在冲突,这是由于它们的设计限制了政策性机构,这两个情况在研究结论中均被证实。这些问题可以用来解释政策混淆的发生、代理行为的缺乏,有时公共部门和私营部门之间缺乏沟通。非正式(运输)网络所扮演的角色是非常重要的,因为它可以克服制度的惰性,虽然难以描述这个过程,但更难的是,试图通过政策行为在另一个体系中建立起相应的角色。案例研究表明,多式联运通道的制度设计是如何通过公私伙伴关系的影响来改变政府政策的。可以发现在自上而下的规划方法和自下而上的市场主导方法之间,存在某种形式的妥协。第6章研究结果说明了制度设计将继续制约海运和内陆运输系统之间的整合结果,这表明港口区域化可能不会按照概念所假设的来发展。合法性和代理行为是这些组织的一个重要问题,如果集中化运输过程中的基础设施,特别是公共基础设施不到位,那么私营公司将不会采取行动,这就会导致在港口区域化过程中海运与内陆运输的分离。

在第7章阐述的治理框架中,强调了需要进一步研究重点制度之间的关系,当这些结论在港口区域化和腹地一体化的理论背景下时,就可以看到成功的多式联运所需的整合所面临的挑战。一个特别的挑战是,公共部门发展多式联运的运营模式与运输需求并不相符,因而对公共政策扶持行业的能力也会存在质疑。因此,更多的工作需要政府政策正确指引,需要了解的不只是基于管制的多式联运交通流量的潜在成本和排放的减少,也包括合并和规划定期多式联运班列的制度困境。

而更多情况下,要得到正确的结论,就必须关注前提,本书的案例分析阐明了港口难以通过港口区域化概念所主张的一体化战略来密切联系腹地的原因。对于挑战和促成港口区域化过程的解聚因素仍存在争议,包括私营部门利益相关者与公共部门的策划者和资助者的制度模式调整。也许可以说,只要保持有利的商业和制度环境,港口区域化就能够实现,但本书中的案例研究表明,保持这样的商业和制度环境并非易事,一些实践范例已经显示它们会很容易发生改变。例如商业环境会发生改变,如港口场站在管理腹地铁路运输时的作用;同样制度环境也会发生改变,如允许港口对腹地进行直接投资的制度适应性。通过本书对多式联运与物流的空间和制度特征的理解,成功范例的实现条件也逐渐清楚起来了。

第 2 章 多式联运与物流的地理学

2.1 引言

本章介绍了本书的核心内容,阐述了多式联运在产业界、政府和学术界的兴起过程,及其与港口、铁路运营及物流等广义货物运输地理学之间的关系。建立在 Notteboom 和 Rodrigue(2005)港口区域化概念基础上的港口与腹地发展的相关学术文献,经系统梳理后,构成本研究的基本理论框架,同时本研究通过着力解决打通内陆联系的复杂制度关系问题,旨在进一步拓展早期港口发展的空间模式。传统的港口区域化概念已不足以应对新的现实,即现代港口的运营是处在一个日益复杂化和精细化的运输和物流环境当中,但往往被各种不同层级的规划体制及制度所困扰。本研究拟通过利用这一新的理论框架,对所选择的案例进行分析,试图详细阐明多式联运和物流的空间分布和制度特征。

2.2 多式联运与物流的地理学认知

2.2.1 多式联运的起源

联合运输(Multimodalism)是指在全程运输链中使用了多种运输方式(如公路、水运等)的运输活动;多式联运(Intermodalism)则专指在运输方式转换过程中,将货物始终保持在相同的运载单元内进行的运输活动。在铁路兴起初期,木箱就开始被使用,直到牢固的金属集装箱被研发出来,才出现了真正的多式联运。由马尔科姆·麦克莱恩在 1956 年首次使用集装箱船尝试将货物放在同一个载货单元中进行运输,消除了多余的装卸搬运工作,明显地提升了运输效率和降低了运输的成本。最初的集装箱革命也因此在港口展开,同时,劳动密集型的装卸行业在随后的几十年内逐渐转为日益自动化的操作。在过去,海运船舶曾需花费几个星期的时间,在港口等待工人队伍进行手工卸货;现在,他们可以在几小时内用大型起重机卸下成千上万的集装箱,这些集装箱由自动导引的车辆重新定位,并进行堆存。这反过来意味着,船舶可以花费更多的时间在海上航行,并由此可以获得更高的盈利能力。

随着由集装箱革命带来的航运和港口业务的转变,一股合并和全球化的浪潮也随之而来。随着航运业发展,航运企业间开始进行合并,最终形成覆盖全球的大型企业。集装箱港口的扩张,使其成为超出一般货物港口功能的货源发生地,或完全从零开始进行重新建造。今天,历史上留存下来的一些主要港口展示了它们作为内河港口的优势,这些港口要求进行疏浚,以与更大的船舶保持同样的水深容纳能力(如汉堡港);而新的集装箱港则都建造在深水区,不需要疏浚,但需要去开发新的场站用地(如 Maasvlakte 的 2 号港区,鹿特丹)。这种建设深水位港口设施的行为,割裂了港口与城市之间的联系,同时伴随着工作岗位数量的减少,以及剩余的工作地点远离当地的社区,也改变了港口城市的经济地理区位(黑塞,2013;Martin,2013)。

最新一代的集装箱港口是由少数全球化的港口场站运营商来经营的(如:和记港口控股或 APM)。这是在过去十年中,为应对 2008 年全球经济危机爆发,整个行业都趋向合并的结果,其中很多并购发生在船运公司和港口场站之间(Slack 和 Frémont,2005;Notteboom,2007;Song 和 Panayides,2008;Van de Voorde 和 Vanelslander,2009;Notteboom 和 Rodrigue,2012)。2012 年,全球排名前十的海运承运人控制了约占世界集装箱海运量的 63% 的份额(Alphaliner,2012),而排名前十的港口场站的作业量约占集装箱总吞吐量的 36%(其中占 26.5% 的份额是前四大运营商所有的),该数据是以"权益箱(equity TEU)"来进行统计的(Drewry,2012)。

随着班轮公会推出的横向一体化策略,船运公司开始受益于规模效益的影响,从而进一步降低了海运价格。这有助于推动全球化战略的设施,同时,反过来又促进了 21 世纪早期集装箱航运业的繁荣发展。集装箱运输的增长,不仅与实体贸易有关,而且还与转运量的不断增加有关,而转运量的增加则是日益复杂的轴辐式运输网络策略实施的结果。这意味着,与靠近起始地和目的地的两个港口间的直线距离相比,载货船舶可能会行驶更长的距离。地区之间进出口贸易的不平衡形成了集装箱空箱的调运,而这也增加了港口集装箱的装卸量。图 2-1 显示了世界上港口集装箱吞吐量的总体情况,分别统计了重箱、空箱,以及空箱率和转运率的情况。

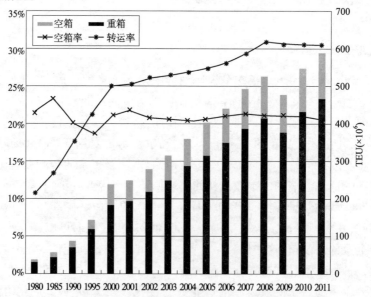

图 2-1 重载和空载集装箱运输在全球集装箱运输中所占的份额

来源:Drewry(2013)。

图 2-1 显示,尽管空箱的吞吐量迅速上升,但总的装卸作业量自 2000 年以来变化并不明显。有趣的是,转运比率的增长反映出,2011 年,30.6% 的世界港口集装箱装卸份额并不是真实的贸易水平,而是反映了转运集装箱成为轴辐式运输或同类班轮运输战略的一部分。

在通过收购和兼并形成的横向一体化战略的同时,大量的纵向一体化战略也已经出现,该模式主要是通过船运公司投资港口场站来实现的(例如马士基/APM 等)。随着船运公司和港口之间一体化进程的不断深入,在同一个公司内几乎已经建立"港口-船运公司-港口"的完全纵向一体化的系统。正如在本书中可以看到,这个纵向一体化系统的内陆部分是那些新的场站,但它更为复杂。

由于行业动态的不断变化,港口由以城市为基础的当地贸易中心,变为了运距较长的货物从其经过的主要枢纽。这种发展趋势很大程度上是由集装箱革命带来的,因为位于内陆地区主要的配送中心(DCs)成为重要的货运集散地(见后续章节:关于配送的介绍)。由于任何港口都可服务于相同的腹地,导致港口腹地开始出现重叠。另一个关键因素是日益显著的规模经济效应,使得船舶的尺寸规模不断增加(图 2-2)。该图显示,2012 年交付的新建船舶的平均大小与十年前使用的最大的集装箱船是基本一致的。

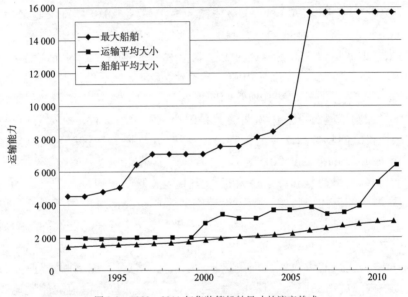

图 2-2　1992—2011 年集装箱船舶尺寸的演变趋式
来源:作者根据"德鲁里(2013)"绘制。

航运服务越来越合理化,大型船舶主要行驶在少数几个枢纽港口之间的航线上,然后将货物发送到内陆,或喂给到较小的港口。在主要航运干线上引入新型的、更大的船舶,引发了水运渗透到其他贸易活动的进程当中,其结果是,支线船舶以一个比正常速率更高的速度报废,而建造新船的订单处于历史性的低水平上。根据克拉克森的研究,在 2013 年的前两个月,运输能力在 4 000TEU 范围以下的船舶数量规模还不到报废船舶数量规模的 4 倍(Porter,2013)。这会对较小的港口产生严重的影响,这些小的港口主要是依靠大的港口来进行喂给,但不能容纳 1 000TEU 或 2 000TEU 以上的船舶,这将给次级区域以及外围的港口带来新的挑战(Wilmsmeier 和 Monios,2013)。

在主干航线上引入大型的船舶,对于船运公司来讲是非常具有吸引力的,但是这也会产生港口应对能力不足的问题。而这一问题从集装化运输初期就广为所知:"船舶设计人员在海运的革新过程中一直起着重要的作用,因为他们设计的新船型只是以每吨英里为单位来更加经济地航行;而港口工程师则不仅要协调船舶设计师的需求,而且还要应对港口在土地和水深方面的实际困难"(Bird,1963:p.33)。港口投入了大量的资金来升级其设施,并争相地接收船舶挂靠,但处理这种激增的需求是非常困难的。大量集装箱卸船会导致港口岸吊利用率的降低,因为本应服务大型船舶的许多大型岸吊在两次船舶挂靠间的空档是闲置的;而且,这一数量水平的集装箱不总是以一个平稳的规模进出港口。此外,船运公司已经不能满足他们自己的船期表,目前整个行业的平均准班可靠性低于70%。船舶越大、集装箱卸载的时间越长,引发的连锁反应就是集装箱运输系统的时间可靠性变得更差。一些港口可以通过卫星港体系(satellite terminal system),将集装箱摆渡(shuttle)进入腹地,进而再运往大型的多式联运场站(Veenstra 等人,2012),以减轻这种问题带来的挑战。为了能成功地管理这样一个过程,在本书中,讨论了一些在现实操作过程和制度层面所需要克服的障碍。

尽管船运公司和港口场站之间存在这样的合并重组行为,海运业务仍然存在着较强的波动性(一种差异明显、波峰和波谷并存的非周期性波动)。据马士基海运中心的高管说:"2009 年对于马士基来说是有史以来最糟糕的一年,但是 2010 年却又是最好的一年,这是不太健康的一种表现(Port Strategy,2011)。"因此,港口的主体参与者需要尽可能地来寻求业务流量,来让他们尽量在市场低迷时不受收入亏损的影响。而内陆运输则是他们确保这个优势的主要领域。这就需要确保内陆的连通性,该问题上不仅涉及了基础设施,还有制度上的问题(如劳资关系的处理和其他管制问题等)。例如,近几年来洛杉矶港和长滩港的劳动力问题已经加剧了墨西哥港作为北美贸易门户的竞争可能性。如果想解决上述问题,除非它们与墨西哥之间具备高质量的基础设施连接,并且还需迎接墨西哥铁路运输业带来的挑战(Rodrigue 和 Wilmsmeier,2013)。

多式联运的兴起,最初是和海运相关的,而陆地运输环节可以由其他几乎所有的运输方式来实现,而这些运输方式也是繁忙的国内运输的主要组成部分。国际运输与国内运输的一体化进程不断提升,是关税的放宽、贸易壁垒的破除,以及越来越低廉的海运成本所带来的全球化供应链急速生长的结果。制造商生产所需的原材料以及制成品,以一个不断增长的费率价格,从更为廉价的供应区域那里进口,为了克服港口的拥堵和管理导致的延误,船运公司开始提供内陆的清关服务。现在,海运提单可以提供包括内地的始发地和目的地在内的详细信息,这些地点被称为内陆的清关货运站(ICDs)和"无水港"。英国于 20 世纪 60 年代后期在全国主要地理区位上建立了许多"集装箱基地",用来处理穿越东南方的港口、往返国家北部和中部的内陆地区的集装箱化贸易活动。这些货运设施通常位于多式联运场站的周边,但实际的运输方式可以是公路或铁路(Hayuth,1981;Garnwa,2009)。这类贸易的发展尤其受到那些被内陆所包围的、没有自己的港口的国家的喜爱。因此,"无水港"可以起到一个门户(gateway,亦可称为"口岸")的作用,并且可以减少运输成本和管理成本(Beresford 和 Dubey,1991)。

多式联运首先是在美国真正成功地开展起来的。在 20 世纪 80 年代,跨太平洋航线上的承运人受到了运力过剩、运价过低的困扰。为了提高其货运业务量,美国 APL 公司(美国总统航运公司,American President Lines,APL)形成了第一条横贯大陆的双层集装箱铁路运输服务,与途经巴拿马运河到纽约的海运线路相比,多式联运可以节约 10 天时间(Slack,1990)。因为运输时间很重要,该公司也通过签发一张全程联运提单向客户提供更多的服务,可自由支配货物的增长,允许 APL 和其他航运公司扩大其在跨洋运输过程中的运输能力。通过使用更大、更快的船舶,承运人可以提供定期的周班航线服务,而增加的运力则可降低单箱成本。在欧洲,多式联运在20世纪90年代得到了快速发展,虽然各自为政的地理分散和运营环境不一(例如,国家的管辖权和互操作性受限)以及基础设施的约束(例如,双层集装箱运输操作的约束性),意味着多式联运的发展不像在美国那样的顺利(Charlier 和 Ridolfi,1994)。

2.2.2 集装箱与多式联运

单元化的运输,是指将货物装载在标准化单元中进行运输,其可能是单一的托运货物,也可是由货运代理人形成的若干小一些的拼箱运输货物。这个运输单元通常被称为一个"多式联运运载单元"(ITU)或"多式联运装载单元"(ILU),其可能是一个符合ISO标准的海运集装箱(container)、可交换车体(container)或者半挂车(semi-trailer)。

标准的集装箱是最为坚固的运载单元,因此也可被用来进行堆放式的双层集装箱运输。因此,它们是最通用的。多式联运取得成功的关键基础,不是简单地发明或使用这些集装箱,而是集装箱所反映出的标准化运输的理念。标准化运输是一个长期的过程(Levinson,2006,ISO思想在其发展历程中所起到的作用),这也导致了目前只存在着少数几种可用的主要集装箱类型。虽然目前仍有一些其他长度、高度和宽度的集装箱,但20ft和40ft的集装箱仍然在远洋运输中占据了主导地位,因此,集装箱的尺寸可用20ft倍数来进行计量(20ft当量单位,或TEU)。但是仍然存在较大的分歧,特别是在国内运输当中。例如,英国和美国支持在国内多式联运过程中的集装箱采用相同的尺寸,但是英国采用45ft的集装箱,而美国选用53ft的集装箱。尽管有其他高度的存在,但是8.6ft是标准集装箱的高度,9.6ft的高度(即"高箱")也开始越来越普遍,这是因为需要在重量限制的前提下,使用更大容量的集装箱。标准集装箱的宽度为8ft,但其他的宽度也是存在的。在欧洲,8.2ft宽(俗称托盘式集装箱)的流行是因为它与半挂车能够装载的尺寸更好地吻合。

可交换车体可以在公路和铁路之间进行转换运输,但用于双层堆放式的运输或海运还不足够坚固。它们可以是完全封死的,也可以是侧帘式的以便在侧面装货。最后,半挂车是当今在公路上常见的运输装备,由一个装载在拖车上的运载单元组成。同样,它们可以是完全封死的,可以是侧帘式的,或者改造成任何形式来适应货物。国际标准化的集装箱、可交换车体和半挂车也可以使用车辆自身集成的制冷机组(通常需要稳定的电源供应)运输需要控制运载单元温度的货物。公路运输车辆也可以被整体地装载在铁路车厢上进行运输(例如,在英吉利海峡隧道内的运输)。这被称为"驮背运输"的方式已经不如使用集装箱运输那样普遍了(Lowe,2005;Woxenius 和 Bergqvist,2011)。

尽管在多数人的印象中,多式联运是一个从起点到终点的无缝衔接的运输过程,可以明显提升海运和陆运一体化水平,但是,如果想实现"无缝衔接"仍需付出大量的努力。从机动性的视角来看,真正的多式联运可被视为解决陆地与海洋之间的衔接问题的一种尝试(Steinberg,2001;Broeze,2004),也就是Martin(2013)所说的一体化"海陆物流"。然而,陆地和海洋不同的地理特征意味着,这样无缝衔接的多式联运是非常难以实现的。提高运输标准化的水平,对多式联运的发展一直是至关重要的,这意味着,不仅要对集装箱和装卸设备进行标准化,同时还包括国内和国际的法规、业务实践和信息共享方面的标准化,并且通过兼并和收购,来实现供应链的一体化。

本书中给出的制度路径,就是试图梳理出这些可以促进或约束联运一体化的结构特征以及影响因素。单从运输成本风险的角度看,多式联运是一个简单的无缝衔接运输过程。这个过程只能在一些成功的架构(structures)可以被建立和维护时才可以实现,这也要求我们从一个更为细致的视角来认识多式联运与物流在获得成功的过程中存在的潜在障碍。

2.2.3 配送和物流

全球化进程和专业化分工的出现,导致了生产和消费在空间上的分离。国际货物运输中的门户与国家、地区和地方的运输枢纽需要在国际与国内的货流之间实现明确的衔接。这些枢纽或节点(见下一节)可以有不同的特征。

例如,它们可能是运输的换装地点,也可能是不同的供应链活动中的大型配送中心。在早些时候,我们观察到了城市和港口的分离,其随之也发生在了内陆的货运装卸中心和城市之间。Hesse(2008)引用了 Amin 和 Thrift(2002)的结论,提出了新的"配送地理学",指出"货运行业揭示了在传统城市物流网络和经济网络之间惊人的分离程度(p.29)"。

货物的配送活动,已经从一个简单的运输过程,发展为基于大型配送中心的一体化运输系统,它已经从简单的仓储功能发展成具有仓储、越库、定制服务、流通加工以及信息管理等功能的复合体。它们代表了一个物流过程的集中化,而在以前,这可能需要众多不同的公司和多个场地来实现。供应链的上下游一体化问题将在本书的其他部分进行讨论,但关键的一点是,与选择靠近生产地或消费地的地理区位相比,更重要的是,这些新的场地是处于一个中间(中介性)的位置上的,这些位置是为了适应它们作为配送中心而选取的,而不是作为生产或者消费的中心(表2-1)。

表2-1 配送中心的中心化和去中心化

	功能	位置	例子
城市	传统的商品交易场所(区域配送)	历史上的城市中心	集贸市场、传统的城市零售地点、仓库
港口城市(或内陆港口城市)	传统的货物交易场所(长距离配送)	海岸线、大型内陆水道、贸易路线的交叉口	港口的陆上区域、内陆港口的陆上区域、仓库
城市周边	现代配送网络的中介位置	廉价的土地和劳动力、高速公路交叉口、城市的边缘地区	工业配送中心和仓库、大型零售商和购物中心
大规模配送	配送与城市市场相分离	廉价的土地与劳动力、有高速公路接入、若干城市化地区的中间(中介)区域	服务于全球配送企业的国家或地区枢纽

来源:改编自 Hesse(2008)。

下一节内容将直接阐述中心性(centrality)和中介性(intermediacy)的问题,但关键的一点是,配送中心位置的改变,说明了一个中介性的地区区位如何成为几个中心城市的配送中心,其本身可以成为一个中心位置,通过其聚集效益,发挥物流设施的聚集作用。其结果是在一定的枢纽区域内,出现大规模的向心化(concentrations)流动,例如,德国的鲁尔区或者英国中部地区。

中心化(Centralisation)对于物流来说有着几层不同的含义。从一个角度看,"中心"的意思是，配送中心坐落在某一城市内部，这与中介性的意思是相反的，在这种观点下，将会出现在几个城市中只有一个配送中心的情况，这个中心同时服务于所有的城市。这种观点认为，一个城市的配送中心的精确选址是无关紧要的，但从一个更加区域化的视角来看，将配送中心转移至郊区边缘，会被视为一个去中心化（decentralisation）的过程（表2-1）。或者，配送中心在城市之间选址的中间（中介）化（intermediate）策略可以被看作是一个中心化策略。这有两个原因：第一，因为库存被集中储存在一个配送中心，而不是分散在多个配送中心当中；其次，在大多数情况下，中间（中介）区位是大致在一个国家或地区的中心。因此，中心性和中介性的识别很大程度取决于考虑问题的视角。

公路运输的灵活性允许零担货物运输和多频次、小批量的短距离运输，来支持日益复杂的供应链系统，以及"低库存（low inventory level）"这一发展趋势。多式联运的场站可以被用来支持低库存水平的运输模式，通过"流动库存（floating stock）"的概念，这意味着，通过一个商店、配送中心、多式联运场站和门户港口之间相互连接的库存系统，在运送过程中和在场站的换装点等待运送的货物都可以被实时地监控起来（Dekker等人，2009；Rodrigue和Notteboom，2009）。正如新建港口场站远离以前的城市位置进行建设那样，这些地点大多为大型的配送节点，伴随着对于到达国家或者和地区的若干主要城市的最优距离问题的关注，集群（clustering）和聚集（agglomeration）策略导致了拥有大客户入驻的大型物流平台的形成。

运输仅仅作为派生需求的认识受到了挑战，进而转化为一种新型的、一体化需求的理念（Hesse和Rodrigue，2004；Rodrigue，2006；Panayides，2006）。物流过程的规划影响了运输需求，但前者又受到了运输节点、通道区位和运输服务质量的影响。因此，网络中的节点和枢纽可能会阻碍货物的流动，进而可能无法充分发挥其关键功能。因此，（当前和建议）这些节点的功能需要被正确地理解，以将其放在货运的经济地理学框架下来进行考虑。供应链中的运输过程可能被迫选择次优的路径，但其同时也加剧了路径依赖的问题，并且降低了替代选择的可见性。据估计，一个国际集装箱的运输过程涉及了大约25个的行为主体（Bichou，2009），因此，它是一个复杂的过程，其中的许多方面都存在信息不透明的现象。

运输经营者开始逐渐将自己作为物流服务的提供者。这不仅仅是市场的问题，而是一个对运输需求是如何衍生，反过来又对物流决策产生影响的认识过程。从运输组织的角度来看，谁来做出决策是一个首要的问题。小货主通常会和货运代理人签约，将运输过程交给他们，也包括将众多小票货物进行拼箱。一个大型的公司则可能有一个内部的物流部门，或者它们可能将物流管理业务外包给第三方的物流供应商（3PL）。

运输作为一个一体化需求，这种新的定义反映了一个事实，即第三方物流的优势会使得供应链在很大程度上实现了一体化发展，运输需求不仅仅是从关于生产和消费地选择的独立决策中推衍得到的，而且是连接所有生产过程的一体化战略当中的一部分。20世纪的下半叶是一体化进程推进过程中的顶峰时期，在这期间，全球化的第三方物流企业得以在全球供应链系统中管理货物的整个运输过程（Hesse，2008）。本书的一个主要目的，就是探讨这些一体化的过程，揭示出这些可以被识别的供应链系统一体化进程中的关键位置，以及全球供应链系统一体化进程的不断推进是否会导致可控的运输通道出现，正如那些在海运过程中被观察到的现象那样。上述问题是非常重要的，因为对于多式联运运输过程，必须像精确地分析多式联运物流过程那样来进行更为准确的识别;在某些因素和过程的基础上,铁路运输需要一个合适的配送策略来使得干线运输的模式更加可行,例如,处在合适区位上的配送中心、一体化规划,以及订单类型和尺寸特征等。这些问题将在第5章的案例研究中进行探讨。

2.2.4 节点、网络和通道

一个节点,可以简单地定义为一个地点,或一个在空间中的点。就运输而言,这将代表一个链接的起始点,或目的地。实际上,只有具有一定规模大小的节点才是具有意义的,这些点代表了运输中的运载单元是具有相当规模的聚集程度的,采取"经过"或者以其他方式来利用这个接入点。一个节点,可以作为网络的接入点,通过其加入一个运输网络,或者它可能是一个系统中两个链路(linkages)的连接点。这种节点的两种属性分别是中心性和中介性(Fleming 和 Hayuth,1994)。中心性可以从区位理论中推衍得出(Von Thünen,1826;Weber,1909;Christaller,1933;Hotelling,1929;Lösch,1940),中心性的"中心",是指市场以及重要的行政和政府活动地点,这表现为对该地区的向心集聚力量;而中介性则是指在这些中心点之间的中间位置。从运输的视角来看,Fleming 和 Hayuth(1994)观察到,具有中心性的位置通常也是具有中介性特征的位置,扮演着通往其他地区门户的角色。他们补充说,这样的区位是可以被创造出来的,这不仅仅是纯粹的自然地理要素禀赋,而是依赖于商业或者行政决策行为的(Swyngedouw,1992)。Ng 和 Gujar(2009)讨论了中心性和中介性的概念如何用来确定内陆节点,以及它们是如何被政府决策所影响的。

节点也可以被定义为连接点,其也是空间系统的接入点(美国,2004),尤其是在不同的空间尺度(如当地和区域)和不同的运输网络类型上(例如多式联运网络的连接),但衔接的概念也包括衔接不同类别的系统,例如运输和物流系统。这当中涉及运输活动与其他相关活动之间的关系,如生产和配送的关系,所有与广义物流系统相关的活动都会包括在内(Hesse 和 Rodrigue,2004)。节点作为运输和物流系统之间的一个衔接点,将会是一个反复出现的研究主题,是形成一个制度化途径的必要基础。

位置(Locations)、地点(points)或节点(nodes)之间是通过由链接(links)来相连的。这些链接可能在初期指的是实物形式的,或者是固定的,例如公路、轨道和运河等,或者也可能是灵活的、可变化的链接,如海运航线等。它们还可能是运营业务层面的链接,这里指的是运输服务,例如,公路的运输计划,或者海运的船期时刻表。链接线路可以根据他们目前使用的容量、拥堵情况和其他业务类别来进行评价和划分级别。节点通常会用它们的连通度指标来对其进行衡量,这又可以指物理链接的数量和质量,或者运营业务的链接数量和频率,所有这些在一定程度上与中心性和中介性有关的问题,都已经做了深入的研究。一般来说,货运经营者的运营策略超越了单一链接的层面,并且可以用不同的方式来进行表达,如轴辐型(中心辐射型)、串联型和点对点型。这些不同的运营计划进行组合后,会成为运输网络,无论是一个单一公司的运输网络,还是在给定的区域提供所有可用服务的网络。

网络可以被定义为节点之间的一组链接的集合。再次重申,这可能是从设施实体角度划分的,或从运营的角度来看。刚才讨论的连通性问题,可用于评估一个节点的质量,但也可以评估由多个节点连接起来组成的网络的质量。一个高质量的网络可能包含一定数量的、具有高连通性(connectivity)的节点,同时具有较高的中心性和中介性,且相互联系频繁,在一个较小的度值(衡量中心性和中介性的指标)内具有较大容量的服务能力。

(运输)通道可以被定义为运输流和基础设施的积聚(accumulation)(Rodrigue,2004)。从某些角度讲,通道的概念是有些武断的,并且可以经常用来作为品牌化或公关的用途。这是因为,除了特定的基础设施(例如,在两个地点之间的一条公路或铁路)外,一条通道通常表示为一片较大面积的土地,其内部可能有多条线路经过,这些线路是由具有不同运输流量且相互独立的基础设施线路组成的,并且,是由不同的行为主体进行组织和实施的。通道的品牌概念可用于吸引资金,同时在一个特定的地区内吸引关注,例如,连接港口与内陆地区的通道(见第6章中关于中心地通道的案例)。

学者们通常更喜欢关注网络,而不是通道,因为它可以更好地衡量出每个节点所具有的、广泛分布的需求。然而,考虑到当今全球化分布的节点模式,一个受关注的通道很可能受到限制。目前,通道的发展方式需要更加配合公共规划者的需求,他们需要在当地、区域、国家以及国际政策规划以及资金体制方面,来协调众多不同的交通与土地利用需求。

2.2.5 多式联运场站、物流平台和通道

运输场站是指一个进行运输装备换装的站点,是一个运输网络上的节点。多式联运场站则是指一个在运输方式发展变化时进行衔接的地点,一般发生在公路/铁路之间或公路/水路之间。这些场站有时就是铁路装卸线(基本上只是铁路干线轨道的一个支线)那么简单,同时带有一个较小面积的场地用来布置装卸货物的移动式起重机或正面吊运机;有时,它又可能是一个很大的区域,拥有多条轨道以及大型门式起重机。图2-3显示了在西班牙马德里附近,一个位于科斯拉达的小型联运场站。它有两个编组轨道和四个作业轨道,来用于集装箱的装卸作业,并且拥有一个龙门起重机和三辆集装箱堆垛机,还有沿着轨道用于集装箱堆放的空地。那些三角形的区域是用于空箱存放的,并且还拥有行政管理以及海关的相应建筑物。当我们观察一个更大的例如美国孟菲斯的场站时,对比就非常明显(图2-4)。

这个场站有8个门式起重机,5个用于轨道上的作业操作,另外3个则用于堆垛和存放。该场站拥有48 000ft的作业轨道,可以容纳长度为7 400ft的整列列车来进行作业,无须分段。这个场站拥有超过500 000个集装箱的年吞吐能力。同时,这个场站的右边还有一个大型的编组区域。

多式联运场站的规模将取决于它的作用,以及它所能提供功能类型的多少。从干线过来的列车通常需要在超出场站自身界限的铁路集装箱堆场内进行编组。它们可能需要被拆分成若干段在场站的不同区域进行作业,也可能只是因为很多站台不足够长,无法装卸全尺寸长度的列车。这种情况在美国尤为明显,在某些情况下,列车长度超过了10 000ft(这意味着,双层集装箱列车的装载容量可以达到650TEU,相比之下,在欧洲,这个数量只有80~90TEU)。出于这个目的的考虑,在货车到指定的地点开始卸载和装载前,需要更多的工作人员和调车机车来进行作业。之后,列车车厢将被引进这个站点进入作业轨道,其中一些列车车厢将在起重机下进行装卸,其他的列车车厢仅仅为了进行编组或存放。

多式联运与物流发展的制度挑战

图 2-3 西班牙科斯拉达的小型联运场站
来源：影像：DigitalGlobe 公司，地图数据：谷歌 basado en BCN IGN España。

图 2-4 美孟菲斯的大型联运场站
来源：图像：DigitalGlobe 公司，阿肯色州，美国农业部农业服务署。地图数据：谷歌。

吊装作业可以通过正面吊装机或者固定的门式起重机来实现，这取决于场站的大小以及布局。在美国的术语里，这些装备可以被直接放在地面上或轮式的装备上。在欧洲，联运场站一般都是将其装备放在场地上，这意味着集装箱可以在列车和卡车之间进行转移，并且如果不能直接使用水路转运的话，集装箱就会被堆放在场地上。卡车驾驶员将连同挂车或者底盘的卡车开到场站上来，之后，集装箱将会被放置到上面。相比之下，在美国，无论是固定式的、还是轮式的运输装备均得到了大量的使用。这是因为挂车和集装箱是属于承运人的（属于船运公司或第三方物流商），因此，卡车驾驶员只是将牵引车开到轮式装备的装卸点。装满货物的集装箱在此等待挂车,驾驶员到达后,将集装箱装载在挂车上,以运走货物。这些轮式的装备设施是需要更多的作业空间场地的,因为在它们当中可以堆叠存放的装备较少,但它们可以以更快的速度进行作业,因为驾驶员不需要在堆场等待翻箱。这同时也表明,起重机不需要在箱垛中做那么多非生产性的移箱作业。与卸至地面固定式的作业设施相比,轮式作业并不是资本密集型的活动,因为它们不需要太专业化的装卸设备(Talley,2009)。

多式联运场站是可以由运输提供商作为其运输网络的一部分来进行运营的,或者,其可以由一个处理来自多个不同铁路运营方的车辆的专业化场站运营商进行经营。多式联运场站通常需要一个小型的办公建筑,并经常提供一些基本的服务,例如洗箱、修箱,还需要一些空箱堆存的场地。如果是国际货物,那么还需要设置海关查验所需的安检建筑(见前文所讨论的内地结关货运场站,或者无水港)。

多式联运场站的基本功能是转换运输方式,因此,它可以是一个站点,在此站点内,许多的卡车可以为铁路提供集装箱,或者从铁路端将集装箱运走。相比之下,中间环节的供应链活动可以在这里进行。这些业务可能是非常基础的,例如,集装箱拆封、倒箱或者小票货物的拼箱,或者将拼箱转整箱。这些作业都是在一个集装箱货运场站(CFS)完成的。这通常是由一个大型的多式联运场站所能够提供的功能限制所决定的。除此之外,通常还会有一些私营机构或者第三方的物流供应商,这些个体组织或第三方物流商在场站附近拥有仓库或者配送中心,或者它们会被集合到一个大型的物流平台(logistics platform)上面来,这些物流平台是一个多用户共同使用的场所,在这里,他们可以共享运输装备和物流设施(图 2-5)。

图 2-5 英国麦格纳园区的物流平台

来源:图像:DigitalGlobe 公司,Get mapping 公共有限公司,Info terra 有限责任公司,Blue sky。地图数据:谷歌。

一个多用户的物流平台会包含许多的大型建筑,其会根据发展的需要、所有权的归属以及运营等方面的需求,建立起自己的治理结构,包括营销、场地租赁及提供一系列的公共服务,如清洗、安防、邮政服务、餐饮等。物流平台和多式联运场站之间的联系可以表述为:一些平台通常会有一个多式联运的场站作为其场所的一部分(见图 2-6 博洛尼亚的案例),或者在其附近会有一个联运场站,或者仅仅只是有道路与其连接。场站和物流活动之间的关系(无论是私营公司,还是作为综合场站的一部分)将在本研究中进行讨论,来阐述一体化的供应链系统与成功的多式联运之间是如何发生关系的,即如何通过装载计划来保证列车在日常运营中能够维持一个较高的实载水平。其他相关问题,例如公共部门和私营部门的合作在这类场站开发过程中的角色和作用,也会在本书中以实证的方式进行研究。

图2-6 意大利博洛尼亚拥有两个联运场站的物流园区
来源:图像:Cnes/Spot Image,DigitalGlobe。地图数据:谷歌。

为了使多式联运的场站能够顺利运转,规律性(稳定)的交通流是必要的(Bergqvist等人,2010),这通常意味着,产销地与运输起讫点之间存在着比较合适的距离,来支撑规律性的长距离公路干线运输,在这些线路上,原本是只有铁路或者水路的运输方式。部分研究文献中已经提出了多种不同的盈亏平衡距离(通常平均距离约为500km),然而,实际情况是,这个距离取决于作业过程中需要注意的事项。运输距离越长,从公路向铁路或者水路转换所带来的装卸成本将更加容易被更为廉价的单位运输成本所抵消。然而,这取决于多式联运基础设施的质量和运输能力,以及是否能够按照既定的服务时刻表所安排的时间准时出发和到达,并且在运输线路上不存在不必要的延误。这同时也取决于货物的总体数量规模,因为这可能导致不经济的运输服务,除非它们能够在运输线路双向上都获得较高的利用率。由于上述以及其他原因,公路运输仍保留了相当大比例的中等距离甚至长途运输。对于短途运输而言,在大多数情形下,公路运输显然有着明显的优势,但是如果运量规模很大的情况下,现实情况也证明,拥有快速周转的运输时刻表及较高的铁路利用率时,在短途运输时使用多式联运服务也是可行的。最后,为避免港口拥塞而带来的管理费用的节约,是选择多式联运进行往返式运输的另一个原因,这可能会抵消更为高昂的运输成本。这也是任何的

第2章 多式联运与物流的地理学

联运方案(场站或通道)都必须有一个清晰的商业运营模式的原因,因为这同时涉及了运输成本的节约(基本运输成本,以及载货和运输能力的利用率评估)和物流成本的节约(包括管理、清关、仓储和延误等评估)。

对支持多式联运通道建设的规划者来讲,特定的基础设施建设资金必须以通道途经地区的经济约束为参考基准,这需要一定的管理举措,或者简单的品牌化策略,来关注由各种不同类型的链接和通道包括的运输流量。以运输能力较大的、长20mile 的阿拉米达通道为例[该通道位于美国加州南部,是一条长度为20mile(32km)的货运铁路"快速通道"。该铁路的所有者是阿拉米达通道运输局]。它使得洛杉矶和长滩的港口能够绕过在港口附近的拥堵区域,以便直接进入它们的腹地。这个项目是由公共港务局推动的,由联邦政府和其他机构提供资金支持(见第6章)。Betuweroute(德语发音,是一条从鹿特丹到德国的复线货运铁路)是一条类似的大容量线路(复线铁路、允许双层集装箱运输),连接鹿特丹港和德国的边境,长度为99mile。2007年,这条线路在荷兰境内的路段已经建成开放,但德国境内部分线路尚未完成。在荷兰境内已经建成的铁路线路是欧盟 TEN-T(泛欧交通网)计划的一部分,该计划给予荷兰政府一定的资金支持(van Ierland 等人,2000;Lowe,2005)。建设这两个运输通道的目的,是使拥塞的大型港口能够更快地运进和运出集装箱。相比之下,在非洲的长途通道则更专注于内陆地区,尤其是为内陆国家提供进入全球市场的接入能力。非洲中部和北部的运输通道连接了达累斯萨拉姆、坦桑尼亚和蒙巴萨,以及肯尼亚的港口,这些国家都拥有各自的腹地,例如那些被内陆所包围国家,乌干达、卢旺达和布隆迪等。

这些运输通道覆盖了如此长的运输距离,也同时代表了实际的基础设施以及各种类型的运营商和利益,这样做的结果是,需要管理机构来试图协调这些利益,以及吸引投资来解决基础设施和运营上的困难(adzigbey 等人,2007;kunaka,2013)。在这些通道上,降低运输成本不仅仅是升级基础设施的问题,而且涉及运营方面问题,如贸易的不平衡和运输装备的短缺、协调海关法规和过境手续等,以及所涉及的由于港口作业设施的拥塞所造成的延误。因此,多式联运的通道与场站有所类似,可以建立在直达运输线路优先的基础上,这种优先是通过提供高容量的基础设施而获得的,或者可以把它们与解决管理和物流问题相关的制度困境联系起来。

铁路运营过程中的关键实践问题主要涉及规划过程中的各种困难。一旦确定了运输流量后,铁路运营商需要制订运输服务时间表来安排服务,包括驾驶员驾驶时间和换班、多式联运的场站换装等。之后,在运输网络上预定一条运输线路,并支付运输通道的通行费用,以及购买或租用铁路机车和货车等。货车的大小需要匹配集装箱的尺寸。例如,在英国,国际货物运输通常会使用 20ft 和 40ft 的集装箱,因此,他们通常由 60ft 的货车来进行运输。然而在国内,集装箱和的短途海运集装箱是 45ft 长,因此需要一个较短的货车(一般的货车是 54ft 长,因此仍然存在一定的运输能力浪费),这样就会和海运箱的流量产生冲突。一般情况下,铁路运营商倾向于使用固定货车的班列来减少这样的困难,但有时,这又可能会导致运输能力的浪费。Woodburn(2011)对英国货运列车的负载因素进行了调查之后发现,在现有的运输服务水平下,货车运输能力的平均利用水平只有 72%。

从网络的视角来看,在过去 20 年里,对大部分的满载列车来说,在各载运中心之间的货车载运服务(运营商从众多的私人线路和专用线路那里接取货物)已经出现了下滑,通常,货物是集中在航运公司和第三方物流商之间的。这与大型多式联运场站以及港口专用的往返运输的出现相关,这也是本书研究的一个重要方面。

然而,限重和限速制约着公路的运输能力(例如在英国,最高装载重量和速度分别是44t和56mile/h),铁路的天然优势是列车可以达到一个很高的运行速度,并且快速通过长且笔直的轨道线路。实际上,在一些拥堵比较严重的地区,例如欧洲,由于许多的延迟、瓶颈问题以及在铁路侧线等待客运列车通过所花费的时间等因素,货运列车的平均速度会比较慢。在拥挤的欧洲网络当中,旅客列车通常是给予优先通过的。在世界上的其他地区,通常没有这个问题,例如在美国,旅客列车是很少的,轨道是私人货运公司所拥有的。

2.2.6 多式联运中的政府利益

在交通运输地理学当中,一个重要挑战是去理解通过对公共和私人部门的角色转变导致的基础设施供应概念的转变(Hall 等人,2006;Hesse,2008),然而必须承认,预测政府的投资效应是很困难的(Rodrigue,2006)。

公共部门的责任是需要确保在所有的运输环节上都有足够的运力来支持经济的增长,但公共部门和私人部门在货运业务中利益的交织可能会导致相当大的不确定性,尤其是涉及在运输网络升级和运输能力增强方面的投资,或者将货运节点连接到运输网络上的时候。高速公路和汽车专用道路一般是由政府维护的,为旅客运输和货运所使用,铁路和水路则可以由私人或公共部门所有。运输装备进行换装的场站,如港口和铁路/驳船场站则可以表现出各种各样的所有权、管理和治理制度形式(正如本书中讨论的那样)。当它们处于公共管制下时,在大多数情况下,对铁路和水路进行维护,使它们处于当前的运输水平,是比较容易实现的,偶尔也会有部分的新建或改造升级,但在很多时候明显是为了私人公司的利益,因此,大量的公共投资支出可能是有争议的。在美国,多式联运的成功,某种程度上取决于一个纵向一体化的运输系统,在这个系统内,铁路运营商拥有并管理他们的基础设施网络,并且开展运营。美国的国土幅员辽阔,足以维持不同运营商之间的竞争,每一个运营商都拥有自己的、广泛的基础设施网络,用来服务多数具有相同起讫点的运输任务。但像欧洲这样较小的地理区域上,就会存在一个系统性的难题;因此,当铁路首次在英国发展起来的时候,运输的原始模式就出现了,它最终在国有化的政策作用下被统一起来(其在之前的私有化时期处于不同的模式——见第5章)。目前,纵横欧洲的运输体系当中的基础设施是由国家所拥有的,而私人的铁路运营商则会与另一私人运营商进行竞争,为支付其使用的铁路基础设施的接入费用。在英国,这些公司是私人的,而在欧洲,它们是私人和公共部门的混合体。然而,在欧洲,即使铁路是国有的,它们也处于不断的改革发展当中,由于欧盟的政策已经开始要求它们作为准私人公司进行经营,这些公司具有完整的组织结构,并且和与之相同的、拥有基础设施的国有化公司进行分离,这样做的目的,原本应该是强化竞争并使用户获益,但同时也有不同的意见指出,这样的做法是否只是增加了分裂程度。在中国,与上述情况相比,发生的情况则比较有趣,铁路仍然是由公共部门控制的(国有),并且被划分为几个纵向一体化的区域。制度改革(特别是引入竞争的方式)已酝酿了多年(如 Wu 和 Nash,2000;Xie 等人,2002;Pittman,2004;Rong 和 Bouf,2005);最近,Pittmann(2011)认为,在一个拥有长距离和大运量特点的国家(和美国相当),中国可以通过组建多个封闭系统的方式来引入平行

第2章 多式联运与物流的地理学

竞争。

从运营的角度看,铁路基础设施对多式联运业务成功与否的影响体现在诸多方面,有铁路轨距问题(铁轨之间的宽度),在某些国家之间存在兼容性问题,如欧洲大陆和伊比利亚半岛之间;在英国,由于桥梁和隧道的装载限界(宽度和高度)是有限制的,这意味着高货柜箱无法在运输网络的某些部分进行运输,除非使用高度较低的货车,但这同时增加了费用和不便。在基础设施和运营之间的其他交互作用点,正是多式联运场站需要发展的地方(将在第4章讨论)。

在欧洲,一直到近代,大多数的铁路网络是由国家政府进行管理的(Marti-Henneberg,2013),场站则由附属于全国网络的私人运输运营商和国家铁路运营商共同开发。这些场站目前主要被私人运营商拥有或进行运营(如 Monios Wilmsmeier 讨论过英国的例子,2012 b),或者,在自由化的欧盟环境下,成为纵向分离的、准私有化的形式,但仍由国有的铁路运营商来运营(例如 Monios Wilmsmeier 讨论的欧洲的案例,2012)。在其他国家,铁路运营仍然全部或主要是由国家来控制的(如印度——见 Ng 和 Gujar,2009,b;Gangwar 等人,2012)。在美国,一个垂直一体化模式的铁路网络是私人拥有和运营的,多式联运场站则是由私有的铁路公司开发和运营(Rodrigue 等人,2010;Rodrigue 和 Notteboom,2010)。

直到最近,运营层面的决策和模式的选择才成为这个行业发展的保障。根据托运人和运输供应商的经济情况和实际需求,内陆运输通常是由公路、铁路或内河所构成的。因为它们更加的低廉,所以铁路和水路一般在长途运输中占据主导地位,而公路运输则会进行相对距离较短的短途运输,特别是它固有的灵活性和响应能力使公路运输成为自然的选择。

在一些铁路国有的国家,公共部门所扮演的角色主要是运营,但在其他相关方面所做的则主要是管制(见第6章,美国对斯塔格斯铁路法所产生影响的讨论)。然而,随着排放量和堵塞问题在20世纪90年代的政府议程中出现,为了解决运输的负外部性问题,政府开始把自己的角色定位为直接干预。2001 年,(欧洲委员会,2001)欧盟的运输政策文件中明确声明,支持发展多式联运,以此作为一种减少排放和拥堵的方法(详见 Lowe,2005,对于欧盟的多式联运政策有更为详细的讨论)。

在20世纪90年代末和21世纪初,欧洲的政策性文件越来越多,为支持提供更为环保的运输措施,以减少对公路运输的依赖,同时也在政策上照顾了公路运输行业,使其认为自己并未受到威胁,并且指出公路运输行业仍然是一个有效的运输系统。但是公路运输所产生的每吨公里排放量比其他方式更多,因此,卡车开始变得越来越环保,这很大程度上是由于政府管制的结果。例如,欧盟连续出台了发动机的管制标准,从1992 的欧I标准,到2013年的欧VI标准,每一个规定都在逐步地减少碳、氮氧化合物和每千瓦时允许的颗粒物排放。

欧洲出台了多项鼓励政策来促使运输方式由公路运输向其他运输方式转移,包括持续的燃料价格上涨、在劳动时间上对每周驾驶时间的强制性限制等(尽管这种管制措施在欧洲不同地区的执行程度如何还存在一些疑问,但在世界上的其他地区,是缺乏这类监管的)。公路收费则是在欧洲的一些地区实施的另一项管制政策(例如,该方案在德国主要用于卡车需要付费使用高速公路)。同时,更好的车队管理、信息通信技术、增加回程物流、返程包装的回收和其他运营等方面的措施(McKinnon,2010;McKinnon 和 Edwards,2012),意味着通过改进公路运输的运营管理技术,而不是运输方式的转换,同样可以使排放量(如果不是拥堵的话)大幅度减少。

公路运输的灵活性和便捷性使其成为短途运输的天然选择。铁路运输和水路运输则在那些更加注重廉价和快速的地方使用,例如长途运输。在世纪之交,政策的目标是在中长距离运输中鼓励使用铁路和水运,并提倡任何可以促进此目标的行为,如法规的协调、交通基础设施的改进等。直观性同样非常重要,因为出于习惯、知识、经验以及对于可替代的运输方式缺乏熟悉等原因,托运人和货运代理人经常会选择使用公路运输,这使得他们认为选择其他的运输方式更加困难,或者不可信赖(RHA,2007)。这就要求通过多种不同形式的政策目标和方案设计来鼓励多式联运的发展。

1993年,单一的欧洲市场得以建立,不断加快的一体化进程覆盖到了整个欧盟范围,这其中包括关税的联盟、几乎完整的货币联盟、改变了的配送策略,以及不断增加的跨境货物运输(包含配送中心选址的变化),这些都使得泛欧化配送策略的发展超过了单一国家策略。一系列的政策使得整个欧洲向着协同化管理以及促进成员国之间基础设施互通性的方向不断发展。

在欧洲,TEN-T计划(泛欧交通网络计划)是这些努力的重要基础,它确定了跨越全欧洲的、具有高优先权的运输链接线路;成员国可以通过寻求资金投资,来升级改造这些线路。泛欧交通网覆盖了客运和货运,包括了所有的运输方式(甚至包括"海上高速公路")。它的主要目标不是交通方式转换本身,而是增加成员国之间的连通程度。

除此之外,另一个政府目标是推动经济的发展,来刺激在经济表现不佳地区和行业的就业。这种激励一般在地方和地区层面显出更为显著的提升,即使资金往往是来自于一个国家或超国家的组织(如欧盟)。经济地理学家已经讨论了这是否是一种"零和博弈"行为(即不论哪个地区得到招商引资,对国家来讲,得到的利益是一样的),这导致了要求多式联运场站和基础设施减少排放,与建设物流平台以增加就业的政策目标之间存在潜在冲突,需要进行更为深入的研究(Monios,2014)。

物流业的集群化发展,对于经济和运输都会产生很多的聚集效益。当进入一个大型运输通道的时候,特别是一个多式联运通道的时候,物流的集群化会减少长距离运输的排放,但如果通道的接入点是交通聚集地点时,排放量则会增加。

将一个乡镇连接到附近的一个运输通道时,通过直接和间接地增加就业机会,可能会带来经济利益,但同时,这也可能会增加排放量,并提高房地产的价格,经济地理的另一个方面的主要内容,就是在探讨运输政策如何与经济发展政策相联系。很多欧洲交通项目资金的目的是减少排放,但实际上,当地和区域的机构在争取这些项目时,其实是渴望从物流发展当中带来经济利益(Monios,2014)。

美国联邦政府的作用将会在第6章中进行研究。它在运输中所发挥的作用主要涉及安全和许可管制,但它越来越表现在多式联运基础设施建设和运营方面的直接作用,其目的是通过促进运输方式的转变促进排放减少,以及通过改善周边地区的接入情况以促进经济增长。例如,TIGER计划(运输基础设施投资刺激经济复苏计划)成为美国经济刺激计划的一部分,2009年,联邦政府提供了15亿美元的联邦资金,促使全国被收购的公共和私人合作企业形成运输联盟(将在第6章进行详细的讨论)。

这些激励措施在发展中国家是不常见的,因为发展中国家更关注的是通过发展物流基础设施来促进贸易(见第8章的国际比较部分),因此,干涉运输政策主要是发达国家的一贯做法。然而,国际发展机构,如联合国贸发会,以及联合国亚太经社委员会,已经退出了若干旨在改善发展中国家港口与腹地连接、提高物流效益的政策和措施,特别是针对那些连接不畅的内陆地区(例如:联合国贸发会,2004;联合国亚太经社委员会,2006;联合国亚太经社委员会,2008;联合国贸易暨发展会议,2013)。本书的目的之一,就是阐明政府资金是否实际有效地被利用来实现其目标,以及资金利用方式的改善。例如,在经济发达的情况下,由于货物或者线路的特性原因,多式联运在特定地区的发展并不理想,财政资金并不总是唯一的答案,除非产业组织可以被改善,因此,对多式联运和物流来讲,需要制度上的改善来实现增值。

政府的另一个重要的角色是监管、管理以及实现科层制下的贸易便利化。在一个国家内部,它会涉及对营运车辆的许可、对车辆和基础设施的质量和数量进行监管,并且允许商业化的运输供应商来进行运营。除此之外,它还涉及物流平台的建设、提供水电连接服务,并将一些相关的问题进行合并处理,例如对当地居民的噪声干扰以及其他一些局部规划的问题等。

在一个更大的范围内,这些问题都可以归结为政府主管机制下的国际贸易问题。这包括提单以及各种必须被法律批准的运输和保险合同,以及在各个国家的海关立法,这在贸易路线跨越国际边境时显得尤为重要。在发展中国家,许多投资是由国际组织,如联合国和世界银行来提供的,主要用来减少由于海关程序、货物检查要求和信息共享不匹配引起的跨境延误问题(Stone,2001;de Wulf和Sokol,2005;Arvis等人,2007)。它们十分鼓励各国利用自动化数据系统等在线平台实现无纸化通关手续。

在许多情况下,在降低运输成本方面,贸易便利化的措施被认为比基础设施更加重要(Djankov等人,2005)。

2.2.7 总结

多式联运和物流能否取得成功的关键,可以从上面的讨论中得以认识:一方面,是从减少作业环节、载运单元标准统一、利用铁路优势来实现双层集装箱运输,以及长距离满载运输以利用铁路天然优势等方面进行成本节约;另一方面,要向客户提供真正意义上的多式联运服务,服务发展的前置期、规划与预测、回程货和货流匹配、企业间信息共享、集拼货物使班期稳定等方面都存在着困难。存在于上述所有问题之上的,是国内和国际上的运输与贸易的法律法规,例如清关、提单,以及跨境法律文件的协调等。

如果政策制定者想要理解和促进多式联运的发展,他们必须考虑从港口到内陆节点的整个运输系统。这种理解应该纳入到发生在城市区域的中心化和去中心化的过程当中去,伴随着土地使用和劳动力可用性等问题、国际和国内运输流量的集中和扩散问题、全球化运输和物流运营商的一体化和集成问题等。下面的章节将会把这些内容转化为一个概念性的框架,例如港口与腹地的一体化,运用一些实证案例进行分析。

如果对于前文中分析的问题进行简单概述的话,这是一个陆路运输和海洋运输的一体化过程的比较。在过去的十年中,班轮公司和港口场站运营商通过合并和收购的方式,巩固并整合了他们的投资组合,结果导致了少数具有垄断地位的公司出现。这些公司已经受益于大量的规模经济和范围经济,使其能够提供一个港至港间的无缝式多式联运运输。许多的参与方在内陆也尽力追求同样的发展趋势,但对于真正的多式联运而言,如果要取得成功并且在经济上可行,陆路运输的运营过程需要达到一个与海运类似的整合水平。然而,陆路运输的不同特性使这一目标极具挑战性。正如 Graham(1998:p.135)指出:"陆路运输的特点是投资相对较低,运营费用较高,集约化运营的动力较小,在相当大的程度上是无偿的运输活动,需要海运来转移支付运费。"本书调查了这些过程的本质,以确定多式联运和物流过程中的制度障碍。

本章的下一部分,将开始着手构建这本书的概念性框架。它研究了港口以及腹地的空间问题,以及制度发展问题,并从中分析将会出现在实证章节当中那些需要解决的关键问题。

2.3 港口的演化:从扩张到区域化

2.3.1 港口空间发展的早期模型

许多学者都试图通过提出不同的概念框架来解释港口发展的复杂过程。早期一个有影响力的模型是由 Taaffe 等人(1963)概括出的有影响力的"主干道"概念,即"由于某些中心是以牺牲别人为代价来实现增长的,其结果将是形成一组高优先级的大型港口之间的运输联系(p.505)。"然而,连接着这些高优先级通道的节点的区位和功能正在发生改变。过去,这些通道是相对静态的,其主要原因是由港口的区位引发的地理接入的障碍问题,而现在,它们正在变得更加动态化。

Bird(1963)早期提出的"任意港(anyport)"模型,对于港口发展的归类做了尝试,直到今天,他的模型仍在被广泛引用。通过研究英国的港口案例,他不断修正了自己的模型,虽然这个工作是在集装箱运输出现之前完成的,但他的模型仍然是有适用性的。Bird 认识到,港口的不同部分可能处于不同的发展阶段,这也意味着,在港口的部分地区,潜在的次优设施仍将会得到使用。"由于港口设施建设的资金成本很高,因此,逐渐下调船坞或者码头的等级,会使得成本逐渐降低,而不是完全地废弃它。"(Bird,1963:p.34)。Bird 描绘了两种一般性的发展策略,这两个策略是将原来的城镇节点逐渐扩展,转而成为具有大型深水专用泊位的海港,或转向专业化的作业设施专用港口,例如成品油码头或欧洲集装箱场站。

Rimmer(1967)讨论了 Taaffe 等人(1963)和 Bird(1963)的模型,之后提出了一个五阶段模型,同时,Hoyle(1968)提出了一个改进的 Bird 模型,展示了建于 20 世纪的东非国家港口的不同发展阶段,与 Bird 模型中那些中世纪河口港发展起来的港口不同。

Bird(1971)评论说,他的模型并不是为了适合于每一个港口,他承认那些局限性可能是明显的,这是因为,实际上,港口的发展模式是可以基于不同的因素而确立的。而他的"任意港"模型是基于港口设施来建立的,Bird 指出,不同模型的建立通常反映出了更加广泛的问题,比如不断变化的船舶需求,或内陆腹地接入的不断发展。

Hayuth(1981)提出了"主港(dominant port)"或载运中心的概念,这增加了它们向内陆渗透和捕获腹地的能力,类似于 Taaffe 等人(1963)和 Rimmer(1967)的模型。Hayuth 指出,

第 2 章　多式联运与物流的地理学

"通常情况下,很难权衡在载运中心的发展过程中,每个影响因素的重要性,但大规模的本地市场、高可达性的内陆市场、有利的地点和区位、新系统的提前采用,以及港口管理的进取性是主要的考虑因素"(p.160)。

　　Barke(1986)提出了一个类似的模型,主要关注了去中心化的问题,即一些港口活动从港口转移到了不太拥挤的地区。然而,与第4章中讨论的一些内陆场站的概念相比,Barke特别指出,这些活动仍然是"在城市区域内,并且交通和通信技术确保了它们处于容易联系的核心位置。"(p.122)

　　Van Klink(1998)提出了"港城(port city)""港区(port area)"和"港口区域(port region)"的概念,成为先前提出的港口模型的总结,并且,港口网络(port network)的兴起是港口发展的第四个阶段,包括将内陆地区作为这一发展阶段的新角色,尤其是非相邻节点的相关运输活动一体化的控制。这种理念之后被发展成为一种基于相互依存的运输方向上可能出现的网络类型的讨论。这种发展也导致了整个腹地区域的合作战略成为重点,而不是仅在港口地区延续旧的投资模式。从核心活动节点当中进行选择,来实现向非核心地点和其他区域转移的理念,使得港口更加关注集装箱吞吐能力这一核心活动,例如,利用欧洲集装箱场站的内陆场站来为鹿特丹港进行运输,第4章讨论的 Kuipers(2002)的研究支持了这一观点。

　　在这之后,也有学者指出,简单的模型,例如 Bird 的模型,或联合国贸发会(UNCTAD)提出的演化模型(联合国贸发会,1992)并无法准确地刻画港口基础设施、运营和服务的复杂性。(Beresford 等人,2004;Bichou 和 Gray,2005;Sanchez 和 Wilmsmeier,2010)。Beresford 等人(2004)提出了"工作港(WORKPORT)"模型来满足对于运营环境的复杂性进行概念化的需要。

2.3.2 港口系统演化

　　虽然早期的模型旨在进行分类和解释港口发展的空间问题,但是近二十年来,诸多文献已开始涉及许多影响港口发展的其他方面问题,因此这些因素本书也会一并考虑。

　　先前讨论过的载运中心和优先级通道的发展导致了少量的大型枢纽港口的出现,可以被预见到的情况是,这种集聚的情况最终会到达极限,之后出现反转(Barke,1986;Hayuth,1986),这将导致一个扩散的过程出现,最近,不同的学者都对这种现象进行了研究(Slack 和 Wang,2002;Notteboom,2005;Frémont 和 Soppé,2007;Wilmsmeier 和 Monios,2013)。这一挑战的出现变得非常有意义,当港口系统趋于集中时,特别是对于标准化(成组化)的货物,会对腹地基础设施形成重大的挑战。Ducruet 等人(2009:p.359)认为,"集中化"源于大型城市群对路径的依赖,而扩散的驱动因素则包括"新港口的开发、承运人的选择、全球化的运营策略、政府政策、交通拥堵,以及主要载运中心缺乏扩展空间"。

　　然而,现有的理论并不能区分出,港口运输系统是在出现问题后的响应方式引起的扩散,还是港口发展战略中主动施行的扩散。因此,扩散过程的驱动因素不仅与港口系统相关,而且与运输和物流网络相关。

　　从班轮公司和港口运营商的角度来看,货物集聚的显著好处是实现了规模经济和密度经济(Cullinane 和 Khanna,1999)。结合地域上有利区位的开发,这些战略会在一定程度上引发港口集聚，如果不通过积极的政策和公共部门策略进行中和的话，就会对港口的腹地产生严重的影响。Notteboom（1997：p.115）认为，"欧洲集装箱港口体系的未来发展，这种组织演进是遵循海向腹地—港口—内陆腹地的演化模式，这种理论被进一步发展成区域化的概念。（Notteboom 和 Rodrigue，2005）。然而，这种分析思路并没有考虑私营部门战略所产生的影响，这种战略目前会以多种形式来体现，例如，内陆场站的发展或者港口中心的物流策略（Wilmsmeier 等人，2011；Monios 和 Wilmsmeier，2012b）。

港口在运输链条中的作用是在不断变化的，现在更为关注的是场站，而不是港口，这已成为最近几年的关键观点（如 Slack，1993；Notteboom 和 Winkelmans，2001；Robinson，2002；Slack 和 Wang，2002；Slack，2007）。Olivier 和 Slack（2006）提出了一个新的、有关于策略的问题，即港口"掌控它们自己的未来"的能力（p.1414）。同样，Heaver 等人（2000：p.373）提出："港务当局是否将会成为物流链中成熟的合作伙伴？他们的参与将只局限于一个支持者的角色吗（安全、土地使用和特许政策）？或者他们会完全消失吗？为了找到这些问题的答案，作进一步的研究，特别是更多的分解实证研究是迫切需要的。Notteboom 和 Rodrigue（2009）认为，港务当局一直担心失去对内陆场站的影响力，同时也认识到，合作会带来很多的好处。

基于产品的生命周期理论，以及 Schaetzl（1996）、Cullinane 和 Wilmsmeier（2011）主张的"区位分割"理论，在限制可行的合理化、投资和可接入性目标得以实现时，开始作为一种扩展港口生命周期的手段。实际港口区位的不尽合理（例如，曾经是中心的城市港口）或竞争日益激烈的环境使得港口下滑不可避免，但是这种在腹地建立子公司的模式却提供了一个潜在的解决方案，或许可以避免这种下滑。另一个随之出现的问题是，学者们提出的区位分割理论是否也可以被内陆的驱动因素所解释。

中心化的概念在一定程度上解释了门户港口的形成，也可以利用中间性的概念来进行讨论（Fleming 和 Hayuth，1994），一个巨大的、直接的腹地市场并不是一个集聚规模货运流量的必要条件。

相反，物流园区和内陆的配送中心可以支持不连续的腹地，可以通过大运量的运输通道将其与港口连接起来。在这个意义上，"腹地获得"的定义将有所调整，有人认为这是指那些核心的、合适的和可扩展的腹地（Sanchez 和 Wilmsmeier，2010）。在英国，以港口为中心的物流被认为是一种区域化港口与主港进行竞争的方式（Mangan 等人，2008；Pettit 和 Beresford，2009；Monios 和 Wilmsmeier，2012b）。

政府可以尝试通过政策和融资机制来满足运输方式的转变，或经济发展的目标来引导基础设施的发展。这种方法在欧洲是普遍使用的（Tsamboulas 等人，2007；Proost 等人，2011；Bontekoning 等人，2004），但是在美国，政府干预大型多式联运计划的情况也开始越来越普遍。根据复杂的制度安排来管理现代化的港口，私营部门和政府之间的相互作用在不同的尺度上往往是不清楚的（Bichou 和 Gray，2005）。

Hayuth（2007）观察到了班轮公司的纵向一体化程度不断加深，并指出，这种行为的结果是港口的选择越来越被陆地端的因素来决定，例如多式联运的基础设施。这个问题关系到了供应链当中物流一体化的程度（例如：Heaver 等人，2000；Heaver 等人，2001；Frémont 和 Soppé，2007；Hayuth，2007；Olivier 和 Slack，2006；Notteboom，2008）。各种各样的协调机制正在不断地涌现,用来管理这个过程,例如纵向一体化、伙伴关系、集体行动和改变契约的激励结构(Van der Horst 和 De Langen,2008)。场站,而不是港口,正日益成为研究的重点(Slack,2007);随后,海港在陆地端的活动正受到密切的监视(Bichou 和 Gray,2004;Parola 和 Sciomachen,2009),这不可避免地导致了对于内陆场站的关注。

在这个文献中,可能会观察到一个双向的发展趋势:使用内陆场站来扩大港口的腹地(van Klink 和 van den Berg,1998),以及运输链条内的物流服务集成。这是因为,作为门到门全过程运输费用的组成部分,内陆运输费用(包括运输和增值服务)的相对重要性正在不断增加(Notteboom 和 Winkelmans,2001)。Notteboom 和 Rodrigue(2005:p.302)指出,在集装箱运输的总成本中,内陆成本部分将在40%~80%之间变动,因此,很多班轮公司认为,内陆物流作为最关键的领域,仍然会"致力于削减成本"。一个逐渐达成的相关共识是,港口的位置已经从垄断地位变成了一个动态的链接,并且成为物流链条中的一个子系统(Robinson,2002;Woo 等人,2011a)。然而,正如上面所说的那样,Graham(1998:p.135)指出,"陆路运输的特点是投资相对较低,运营费用较高,集约化运营的动力较小,在相当大的程度上是无偿的运输活动,需要海运来转移支付运费",目前如果这种局面已经改变的话,那么陆地运输的细节依然还不够清晰。Notteboom 和 Winkelmans(2001)讨论了港口和内陆场站合作的重要性,但政府权力部门能否表现得积极主动,仍然是值得怀疑的。

他们断定,这个问题可能是由于(公共)港口的重点在发展当地的经济,其本质上,并不是想拥有一个私营组织来追求港口的自身利益。最近,很多私有化和公司化的代表性策略(见第8章)试图来解决这个问题,但主要局限于少数的几个主要港口当中。

港口的影响力扩展到腹地,为港务当局提供了一个干预的机会,并且能够更好地影响未来的发展,但是,运输链条中的层次结构正在不断地发生改变。因此,港口需要在扩展的过程中表现得积极一些,或者努力来维持它们的腹地(Van Klink 和 van den Berg,1998;Mc Calla,1999;Notteboom 和 Rodrigue,2005)。Moglia 和 Sanguineri(2003)分析了港口公共权力部门在私营企业(比如场站运营商)活动中的角色,特别是在刺激私人投资方面,例如,在港口为物流运营商收购土地。有学者还强调了港务当局在私人组织内部具有成员资格的重要性,这些私人组织主要是在港口开展商业活动的。管理的权限问题是首先需要被考虑的,因为港务当局对于超出港口限界以外的基础设施建设的影响力是非常有限的。

2.3.3 港口区域化

Notteboom 和 Rodrigue(2005)认为,Bird(1963)、Taaffe 等人(1963)、Hayuth(1981)和 Barke(1986)的著作中都并没有阐述内陆载运中心对港口发展日益突出的重要性,尤其是内陆场站通过运输网络正在不断地整合。在某些方面,区域化的概念可以被看作是载运中心(Hayuth,1981)和具有优先级的运输通道的组合(Taaffe 等人,1963)。港口区域化的概念在 Bird(1963)和 Taaffe 等人(1963)的文献里都有明确的先例,在一些新的文献里(Ducruet 等人,2009;Wang 和 Ducruet,2012),一些港口区域化的实证应用意味着他们所关注的内陆控制,即港口区域化概念的主要成果借鉴是来自于 Taaffe 等人(1963)的研究结论。Rimmer 和 Comtois(2009)不仅批判了港口区域化的概念(他们提出:"什么是区域化?什么又是去中心化?"p.38),而且在他们看来,对于 Taaffe 等人(1963)和其他追随者提出的以陆域为核心的发展路径被过度地关注了。他们认为,在港口发展的分析过程中,过分地关注陆域活动是毫无根据的。

港口区域化的概念很难简单地定义,因为它描述了一个某种程度上比较松散的运输活动集聚的概念。因此,港口区域化代表了港口发展的下一个阶段(将市场的动态性施加于港口),在那里,通过更高层次的内陆货运配送系统的一体化来得到更高的效率……许多港口都达到了一定的区域化阶段,对这些港口而言,市场力量和政治影响因素逐渐地塑造出了一个区域化的载运中心网络,这些网络是由已观察到的网络节点间的不同程度的链接所组成的(p.302)。

综上所述,港口区域化可以认为是一个术语,它囊括了多样化的集成与合作策略,这包括不同目标下的腹地捕获、控制以及竞争等。

在政治性的词汇中,"区域化"这一术语主要指的是焦点的转移,即将权力或责任转移到区域层面上,这是一个国家层面的权力下放过程。大量的研究文献主要关注区域治理能力中的"空心"和"填充"的问题(如 Goodwin 等人,2005),这包括了对"新区域主义"的批评(Lovering,1999),这种观点认为,应该将尽可能多的欧盟资金直接从欧盟引入到区域层面上,从而绕过国家层面。在港口区域化的讨论中,这个术语被用于这样的场景,即在空间上,港口的发展中心从地区层面转移到区域层面,这种变化的重点在于反映了一个寻求内陆运输系统一体化的新途径。

根据 Ducruet(2009)的论述,"港口区域"从未被充分地定义过。现代的港口将作为更大区域范围内的贸易门户,但是,它们仍然带有其当前所属地理区域的地域和经济特征。因此,港口区域是多层次的,其融合了当地的经济发展,拥有更广阔的腹地和港口地域。在港口区域化的概念里,"区域"可以更准确地理解为腹地,这本身就是一个"流动"的概念,其取决于港口与内陆运输和物流网络是怎样集成的,以及腹地是否被视为是一致的,或者扩展的。

港口区域化的概念也可以与 Notteboom(2010)提出的"多港口门户区域(multi-port gateway region)"联系起来,它提出了多个港口间为一个重叠的腹地而开展竞争的情况。多式联运的连接,以及合适的物流结构,对于捕获和控制这些地区是至关重要的,在大陆内部或者大陆之间,区域差异以及每个港口区域的特异性决定了区域化的理念如何在场站、通道和制度联系等方面表现出来。Rodrigue 和 Notteboom(2010)确定了全球化、经济一体化和多式联运是三个主要的影响因素,他们称之为"货运配送的区域主义"的影响因素(p.498),他们认为,"区域主义导致了差异化的策略"(p.504),在其他地方,他们注意到"当区域效应仍然是基础的时候,在运输方式的偏好方面,并不存在单一的策略"(Notteboom 和 Rodrigue,2009a:p.2)。

一旦这个"区域效应"的重要性被承认之后,试图在一个"区域化"的概念中必须提取出"区域主义(地方主义)"的过程是非常困难的,尤其是当认识到地区和腹地之间的关系并不可靠的时候。通过对每种活动的空间和制度特征的研究,本书将推导得出区域化概念的关键因素,以便更加详细地研究他们是如何揭示这样的区域效应或"区域主义(地方主义)"的。

前文的讨论强调了港口区域化在空间和制度方面的概念内涵。空间上(Spatial)主要指的是实体设施的发展,如场站、铁路/驳船的运输通道等。

场站和运输通道的一个重要功能是获取市场的,这不是基于实体设施的发展,而是基于制度性的关系。在大多数情况下,基础设施是使用者共同使用的,因此,港务当局或者场站无法控制实体的运输通道,但是更加关注运输与物流供应商在运营层面上的协定。港口活动参与者的目标,是为了让货流通过其港口,无论运输的经营者是谁,他们使用何种运输方式,以及他们使用哪个运输通道。

如上所述,与"以活动者为中心"的研究方法相比,港口发展的早期研究更侧重于空间的发展问题,这在某种程度上是由于过去的产业结构所导致的。虽然近年来的研究文献使得港口活动参与者之间区分得更加清楚,但是较少关注不同策略的识别。Notteboom 和 Rodrigue(2005)声称,对港口区域化的动力机制这一概念尚不清楚,例如"正式链接的多样化程度"的决定因素(p.302),"市场力量和政治影响"(p.302)是如何影响集成和协作过程的,这正是港口区域化取得成功所需的必要因素。一项研究虽然不能涵盖所有的可能性,但是本书选定的三个关键方面,将会进行深入的研究。

2.3.4 源于港口区域化概念的多式联运与物流发展三大关键因素

港口区域化概念的第一个重要的不同之处,是其关注的重点是内陆场站。Notteboom 和 Rodrigue(2005)阐述了这个概念:"将内陆的货运配送中心和场站联合起来,作为在塑造载运中心发展中的活跃节点"(p.299),这个过程的特点是"功能上强烈的相互依存,甚至一个特定的载运中心的联合开发,以及在其腹地(选定的)多式联运物流平台"(p.300)。他们还指出,区域化的阶段逐步地"促进非连续的腹地的形成",这也意味着,通过将内陆场站作为"无水港"的形式,"一个港口可能会闯入与其竞争港口的天然腹地"(p.303)。

第二个关键因素是市场的作用,尤其是物流运营过程中不断变化的本质。Notteboom 和 Rodrigue(2005)认为,"区域化来源于物流决策,以及托运人和第三方物流提供商的后续行动"(p.306),而"转向港口区域化阶段,是一个逐步的市场化过程,对港口来讲,这反映了市场参与者对物流一体化的关注程度的增加"(p.301)。他们还指出,"物流的一体化……需要及时的反馈,以及内陆货运的循环策略的制定。对这些挑战的应对超越了集中在港口本身的传统观点"(p.302)。

第三,Notteboom 和 Rodrigue(2005)讨论了一些试图影响装载中心或者内陆场站开发的积极尝试,对于他们所提出的港口区域化提议的替代方案是"将区域化的概念强加于港口"(p.301)。

他们认为,物流节点在空间集聚(或扩散)的趋势是一个缓慢的、市场导向的过程,在许多情况下,这个过程是自主发生的。而且国家、区域和/或地方的权力部门都试图通过提供财政刺激,或为未来物流发展保留土地的方法,来引导这个过程(p.306)。然而,他们也对过于乐观的态度发出了危险警告:"缺乏明确的市场洞察力可能导致地方政府的一厢情愿……这可能会导致产能过剩的情况"(p.307)。虽然有学者认为港口不应该"充当被动的参与者"(p.306),并应采取"适当的港口治理结构"(p.306)来应对这些新的挑战,他们清楚地表明,港口本身并不是区域化的主要动力和策动者(p.306)。然而,他们也指出,"港务当局可以成为催化剂,即使它对于货物流量的直接影响是有限的(p.307)"。他们观察到了许多不同类型的关系,可以在港口和内陆的参与者之间建立,这很大程度上取决于所涉及的合作伙伴的制度和法律地位(p.307)。必须了解的是,这是成本和收益的不均匀分布导致的"搭便车"问题:"港务当局通常知道'搭便车'问题确实存在。这可能使得港务当局不急于利用已选的众多内陆场站来引导正式的战略伙伴关系。相反,港务当局通常会偏好间接形式的合作……不那么有约束力,而且仅需少量的融资手段"(p.310),因为"海运港口不宜过多依赖内陆场站生成的货源"。

如果港口的区域化是一个在港口发展理论当中可观察到的发展阶段,那么这意味着,它的存在是有一定可能的,甚至在大多数情况下是可能的。本研究将着眼于三个关键因素的提出,只是为了确定如何启用或限制这些一体化过程是如何嵌入到港口区域化的概念当中去的。这并不是表明港口的区域化没有发生,而是应更加关注它如何发生,特别是存在哪些方面的障碍。本研究涉及的问题与以下三个方面息息相关:

(1)内陆场站的不同发展策略是如何影响港口的区域化进程的?
(2)物流一体化和内陆货运的循环是如何影响港口的区域化进程的?
(3)集体化行为(集中化运输)的问题是如何影响港口的区域化进程的?

本研究有意设置这些开放式问题,目的就是要了解在哪些具体过程中引入了港口区域化的概念。在每一个实证章节中,一些合适的文献将会被用来确定三个问题中每个问题的主要特征。本书将会选择一些案例来进行研究,然后通过它们来描述和讨论一体化进程是如何在港口区域化的概念定义中被启用或约束的,同时来揭示多式联运与物流的空间和制度特征。

2.4 结论

在每一个实证的章节中,文献综述将会着眼于上述三个主题中的每一个,以此来研究发展过程中的关键因素,并适当地关注每一个案例。正如第1章所述的归纳法所阐述的那样,这些因素(相关的次级因素)将用于指导数据的收集和分析。为了三个实证章节中每一个问题的研究,会建立一个基于上述因素的矩阵,以用于形成研究过程的基础,以及产生可用于回答三个关键问题中每一个问题的结果。

一旦这些问题被解决后,研究结论可以为多式联运与物流的空间与制度特征之间的相关研究做出贡献,在这其中,港口和腹地发展的空间模型将会通过一个对政府治理角色的制度分析来得以扩展。为了便于分析,第3章将对制度研究的文献进行综述,并且尤其关注在运输和物流方面的治理问题。

第3章 制度在多式联运与物流中的作用

3.1 引言

本章的内容从制度在社会学的一般应用开始,通过地理学方面的"制度转变",阐述了制度所发挥的作用,然后介绍了制度和组织在运输和物流领域中的具体内容,在很大程度上侧重于治理(governance)问题。争论的焦点在于,多式联运未能成功发展,是基于这样一个事实:虽然多式联运的运营操作实践已经被大家熟知,但是在制度方面的挑战尚不清楚。本书前文中所列出的关键问题,是为了证明为什么这样一种方法是必要的,特别是在探究第2章中提到的多式联运与物流所面临的挑战。随后,治理过程中的关键问题将会被推导出来,这将被用于第7章中实证结果的讨论。

3.2 制度学派概述[①]

制度学派发源于新古典经济学,其发展是由于新古典经济学对社会、文化和经济事件的历史背景的愈发关注,而不是通常被认为地它是源于高度理论化和没有背景结构的普遍法则。Jaccoby(1990)总结了四点演化规律:从确定性到不确定性,从内生性偏好到外生性偏好,从简化假设到行为现实主义,从共时分析到历时分析。

Coase 认为(1983),早期的制度经济学理论形式并不足以战胜新古典主义的研究方法。Scott(2008)指出,在社会科学中,新制度学派是早期的或旧制度经济学的直接衍生品,而众所周知的是,新制度经济学(NIE)更接近于原始的(现在仍然盛行的)新古典经济学。新制度经济学往往存在于新古典主义的观点中,其指出,企业的理性行为会通过某些方面产生作用以减少交易成本(Jessop,2001),尽管它已经背离了一些新古典主义经济学的假设,如信息完全对称,以及低交易成本等(Rafiqui,2009)。

"新制度经济学"这个词最初是由 Williamson(1975)提出的。其是延续了 Coase(1937)关于交易费用的研究成果,这些费用是在单一企业通过价格机制进行交易时产生的。例如,如果两家企业合并,那么以前的经济行为所产生的外部成本将会被内部化。新制度经济学家利用企业理论来研究各种降低交易成本的方法,如合并、联盟和签订合约等。

在海运研究上,新制度经济学在被一些学者用来探索协调内陆运输链的不同方法(如 deLangen 和 Chouly,2004;VerHorst 和 deLangen,2008;VerHorst 和 VerLugt,2009)。另一方面,制度地理学研究的是这些结构如何随不同的空间、地点和规模发生变化(如 Hall,2003;

[①] 本节摘自 Monios 和 Lambert 文献综述(2013)。

Jacobs,2007;Ng 和 Pallis,2010)。

制度学派的主学者之一是 North(1990),他提出了那些制度是用来制定游戏规则的,而组织则是游戏的参与者。当试图通过组织和制度来定义一个国家时,这些问题恰逢其时地出现了。Jessop(1990:p.267)将国家定义为一个"特殊的机构,拥有多重的边界,没有制度上的固定性,以及预设的或实质性的统一体"。政府的影响力或创新能力是嵌入在正式和非正式的制度内的,而 González 和 Healey(2005:p.2059)认为,这是"建立于治理关系的实践基础上的,这种实践不仅仅是指在正式的规则内发生的,也不仅仅是指政府法律和程序定义的集体行动过程中的配置能力。"

类似地,Aoki(2007)定义了外生性和内生性的制度。前者代表了游戏的规则(继承了 North,1990),而后者描述了游戏的均衡结果。Aoki(2007:p.6)结合各种因素,给出了下面的定义:一个制度,是一种自我维持的、社会互动的突出模式,每个机构都懂得并且被包含在"游戏规则是怎么样的,并且将会怎样开展"这一共同理念的机构群体当中。

对于一个成功的组织来说,合法性是一个关键的概念,它源于其与制度的关系。Suchman(1995:p.574)将合法性定义为"在一些社会建构系统的价值观、理念和定义中,全面感知或假设一个实体的行为是可取的、正确的或适当的"。然而 Meyer 和 Rowan(1977)发现了合法性与效率之间的冲突。他们认为,组织采用正式的结构以达到合法性的要求,而不是从他们的操作实践中自然产生的、超越实际的要求。事实上,这样的正式结构甚至可能会降低效率。他们进而坚持认为,一个组织的正式结构,与其日常活动之间是存在分歧的。这种分歧的结果,或许会以不恰当的正式结构的方式来阻碍创新,并且,监督可能成为一个形式,依附于所谓的正式结构,而与真正意义上的组织活动脱离。

从其他地方将治理结构照搬过来,可能是有问题的(NgPallis,2010)。Meyer 和 Rowan (1977)描述了新组织的创建与现代组织的设计有很大的关联性,特别是在治理结构从一个范围或空间上传递到另一个地方的时候:"组织的构建模块是散落在社会景观中的各个地方的,只需要一点点的创新(创业)动力,就可以把它们合为组织结构。因为这些构建模块被认为是正确的、适当的、合理的和必要的,组织必须把它们合并起来,以避免它们是非法的"(p.345)。此外,这个过程中,会产生更多的同类的在结构上合法的组织,这可以从半官方机构(准非政府组织)数量的增长中看出。学者们注意到,"制度化的合理性成了一个具有爆发性组织潜力的虚构事物"(p.346)。

制度的不断变化和重塑是困难持续的来源。Jessop(2001)指出,"试图治理或引导,这样的行为是偶然的、不完全必要的、临时性的和不稳定的尝试。"这个问题已经在其他地方被定义为多尺度的治理(Hooghe 和 Marks,2001),这种治理会通过权力的混淆、多重的权力以及资金来源等导致继发问题的出现(Meyer 和 Scott,1983;Scott 和 Meyer,1983)。

Moe(1990:p.228)观察到,政治组织会被迫做出取舍,而经济组织则不会:

> 政治组织会受到政治不确定性的威胁。他们希望组织是有效的,他们也想控制它们;但是他们没有"设计特权"去提高效率,以及控制它们。经济决策者则确实拥有这种特权——因为他们的财产权利会得到保障。他们可以保留他们所创造出来的东西。

可以认为,政治组织的结构是来自选民(或其他政治利益集团)、政治家和文职人员之间的互动。因此,一个有吸引力的策略是,"随着时间的推移,不要试图控制它是如何行使的,而是通过事前详细的、正式的需求来限制它……在政治领域,一个社会活动参与者会害怕另外一个,他们恐惧国家,并利用制度来保护自己等行为都是合乎情理的——即使这样会阻碍那些原本被认为是可能服务于它们的机构"(Moe,1990:p. 235)。私营企业通过政府投资基础设施建设的渠道获得资金利益就可以从这个视角来看待。正如本书中案例研究部分的内容将会指出的那样,公共机构在最初就建立复杂的资金和捐款结构,为的是保障任何决定都是基于已经建立起来的规则,而不是个别政客或管理人员的决定。Moe(1990)认为:这样做的结果是,一种"步履维艰"的能力也可施加有效的影响。

路径依赖是经济地理学研究中一个关键问题,它源于高昂的准备成本、学习效果、协同效应和预期回报,它可能导致不确定性、效率低下、封闭以及先入为主的前期事件(David,1985;Arthur1994)。Martin(2000)指出,"制度倾向于自我再生过程以及持续性保留的逐步发展方式"(p. 80),他还强调了在不同的区域和地方环境下,不同的制度发展路径的重要性:"如果制度的路径依赖是有问题的,那么这个问题的关键在于,不同的地方会以不同的方式表现出来:制度性的经济路径依赖是其相对于自身地点的依赖。"(p. 80)。

国家的各级政府都正在面临越来越大的压力,来建立一个企业型的文化,以使得全球的资本逐步流动到他们的地区,但尺度的把控是很重要的,因为"资本-劳动力之间的关系是由国家进行管制的,但资本的循环升级包含了更大的空间尺度"(Swyngedouw,2000:p. 69)。由于国家层面作用的削弱,地方和地区政府都试图通过集群和集聚政策确保这些流动,这已经有了一些成功的例子,尽管目前尚不清楚集群是一个强有力的制度设计的原因还是其作用结果。

"制度厚度"的概念是由 Amin 和 Thrift 提出的(1994、1995),他们将其定义为一个对制度的质量进行衡量的方法。作者们找出了四个方面的关键因素:一个强有力的制度存在;这些制度体系之间存在高水平的相互作用;一个定义完善的治理结构、联盟构建以及网络;共同的使命感和共享议程的出现。这个概念还没有得到广泛的应用,但它一直在试图聚焦于经济的发展(见 Raco,1998、1999;Henry 和 Pinch,2001)。Henry 和 Pinch(2001)提出,在经济地理学中作为一个分支的、不断崛起的制度学派,与关注区域经济增长的"新区域主义"之间存在一定的接合(联合)。

MacLeod(1997,2001)指出,制度厚度这一概念与其他概念有着相近的范畴,如 Lipietz(1994)提出的"区域性防护",Cooke 和 Morgan(1998)提出的"制度创新",以及 Storper(1997)提出的"学习经济的制度"。他列举了苏格兰洼地的制度密度,因此其成为一个较好的制度厚度案例。实际上,他指出,苏格兰洼地有可能因为建立了过多的组织,从而出现了"制度过剩":"这些过程有助于说明,正如 Amin 所说的那样,试图通过政策规定来实现企业和制度之间的合作,并且'一蹴而就的制度建设'是非常有问题的(Amin,1994)"(p. 308)。MacLeod 指出,这种制度厚度,并没有帮助苏格兰留住跨国性的资本,也没有开发出新的由苏格兰人控制的行业,这导致他得出了这样的结论"当不再强调国家对地区的作用时,必须非常小心谨慎"。

MacLeod(2001)进一步地证明了采取多标量视角的必要性,以揭示特定的监管实践和"制度厚度"元素比例在特定的水平上……这些空间和标量上的选择性(Jones,1997)可以像国防一样,通过官方的政策,或者通过有针对性的城市和地区政策发生"(p.1159)。这个持续的过程不能不加鉴别地加入到制度分析当中去:"远离既定的地理界限,如城市和地区,在政治上建立一个永恒的社会空间,与资本关系和管制能力相斗争"(p.1159)。同样,Amin(2001:p.375)补充说,它是对"区域的广泛连通程度的管理至关重要,而不是对其本质上的供给方面特质进行管理"。

制度厚度的概念被Pemberton(2000)应用在研究英格兰东北部的运输治理实践当中,他延续了Jessop对新葛兰西学派中的国家理论的使用模式,作为一种投资方式,它包括MacLeod(2001)所主张的政府的作用。Coulson和Ferrario(2007)质疑,在过去的十年里,体制厚度作为一种批判方法,缺少洞察力,进而导致一个潜在的与因果关系相关的识别问题,并导致了基于制度来合并组织的风险,以及通过政策活动来创建或者复制一个制度结构变得非常困难。

制度分析的关键要素可以概括为:一个组织的合法性和它的效率或机构之间的潜在冲突(Meyer和Rowan,1977;Monios和Lambert,2013),将一个治理结构从一个制度环境移植到另外一个环境中的困难(Meyer和Rowan,1977;NgPallis,2010),制度的不断变化和重塑(Jessop,2001),尺度问题通过主权混淆、多重的监管和资金来源导致的继发问题(Meyer和Scott,1983;Scott和Meyer,1983),以及制度发展过程中的路径依赖轨迹(David,1985;Arthur,1994;Martin,2000)。需要认识到,必须承认正式的制度,而且还要承认非正式的制度(González和Healey,2005)。最后,Rodríguez-Pose(2013)提到,衡量制度的影响(尤其是非正式制度),以及通过政策制定形成某个令人满意的影响是非常困难的。

3.3 制度和治理

大量有关制度文献都主要集中在治理(govermance)这个问题上,其可以简单地定义为管治(governing)的行为或过程。这个词经常会与管理(government)一词被交替性地使用,但在过去的二十年中,人们更倾向于使用治理一词。随着政府的权力下放到其他机构,以及其他利益方的增加,政府的官方制度仅仅是整个治理过程中的一部分(Romein等人,2003;Jordan等人,2005)。治理必须被理解为一个分配权力和资源的过程、管理关系的过程,以及实现理想目标的行为或过程。

如果将治理看成一个过程,从这个角度出发的话,国家将会变成"仅仅是一个制度的集合体;它只有一组制度性的能力,并负责来调解权力;国家的力量是社会力量通过国家作用而形成的力量"(Jessop1990:pp.269-1990)。Brenner(1999:p.53)把国家描述为"多种形态的多标量制度的拼接体",其中,根据Swyngedouw(1997:p.141)的研究,在它们的程度、内容、相对重要性以及相互关系方面,空间尺度不断地被重新定义、争论和重构。它们是一系列开放的、不连续的空间构成的社会关系,并以各种方式不断地延伸(Allen等人,1998:p.5)。

伴随着领土的政治界限变得不再重要,治理的主要相关元素被摆在了最显著的位置。政治结构可能会在表面上与领土的空间相联系(如实体边界),但通过区域精英和业界人士的力量,它们的合法性和机构关系已经建立起来(MacLeod,1997;Allen和Cochrane1997;Monios和Wilmsmeier,2012b)。因此,关于政府组织与个人、非政府组织与个人之间跨边界治

第3章 制度在多式联运与物流中的作用

理问题的工作变得越来越多,同时,政府多重范围的合并范围也越来越大(Marks,1993;Hooghe 和 Marks,2003)。

这个过程可以与近年来的发展趋势联系起来,即去中心化和权力下放(Peck,2001;Rodriguez-Pose 和 Gill,2003),虽然这不一定是实际的权力移交过程,但其更多的是定性的重组(Brenner,2004),其特征表现为不均匀的空心化过程(Rhodes,1994),并且填补相应的空缺(Jones 等人,2005;Goodwin 等人,2005),这可能导致不对称的活动能力。

政治制度的角色改变是一个重要的话题,但是,不仅仅是它们的正式边界和权力问题,治理研究中更多强调的是过程,即关注应该如何行使权力,如何评价表现和管制结果。这些过程是如何制定的,是治理与管理之间的核心区别。利害攸关的不是官方责任的定位,而是治理过程和结果的实现。这些结果覆盖多个政策领域,如气候变化、资源管理、运输条款、可达性和社会包容性等。通过对一个环境的进入环节进行系统管理,有效的治理可以减少损失和保护社会权利,不管是对矿业企业的进入进行管制以保护水质,或限制汽车的使用以减少当地的空气污染。另外,考虑治理模型最有可能实现一个特定的政治结果的时候,其结果本身也必须加以考虑。这意味着有效的治理并不总能被衡量,比如对污染这一个不令人满意的结果测量的减少。治理的改革也可以采取增加少数股东代表,或改善决策的透明度和问责制等方式。地方治理和制度化的方法已经被应用于(旅客)运输当中,问题的重点已经被主要的运输条款所主导,它的管制已经由政府机构来执行(Stough 和 Rietveld,1997;Pemberton,2000;Gifford 和 Stalebrink,2002;Geerlings 和 Stead,2003;Marsden 和 Rye,2010;Curtis 和 Lowe,2012;Legacy 等人,2012)。治理理论已经被应用于货物运输的一些领域当中,用来在水运政策的管制过程中评估多层次治理的角色作用,这一过程涉及国际、跨国、国家、区域和地方等不同尺度的多个参与者(Pallis,2006;Roe,2006、2007;Verhoeven,2009)。然而,货物运输治理理论的主要应用还是在港口的治理当中。

3.4 治理理论在港口的应用

根据第 2 章的讨论结果,很明显的一点是,港口的控制对于政府来讲是管理贸易及其经济效益的一个重要杠杆。文献表明,近几十年来,已经观察到的总体趋势是港口的管理从公共部门逐渐地转移到私营部门。不同的港口管理模式已经成为大量研究的主要议题(如 Everett 和 Robinson,1998;Baird,2000、2002;Hoffman,2001;Baltazar 和 Brooks,2001;Cullinane 和 Song,2002;Brooks,2004;Brooks 和 Cullinane,2007;Pallis 和 Syriopoulos,2007;Brooks 和 Pallis,2008;Ferrari 和 Musso,2011;Verhoeven 和 Vanoutrive,2012)。世界银行提出了四种类型的港口治理模式(2001、2007):公共服务港、私营港、设备港(是一个混合模型,是私营部门运营商负责运营,但在公共管理部门的指导下进行)和地主港(landlord)(公共部门保留所有权,而场站的管理和操作是租赁给私营部门运营商的)。

地主港模式在全球范围内越来越普遍,而且也确实是被世界银行和其他机构所鼓励的模式,但也有观察指出,它是根据不同的当地条件来实现港口权力下放政策(如 Baird,2002;Wang 和 Slack,2004;Wang 等人,2004;Ng 和 Pallis,2010)。

需要重视的是,正在进行的港口管理改革中,一个港口相关方可能参与的各种流程的特性。一些关键的问题已经得到解决,比如航运网络的影响(Wilmsmeier 和 Notteboom,2011)、港口权力部门集聚在港口周围的相关经济和服务集群中的角色和作用(Hall,2003;deLangen,2004;Bichou 和 Gray,2005;Hall 和 Jacobs,2010),开发新的业务能力,如在腹地进行投资(Notteboom 等人,2013)、港口竞争(Jacobs,2007;NgPallis,2010;Sanchez 和 Wilmsmeier,2010;Jacobs 和 Notteboom,2011;Wang 等人,2012),以及港口治理的权力从政府的一个层面下放到另外一个层面,而不是从公共部门到私营部门(Debrie 等人,2007)。

更大的私营部门参与港口的优势主要是为相关的公共部门提高效率,以及降低成本。其负面影响则包括减少或增加国家控制的模糊性,以及涉及管理过程和后续监管过程中的困难和风险(Baird,2002)。也有人提出,相关的治理决策并不总是与港口的表现相关的(Brooks 和 Pallis,2008)。Debrieal(2013)提出了一个更加深入的、情境化的港口治理模型,通过结合制度环境(公共和私人参与者之间的关系和相对的决策权力)添加了一个空间元素,这种元素具有当地市场的特点,以及影响公共干预动机的社会文化因素。

这种情境化对于治理分析是至关重要的,因为在不同的地区情况下应用一个通用的治理模型,可能会导致不对称的结果(Ng 和 Pallis,2010)。港口功能的多样性(参见 Beresford 等人,2004;Sanchez 和 Wilmsmeier,2010)是根据 Bichou 和 Gray(2005)提出的,简单分类对创建来说很困难;因此,应该至少包括三个因素:公共和私人参与者的角色、治理模型和设施的范围、资产和服务。这种研究方法将在第 7 章中被用到以扩展简单的场站治理模型,这个模型衍生于源自实证章节并具有很强操作性的文献研究。

3.5　治理理论在多式联运中的应用

为了支持多式联运运输通道的经济可行性,交通流必须被巩固,从而稳定下来。因此,这种需求的结果是内陆货运设施的物流运营操作不断地增加,并假定运营与运输活动是相互协作的。早些时候,联运场站曾是研究文献所关注的主要焦点,在物流学的相关文献中,物流平台是被单独进行讨论的。近年来,在研究文献中产生了一定的混淆,例如,运输与供应链的功能问题被交叉讨论,但是这当中并没有解决治理的问题,以及两个功能和实体空间之间是怎样相互影响的。这个问题为本书第 7 章中实证案例分析中的分类研究奠定了基础。

在过去五年中,一般的多式联运研究,特别是以联运场站为主题的研究在文献研究中已经越来越多,但治理问题却很少被直接涉及。这可能是因为,与港口相比,内陆的货运节点引起的关注度较少,治理结构更简单,政府干预也更少。一些地主港模式可以作为其开发的理论依据的,不过,与港口不同,政府参与内陆货运设施的行为更可能是在启动阶段使用公共资金来吸引私人经营者进入市场。大家的期望通常是,在进行了成功的开发后,该地点将由私人运营,并且没有进一步的政府干预(尽管本书中的案例分析表明,也有例外的情况出现)。

一个少见的、将治理行为直接作用于内陆场站的案例是由 Beresford 等人(2012)提出的,他将世界银行提出的港口治理模式(公共港、设备港、地主港、私人港)应用到了"无水港"的分析当中。这是一个有用的方法,其能够促进所有者和经营者之间的关系分析,Beresford 等人（2012）还借鉴了 UN-ESCAP（2006）的同心圆模型，在中间圈层包含了集装箱堆场和集装箱货运站，并扩展成为集装箱转运站，第三圈层则用于物流活动，最后一个圈层是进行相关处理和产业活动的外围区域。同样，在 Rodrigue 等人（2010）提出的三级的同心圆模型中，联运场站是活动的中心，外面一个稍大的圈层则包括了所有的物流活动，其可能是同一地点的一部分，也可能不是。最后，第三个全程包括了在腹地范围内所有更为广泛的零售和制造业活动，这些腹地或许与这个地点间有着松散的联系。

同心圆模型所代表的含义有时或许会产生歧义，它们往往意味着联运场站位于一个统一的物流平台的核心位置。而在现实中，场站通常会被发现处于在某一地点的边缘（见第二章），在多数情况下，主要服务于物流平台之外的客户。同心圆模型还掩盖了这一事实，即在大多数情况下，场站是与物流平台分离的。即使场站和物流平台位于彼此靠近的位置，它们将仍然需要通过一个单独的闸门（gate）作为入口和出口，在这个过程中，必然要有适当的安全性操作。当然，它们更可能位于远离彼此几英里的地方（因此可能需要额外的公路运输），或者相反，场站可能位于一个有多个大小不同的物流业务、类型和专业分工区域的地方，这可能可以，或者无法满足多式联运的运输需求。

3.6　治理理论在物流中的应用

有关物流领域的治理问题的研究文献多数都涉及物流的一体化问题，这是一个更为宽泛的供应链一体化议题的子议题。供应链一体化的多种动机已在文献中被明确，其中包括通过效率改善、资源互补、客户需求、技术应用、供应链的合作伙伴和结构的变化，以及竞争的压力来降低成本。其中潜在的挑战也已经被确认，例如，缺乏高层管理的支持、不恰当的激励、缺乏信任、缺乏信息共享、不一致的绩效评价和缺乏联合决策（Whipple 和 Frankel，2000；Min 等人，2005；Simatupang 和 Sridharan，2005；Cruijssen 等人，2007；Fawcett 等人，2008a，2008b，Richey 等人，2010；Guan 和 Rehme，2012）。这个文献中的一个重要结论应该被应用于运输分析当中，其指出了内部的物流一体化与外部是同样有必要的。例如，如果物流部门试图与外部组织开展一体化服务，那么物流与采购部门之间在生产计划上的整合是很有必要的（Stank 等人，2001；Gimenez 和 Ventura，2005；Lambert 等人，2008；Chen 等人，2009）。

与运输相比，在供应链问题研究的文献中，通过一个特定的理论方法，例如交易成本经济学（参见第 6 章，这些理论在运输中的应用），治理模式的细节已经得到了深入的分析。其中被应用到供应链管理当中的策略得以延伸，从一个纯粹的交易为基础的，或者以市场为基础的方法，到一个完全一体化或者分层的所有权模式（Golicic 和 Mentzer，2006；Rinehartetal.，2004）。以市场为基础的模式是由不同持续时间的契约所支配，通过定期与竞争对手提供的价格和服务相比，然而，一体化的策略可能导致直接的购买或兼并行为，或者通过合资企业的形式，产生一个新的组织。

各种动态混合的或关系型的模式融入在这两个极端情况当中，比如没有股权因素掺杂的书面合同和少数股权的协议（Williamson，1975；Parkhe，1975；Dussauge 和 Garrette，1997；Klint 和 Sjoberg，2003；Rinehart 等人，2004；Todeva 和 Knoke，2005；Halldorsson 和 Skjøtt-Larsen，2006；Humphries 等人，2007；Schmoltzi 和 Wallenburg，2011）。根据股权关系，可以将这些

模型进行分类,但更多的相关研究表明,他们也可以以越来越多的综合服务为特征来分类,从基本的合作,到业务计划协调,再到长期战略合作的过程(Spekman 等人,1998;Lambert 等人,1999;Whipple 和 Russell,2007)。在分析联运场站、物流平台和联运通道之间关系的时候,所有权或股权投资仅仅是分析中的一部分,不同类型和水平的流程一体化通常决定了是否有足够的交通流将被整合在联运通道当中,这对开发任一站点的可行性研究是非常必要的。

市场或契约治理需要通过合约管理来实现,这将会引起相应的激励和惩罚行为。在企业迈向更大范围内的合作过程中,相关特征,例如信任、信息共享和共同决策就显得更加重要。合作伙伴关系可以通过几种机制来进行协调,如监督、激励/抵押品,或者基于人际关系的社会执法(Dyer 和 Singh,1998;Wathne 和 Heide,2000;Hern 和 ez-Espallardo 和 Arcas-Lario,2003)。

上述讨论表明,在运输领域中,治理主要指的是对服务需求的协调。相比之下,在物流和供应链管理领域的重点是企业的创造力(Wilding 和 Humphries,2006)和资源利用率(SchmoltziWallenburg,2011),最终形成了关系型或网络型的方法(Dyer 和 Singh,1998;Pfohl 和 Buse,2000;Skjoett-Larsen,2000;Zacharia 等人,2011)。

Bowersoxetal.(1989)建立了一个五阶段的物流一体化模型:

(1)单一交易;

(2)重复交易;

(3)伙伴关系;

(4)三方协议;

(5)一体化的物流服务协议。

根据这个模型,伙伴关系是指托运人保持对规划和管理的控制,而第三方协议则是第三方物流商在定制化服务所需的信息共享关系中扮演更为直接的角色,这就需要增加各方的互信程度。最后,一体化的服务协议是指整个物流功能,或至少大部分的功能已经外包给第三方物流商。这将需要通过信息通信技术来连接,形成一个更高层次的信息整合,并还可能包括额外的增值服务,例如通过第三方物流商来提供仓储功能,将货物储存在仓库当中。当一个第三方物流的代表被设置在客户组织当中时,"组织移植"(Grawe 等人,2012)的概念可能被使用来描述此种情况。

3.7 多式联运与物流相关的关键治理问题总结

治理模型验证了在前面的讨论中所提到的多式联运与物流中的治理问题,突出强调了所有者和经营者之间的关系、运输功能与物流功能的分离,以及其在周边贸易活动中所起到的作用。因此它们提供了一个有用的开端;然而,它们没有分解和识别每个层次之间的不同类型的关系。与治理有关的文献强调了跨边界工作的重要性,以及实现各种利益相关方之间的合作,供应链相关的研究文献则明确表明需要考虑内部和外部一体化的过程。这些因素必须被纳入到分析多式联运与物流管理的过程当中。

主要的研究问题可以被划分为以下四类:

第3章 制度在多式联运与物流中的作用

(1) 规划和发展的过程当中公共和私营部门的作用。
(2) 最初的开发者与最终的运营商之间的关系,包括销售和租赁。
(3) 运输和物流功能之间的关系,以及站点内部的其他问题。
(4) 站点的功能和运营模式,包括与客户和外部利益相关者之间的关系。

以分析净成本作为基础来发展联运基础设施和运营补贴很容易产生误导,因为许多的组织和制度上的困难会阻碍与公路运输经济性竞争所必需的运营效率。为了使铁路满载以及以较高的使用效率来达到理想的结果,所有相关的组织必须在顺畅的规划、开发、调度和最终的联运链条上的运营等环节发挥好自己的作用,这包括了港口、通道、场站、铁路运营以及它们所处的整个物流系统。本研究的目的,是识别那些需要更多的调查才能反映出的关键的制度关系。

3.8 结论

接下来的三章内容,将会分别介绍联运场站、物流和运输通道的实证案例。每个实证章节都将首先回顾相关文献,在确定关键主题之后进行分析。这三个章节的结论将在第7章被汇总到一个制度性的分析当中,其是基于本章中提出的四个方面的因素而展开的。

第4章 案例研究(欧洲):多式联运场站

4.1 引言

第4章是三个实证章节的第一章。以11个欧洲的多式联运场站为例,将其分成两组进行描述和比较,一组为有港口投资,另一组为无港口投资,以区分内陆场站的不同发展模式。对它们的主要特征和功能进行了讨论,包括公共和私营部门所扮演的角色,与港口和铁路运营商的关系,以及它们在物流产业部门中的地位。案例的对比表明,由陆路端的运输活动参与者来开发的内陆场站经常会与港口活动的参与者发生策略上的冲突(无论是港口权力部门或者港口运营商)。港口活动的参与者在超出港口的限界之外时很难发挥作用,但有些港口场站的运营商已经开始展示出投资内陆场站的成功,这主要是由于他们在多式联运服务方面不断地投入,以管理他们的集装箱吞吐能力。场站成功的开发是很困难的,除非它们能融入一个稳定的铁路、港口或物流系统当中去,本章对这些困难进行了列举。

4.2 多式联运场站研究的文献回顾

4.2.1 内陆场站的空间拓展

正如第2章所述的那样,Notteboom和Rodrigue(2005)指出,港口区域化概念中"在刻画载运中心的发展过程时,将内陆的货运配送中心和场站作为活动节点"(p.299),这个过程是"以强大的相互依存功能为特征的,甚至需要联合开发一个特定的载运中心,以及(选定的)腹地内的联合运输物流平台"(p.300)。作者还提出,区域化阶段会"促进不连续腹地的形成"(p.302),并且"通过把内陆场站作为一个'人造岛'(p.303),港口可能会将触角延伸至那些与其竞争的港口的天然腹地(p.303)"。并且,"区位分割是通过空间上不连续的港口向内陆发展来实现的"这一观点在理论化的文献当中开始被研究的时候(Cullinane Wilmsmeier,2011),在这个空间化的理论中,内陆场站的作用一直缺乏研究。本章内容通过探索其与不同类型的内陆场站概念的关系,来扩展对港口区域化的理解;基于这样的方式,内陆场站的理论化部分可以与既定的港口空间拓展的理论基础相互联系起来。

对内陆货运设施和它们从事的活动进行分类是很困难的,尽管对它们的功能和区域已经有一些早期的分析研究(Hayuth,1980;Slack,1990;Wiegmans等人,1999),但在最近几年,才开始关注它们的空间和制度特征。Rodrigu等人(2010:p.2)指出,"虽然港口是海上和陆地之间的一个必经节点,并且会有一定程度的跨港竞争,但内陆港只是内陆货运配送的一个选择,只要维持一系列良好的商业环境,内陆港就会变得更加合理"。类似地,Notteboom和

Rodrigue(2009:p.19)指出,"区域效用仍然是最基础的,所以就模型参数而言,没有单一化的战略。每一个内陆港口仍然是考虑运输地理模型可用性和有效性、市场功能和强度以及监管和治理框架的结果。

Notteboom 和 Rodrigue(2009)认为,每个场站都是不同的,不能有一个明确的定义,因此,最好关注它们的关键之处。Rodrigue 等人(2010)将港口术语的多重性和地理环境、功能、规制环境和相关参与者等级的多样性联系起来,他提出,主要区别是在运输功能(如运输方式的转换、卫星港或载运中心)和供应链功能(如仓储、加工和增值服务)之间。这种功能划分方法类似于 Roso 等人(2009)提出的区分那些近距离、中等距离和远距离场站的做法,后来 Beresford 等人(2012)提出了以海港为基础、以城市为基础和以边界为基础的模式,这两种"三模式"的划分方法都是以每个节点的代表性功能来进行区分的。

表4-1 列出了已有文献中内陆场站的分类标准。

内陆货运节点的分类标准　　　　　　　　　　表4-1

编号	名　　称	描　　述
1	内陆清关(或集装箱)堆场	这里关注的重点不是在港口,而是在内陆出发地和目的地场站的清关能力。这种场站在20世纪60年代开始出现。一些仓库区域(可能很小)可以实现通关的功能。用这种定义方法,任何运输方式都是可以接受的。可以参考 Hayuth(1980);Beresford 和 Dubey(1991);Garnwa 等人(2009);Jaržemskis 和 Vasiliauskas(2007);Pettit 和 Beresford(2009)
2	集装箱货运站	这基本上是一个用集装箱来进行装箱、卸载和拼货的地方。它本身并不是一个节点,更重要的是,在一个港口或内陆场站来提供这种服务
3	无水港1	内陆集装箱堆场(ICD)的代名词,可以出现在内陆国家,也可以出现在那些有自己海港的国家(参考 Beresford 和 Dubey,1991;Garnwa 等人,2009)
4	内陆港	这种场站在美国很常见(参考 Rodrigue 等人,2010)。在美国,海关通常不是问题,因为89%的运输是国内运输。由于铁路是私营的,场站也是私有的节点,因此为了使公司能够管理货运流量,集装箱的管理通常是一个封闭的系统。在欧洲,使用这种场站需要提前预订,因为欧洲的内陆港一般会有水运线路接入。不同于美国,在任何情况下,欧洲的内陆场站通常不是大规模的门户节点(例如,每年多数情况下,年吊装量小于100 000TEU,而美国却是它的好几倍)
5	多式联运场站	是一个多式联运换装的通用术语,即公路与铁路换装、公路与船舶换装等。严格来说,如果附近不提供服务或者仓储的话,一般会包含这些服务,严格来说,也可以叫做场站。正如 Rodrigue 等人(2010)所说的,应把重点放在其主要功能上,它是各种运输方式之间转换的场所,而不仅是服务于起讫点市场,当然,在实际操作中会承担一些起讫点的货运功能,让这些节点具有更高的可行性
6	货运村、物流平台、内陆港、货运中心、物流园区(位于港口内或港口附近)	这些是具有仓储、物流等功能区域的大型节点,通常也提供相关的服务。可能包含多式联运服务,也可能只有陆路接通,它们中的一些有海关服务,有些没有。物流园区(Distripark)是表示在港口内部,或者在附近的一个节点(Notteboom 和 Rodrigue,2009a;Pettit 和 Beresford,2009)

续上表

编号	名称	描述
7	子港	是一种特殊的多式联运服务,在这里,港口和内陆节点是由同一运营商来经营的,即在一个封闭的系统内管理集装箱的流动,从而实现更高的效率,托运人可以在内陆节点卸载或吊装集装箱,就像在港口内部一样。参考 Van Klink(2000);Rodrigue 和 Notteboom(2009);Roso 等人,(2009);Veenstra 等人(2012)
8	无水港2	无水港的新概念是由 Roso 等人(2009)定义的。其看起来是一个大型物流区域的内陆集装箱(清关)堆场,通过多式联运(铁路或者驳船)与港口相接,在功能上可与"子港"相结合,从而在港口和全程服务的内陆节点之间提供一体化的多式联运集装箱装卸服务
9	卫星港	详见 Slack(1999)。通常是一个近距离的、用于接收货物溢出的站点,就像港口的一个组成部分那样开展运营。可以被看作是一个近距离的子港。一般应是由铁路连接的,但一些节点是通过公路摆渡(往返)运输车辆连接的(通常会被忽略的一个特点是,它的主要功能是减少拥堵,但是它可以通过减少每个卡车花在港口处理行政事务的时间来减少拥堵)
10	载运中心	这个概念可能适用于内陆场站或港口,但在之前的情况下,它指的是一个巨大的内陆场站,为多数地区的生产或消费提供服务。作为通往大型区域的通道,它可能是典型的内陆节点。这个概念与美国的内陆港网络比较契合。它一般特指场站,如果不是实际站点的一部分的话,通常在一定程度上会希望在该区域有很多的仓储等设施。参考 Slack(1990);Notteboom 和 Rodrigue(2005);Rodrigue 和 Notteboom(2009)

从表 4-1 可以看出,正如 Rodrigue 等人(2010)认为的那样,内陆货运节点可以分为两个层面:运输功能和供应链功能,每个分类展示了各自不同的方面。尤其是表 4-1 中的第 5、7 和 8 类,需要多式联运的运输连接,其他分类则与海关、仓储、一体化、物流和其他供应链活动等功能相关。在实践中,许多这样的节点会有多种运输方式连接,但分类时没有特别要求。

把这些问题与港口区域化概念中内陆场站的作用相联系起来,关键的问题是,其作为一个活动节点、对港口的影响和专注于"物流一体化"的能力。文献综述将更详细地描述这些问题是如何反映在最近的分类研究中的。

4.2.2 无水港和子港

如表 4-1 中展示的那样,根据它们提供的服务,货运作业节点可以根据不同的类别进行分组。有些设施不止有一个定义,例如在场站中,内陆集装箱(清关)堆场内包含一个集装箱货运站。此外,物流中心已经遍布了整个欧洲,例如德国的 Gueterverkehrszentren(GVZ)、法国的 Plateformes Multimodales Logistiques、英国的 Freight Villages、西班牙的 Zonas de Actividades Logisticas,以及意大利的 Interporti。这些物流中心通常都依附于一个多式联运场站(Hesse,2004),由于物流一体化越来越受到关注,因此,通常认为它们是一个完整的场站,但这进一步混淆了上述的那些概念。

Rodrigue 等人(2010)指出,美国的术语中,"内陆港(inland port)"是用来指内地的场站,

第4章 案例研究(欧洲):多式联运场站

就像海港一样,它们包含了整个场站,在场站内,可以进行很多活动,集装箱处理只是其中一个功能。因此,他们认为,内陆场站的限制太多,因为它似乎排除了更大的实体和治理结构等。因此,在他们的定义里,"内陆港"类似于"港口"或"海港",内陆港里的集装箱场站则类似于海港里的集装箱场站。物流园区与此相似,可以坐落在港口或内陆港内,场站中可能存在其他实体,由类似于港口权力部门的某种治理主体来进行管理。而使用通用的术语"内陆港"代表了一个简洁的解决方案,其包括了各种各样的内陆节点,但有两点需要声明。首先,在欧洲,内陆港通常是指内河港口。第二,美国的内陆港通常远远大于大多数的欧洲内陆场站,有些港口每年能处理几十万个集装箱,因而可以在更广泛的区域内支持大规模的仓储或生产。因此,在欧洲,使用"内陆港"这个词语来形容一个无水的、年平均作业量可能少于100 000个集装箱(在许多情况下不到50 000个集装箱)的多式联运场站是有问题的。

内陆清关堆场(内陆集装箱中转站)有着常见的分类标准,着重于内陆地区是否有清关服务能力(Hayuth,1980)。"无水港"本身并不是新的概念。它通常与内陆清关堆场(内陆集装箱中转站)混用,并且可以用来描述一个内陆国,或者有自己海港的那些国家的集装箱堆场。无水港的概念至少可以追溯到联合国贸发会议(1982),但是由于最近几年大量的期刊发表了以"无水港"为主题的相关文章,使它又重新回到学术界讨论前沿当中来。1982年,联合国定义了"无水港"的概念,其可以作为运营商签发提单的场站,这个定义在1991年的联合国贸发会议所指定的"无水港"管理和运营手册文件中得以拓展。在文件中,"无水港"和内陆集装箱中转站可被交替使用(Beresford和Dubey,1991)。Beresford和Dubey(1991)提出了无水港的基本特性,以及其取决于可能存在其他设施的当地情况。"无水港"的潜在好处有很多,在发展的早期阶段,财政刺激和高水平的推广是非常必要的。

这两个术语(无水港和内陆集装箱中转站)的主要意思是,把海运提单业务扩展到了内陆目的地的清关地点。因此,内陆集装箱中转站或无水港也可以充当内陆地区的门户"港口"。近年来,术语的过度使用也导致了理解的多样性;而技术上,术语是可以互换的(参考Beresford和Dubey,1991),无水港一词往往是用来代替内陆集装箱中转站,是指一个更大的站点,可以提供存储、集装箱运输和相关的物流活动等服务。因此,当一个场站是公共机构在它们区域建立起来的,以追求经济利益的时候,才会使用无水港的概念。虽然运输方式不是概念定义中必不可少的一部分,但大容量的运输方式通常被认为(通常是铁路,也可有内河)是场站降低运输成本的重要条件。这常常会引起混淆,无论这个术语指的是多式联运场站,还是集装箱作业活动(如海关、仓储等),特别是在许多情况下,这两个功能是由独立的公司完成的。近年来,无水港这个术语已经作为一种营销手段,用到了产业活动当中,这可能意味着,一个场站设施在提供服务时达到了特定的复杂程度,如场站内的海关或第三方物流公司(3PL)的出现,以及相邻或类似的物流园区(参见德国的GVZ、西班牙的ZAL、意大利的interporti)。

为什么首先讨论无水港? 正如上面所讨论的,不同的场站会有不同的设施,但可以根据它们的主要特征进行分组,并给予特定的称谓,无水港和内陆集装箱中转站已被证实可以继续交替使用。Roso等人(2009)提出,"无水港的概念超越了传统意义上使用铁路定期往返于港口与其腹地的含义。其是由具有战略性和有意识的参与者共同实施的,已经超出了运输行业的通常做法"(p.344)。Roso等人(2009)也指出,无水港的概念主要提供了海港在腹

· 43 ·

地获得市场的可能性(p.344),并引用了 Van Klink 提出的子港的概念:内陆场站可能被视为"海港的子港",通过它,运输流可以被更好地控制和调整,以匹配港口本身的条件(Van Klink,2000:p.134)。

初期,通常是由内地的参与者在使用无水港的概念,是在内陆或其他受到经营不善困扰的港口的需求下出现的。因此,Roso 等人(2009)的定义可能与原来对无水港的定义不同,正如作者预见的那样,它是由海运系统的参与者驱动的。事实上,作者指出,无水港是被"有意识地实施的"(p.344),以提高海港的集装箱流动水平。因此,Wilmsmeier 等人(2011)观察到一个悖论,即对于港口区域化概念而言,其主要关注的是,内陆港是否是影响港口的活动节点,或者说港口是否作为一种腹地占领的策略,被有意识地引入到内陆场站的开发过程中来。

Roso 等人(2009)指出:"无水港是一个内陆多式联运场站,直接连接到具有高运输能力的海港,这意味着,在这里,客户可以像直接对海港那样,装卸他们的标准化载运单元"(p.341)。这个定义的关键点,也是作者的观点,即"对一个充分发展的无水港概念而言,海港或船运公司控制着铁路的运营"(p.341)。本章的目的之一,就是考虑在何种程度下,这种情况会在产业中得以实现。通往该类地点的铁路运营服务是否将其自身标记为在海港或者船运公司驱动下的"无水港"?

此外,一个同样的无水港定义认为,海港和无水港面对用户提供了一个一站式平台,其目标是为用户在港口设施和港口腹地都提供流畅的运营操作。作者进一步指出,它们的定义中包括了"子港"的概念,VanK link(2000)、Rodrigue 和 Notteboom(2009),以及 Veenstra 等人(2012)已经讨论过这个问题。Veenstra 等人(2012)定义了子港的概念:"海港场站应该能够将集装箱运送到腹地……这个过程中没有船运公司、托运人/收货人或者海关的事先参与"(p.15)。他们宣称,海港控制流向内陆场站的集装箱流量的观点是对 Roso 等人(2009)提出的无水港概念的补充。然而 Roso 等人(2009)声称,对一个成熟的无水港概念而言,是由海港或船运公司控制着铁路的运营(p.341)。这种说法可能会涉及铁路运输,而不是实际的集装箱运输,所以在这些重叠的定义中,存在潜在的混淆。

Roso 等人(2009)提出的无水港概念,与有意识地尝试获得腹地市场之间具有重要的相关性,特别是从海向腹地来驱动的时候。然而,在 Roso 等人(2009)或 Roso 和 Lumsden (2010)的所有案例中,并没有展示出海港或船运公司控制了无水港的运营。因此,作为 Roso 等人(2009)提出子港这一概念的延伸,无水港的概念对于它所声明的作为一个有意识获取腹地的策略至关重要,在这一点上,需要进一步的研究。本研究的第一个目标,是验证不同内陆场站发展战略在港口区域化中的影响,特别是其发挥的积极作用以及港口所扮演的角色,这个问题将会通过有意识地使用"无水港"或"子港"的概念来进行探索。作为对比,为了了解港口一体化或者合作过程中的困难,将会调查另一组与这个港口没有关系的内陆场站。如果要阐释这样的术语,必须对港口和内陆场站之间的关系进行更为深入的理解。

无水港和内陆集装箱堆场的概念将会继续被交替使用,如果无水港这一术语有不同的身份,而不是内陆集装箱堆场的代名词,那么它既是内陆国家的一个特殊场站,亦是在最近的定义中指出的那样,用于识别海港的子港,在这里,摆渡(往返)运输是由海港的活动参与者有意识地来扩展他们的腹地的而组织的。但是有多少场站符合这个定义呢?那些有铁路连接的欧洲场站会认为自己是海港运营的无水港吗?这个问题需要收集场站的数据来进行验证。

4.2.3 研究因素的拓展

分析第一个问题的研究因素,可以从港口区域化概念,并结合之前的文献综述来入手。Notteboom 和 Rodrigue(2005)声称,区域化是强加于港口的,港口不是主要的参与者,而 Roso 等人(2009)提出的无水港概念则声称,无水港是港口有意识地用于获取腹地并与其他港口开展竞争的内陆场站。Roso 等人(2009)指出,船运公司或其他海运参与者控制了铁路或驳船的运营,而不是由铁路运营商或内陆物流商或运输提供商来控制的。首先,这个定义与区域化概念,以及早期的无水港概念是存在争议的,这是一个为内陆或其他可进入性很差的内陆地区或国家提供管理服务(提单的延伸、海关等)的内陆活动。其次,海运活动的参与者控制铁路运营的概念似乎不同寻常,并且在文献中可能已经被子港的概念所替代(即使如上所示,文献中对这些的定义与无水港的关系并不总是一致的)。

可以用四个因素来进行组织研究,指导数据收集、分析和比较:
(1)发展过程;
(2)与港口的关系;
(3)运营问题;
(4)物流。

这些因素可以用于区分不同的发展战略、港口参与的不同程度,以及港口和内陆场站之间铁路运营的一体化程度。

4.3 案例选取和研究方案设计

本章的研究是基于一个多样化的案例设计的,因此在案例选择中,应用了复现逻辑(replication logic)。将 11 个案例研究分为两组。第一组将解决的问题是"有意识地实施的"内陆场站,以探索"无水港"和"子港"的概念。因此,第一组中的每一种情景都是基于它们是否有港口参与开发,通过这些概念的复现逻辑来进行选择。然而,复现的两种类型都是有可能的(Yin,2012:p.146)。在这个集合中,无水港是直接复现的。芬洛港作为一种"子港",是一个理论上的复现品,被用来体现根据相关理论以预测的方式进行直接复现的结果是有所不同的。这在以后的讨论中将变得更清楚。

第一组选择了 6 个场站。在它们的名字中,有 4 个使用了"无水港"的概念(科斯拉达、亚佐魁卡、Muizen、穆斯克龙/里尔),前三个站点被包含在了对"无水港"的回顾当中(Roso 和 Lumsden,2010)。作为西班牙仅有的三个通过港口来发展的多式联运场站,它们中的两个已经被选中,这使得调查第三个多式联运场站(Zaragoza)显得很有意义。最后,第六个场站是芬洛港这个子港系统,这个概念与 Roso 等人(2009)提出的"无水港"概念有着许多相似之处。

第二组是由那些非港口开发的内陆场站组成的。Notteboom 和 Rodrigue(2005)强调了需要关注物流的一体化,所以,验证物流所关注的站点是重要的。意大利的 5 个物流园区也会在此遵循复现逻辑进行分析。

表4-2中列出了本章所考察的两种类型的内陆场站。

第4章内陆场站站点列表　　　　　　　　　　　　　表4-2

国　家	类　型	站点数量	场　站　位　置
西班牙	港口驱动	3	科斯拉达/马德里、阿苏克卡德埃纳雷斯、萨拉戈萨
比利时（和法国）	港口驱动	2	Muizen、穆斯克龙/里尔
荷兰	港口驱动	1	芬洛港
意大利	内陆驱动	5	诺拉、马斯尼斯、博洛尼亚、维罗纳、里瓦尔塔 斯克利威亚
合计	—	11	—

这个案例研究的实地调查是在2010年和2011年进行的。每个案例研究都是基于对内陆场站的调研以及对场站经理和其他代表采访得来的，并且同时分析了在场站获得的文件，通过理论研究，在可能的情况下，从场站调研中补充更多观察到的相关内容。

案例研究过程是基于对文献的回顾，并在研究要素的指导下进行的。基于理论研究，每个案例研究在开始都对该国家的货运系统进行了简要概述。然后，每个案例的叙述结构是在四个要素的基础上提出的，紧接着是相关问题的讨论。本章的分析是基于一组矩阵开展的，其展示了每个方面的依据，并通过案例的交叉比较和模式匹配，揭示了如何推论并得出总结。

4.4　案例1——港口驱动型的内陆场站

4.4.1　西班牙：亚佐魁卡，科斯拉达，萨拉戈萨

（1）简介

西班牙的港口属于国家所有，由国家机构"国家港航局"来进行管理，由港口权力部门使用地主港的模式来运营。国家港航局投入的唯一的内陆场站是位于科斯拉达的马德里无水港，该无水港由国家与四大主要的集装箱港口来合作。目前还没有类似的国家内陆场站策略，国家机构可以协助来进行计划的协调，为物流平台发展过程中的传统区域管理提供区域间的统一合作。作为一个试点案例，国家港航局与港口权力部门以及地方行政管理部门合作，以考量安达卢西亚的内陆场站的发展潜力。

地图4-1显示了西班牙四个主要集装箱吞吐港口的位置，也可以看到马德里（亚佐魁卡和科斯拉达的位置）和萨拉戈萨的位置。

过去的十年中，西地中海的集装箱吞吐量大大增加（Gouvernal等人，2005的论述中讨论了其背后的原因）。表4-3显示了2009年西班牙集装箱吞吐量排名前四的港口。需要注意的是，瓦伦西亚和阿尔赫西拉斯一直保持了它们的运输量，但是其他两个港口的吞吐量明显下降了。

第4章 案例研究(欧洲):多式联运场站

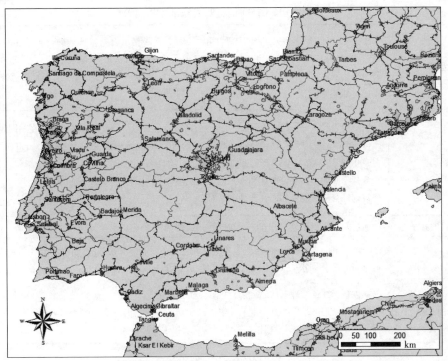

地图 4-1　西班牙四大主要集装箱港口位置

2009 年西班牙四大港口吞吐量　　　　　　　　　　　　　　　　表 4-3

国内排名	世界排名	港口名称	2009 年标箱	2009 年标箱（腹地）	2008 年标箱	2008 年标箱（腹地）
1	27	瓦伦西亚	3 653 890	1 829 254	3 602 112	2 023 630
2	34	阿尔赫西拉斯	3 042 759	151 908	3 324 310	159 614
3	58	巴塞罗那	1 800 213	1 193 917	2 569 550	1 571 962
4	138	毕尔巴鄂	443 464	438 818	557 355	543 502

由于地理区位因素的影响,毕尔巴鄂的运输量主要来源于欧洲近海或北部支线的港口货物,并且阿尔赫西拉斯的货运量大多需要转运。瓦伦西亚港和巴塞罗那港是西班牙远洋运输的两大主要港口,虽然瓦伦西亚的转运货运量比巴塞罗那更多。该表还显示了腹地的吞吐量(即已减去转运数量来说明真正的贸易流量)。

西班牙的地理特征意味着每个港口的腹地一般都距离内陆不远,因此,多式联运的港口与这些运输量无关。唯一重要的内陆市场是更大范围的马德里地区和西班牙东北部,这些地区是该国的主要工业区。在一般情况下,西班牙是净进口国,这在马德里地区更为突出,所以来回程重箱与空箱的平衡是一个问题。作为主要的工业区,加泰罗尼亚的集装箱运量则显得更加均衡,它有出口也有进口。在科斯拉达的无水港,99%的集装箱都是进口,但出口只有40%。

(2)案例分析(表 4-4～表 4-6)

案例分析表：亚佐魁卡　　　　　　　　　　　　　　　　　　　　　　　　　　　　　　　　　表 4-4

发展	于 1995 年成立，这是西班牙开发的第一个场站。最初由巴塞罗那港进行规划和发展，在发展过程中，由私人房地产公司 Gran Europa（现在拥有 75%的场站份额）共同参与。现在其余部分由巴塞罗那港、毕尔巴鄂和桑坦德省共同所有。从 1994 年开始，允许该场站从地方获得 45 年的土地租赁权
铁路运营	场站由大股东——Gran Europa 房地产公司运营。铁路由第三方铁路运营商在共同用户的基础上经营。总集装箱运输量已从 2001 年的约 2 000TEU 增长到 2008 年的近 25 000TEU，之前，在 2009 年降至约 15 000TEU。这些运输量中，约 50%来自巴塞罗那，40%来自毕尔巴鄂，10%来自瓦伦西亚。由瓦伦西亚和毕尔巴鄂到亚佐魁卡的服务由 Continental Rail 公司经营，而 TCB 公司则经营从巴塞罗那通往此处的铁路
与港口的关系	通过共享股权来整合，但几乎没有参与运营。服务的港口有：巴塞罗那、瓦伦西亚、毕尔巴鄂
物流	Gran Europa 是一个房地产公司，在这个地区开发了很多物流区域，然后建造这个场站为这种物流需求提供服务。但是该地点本身就是一个场站
其他内容	亚佐魁卡港还处理钢铁、谷物和水泥等散装货物。70%的运输量是集装箱，30%是散装货物。其市场定位是巴塞罗那港的无水港。受访者说，他们需要一个货车装载服务来在该地进行组货运输，但他们却很难相信铁路运营商会提供这种服务

案例分析表：科斯拉达　　　　　　　　　　　　　　　　　　　　　　　　　　　　　　　　　表 4-5

发展	于 2000 年成立，该场站由国家港口主体"国家港航局"和四个主要集装箱港口巴塞罗那、瓦伦西亚、毕尔巴鄂和阿尔赫西拉斯共同开发，由来自马德里地方政府和地方委员会的支持。国家港航局、巴塞罗那港、瓦伦西亚港、毕尔巴鄂港和阿尔赫西拉斯港各有 10.2%的所有权。其余所有者则分别是马德里地方政府（25%）、Entidad Publica Empresarial de Suelo（13.08%）和科斯拉达地方政府（10.92%），场站有 50 年的土地使用权
铁路运营	招标之后，场站运营商授予 Conte-Rail 公司 10 年的特许经营权，Conte-Rail 是一家由 Dragados（50%）、国家铁路运营商 RENFE（46%）和国家港航局（4%）占股的私营企业。然而，Continental Rail 公司自 2007 年以来一直在为铁路服务而竞争。2009 年，场站的作业量是 45 000TEU，低于 2008 年的 60 000TEU。其目前服务的唯一港口是瓦伦西亚港
与港口的关系	通过分享股权来整合，但几乎不参与运营。然而，在一定意义上有一定程度的整合，场站运营商的多数股权由瓦伦西亚港主要的场站运营商（Dragados）所有，这也是主要的运输来源
物流	附近有一个物流平台，但两个地点之间没有直接的关系
其他内容	这个场站由四个主要的集装箱港口联合开发，但现在只和一个场站有运输关系，场站的运营商主要由瓦伦西亚港口的运营商所拥有。其市场定位是支持西班牙港口系统的无水港

案例分析表：萨拉戈萨　　　　　　　　　　　　　　　　　　　　　　　　　　　　　　　　　表 4-6

发展	ZAL Mercazaragoza 物流中心并不是新的公司，Marítima de Zaragoza 场站于 2009 年成立。场站归属于 TM 萨拉戈萨公司，ZAL Mercazaragoza 占有 56%的股权（物流平台），巴塞罗那港占有 21%的股权，阿拉贡占有 20%的股权，其余部分由当地公司持有
铁路运营	场站由 TM 萨拉戈萨拥有并运营。由第三方运营商提供服务。2009 年吞吐量为 23 864TEU

第 4 章 案例研究(欧洲):多式联运场站

续上表

与港口的关系	巴塞罗那港通过股权来整合,但几乎没有参与运营。所有的运输量都是和巴塞罗那港有关的,即该地点在其天然腹地内
物流	场站为嵌入型,多数由物流平台所有
其他内容	起初,萨拉戈萨物流园区只通过公路与巴塞罗那联系,但是一旦亚佐魁卡的铁路通道开通后,萨拉戈萨作为通道的停靠点,它的投入使用就非常有意义。最初到萨拉戈萨的距离太短,不能与公路竞争,但现在,它作为通道服务的一部分有足够的竞争力。市场定位是萨拉戈萨港的无水港

正如上面提到的,除了马德里地区的两个多式联运场站以外,在 Abroñigal 的马德里市中心还有一个铁路场站,以作为巩固毕尔巴鄂和塞维利亚之间的陆桥服务点(地图4-2)。科斯拉达不会参与竞争,因为它只关注直达主要港口的铁路摆渡(往返)运输。

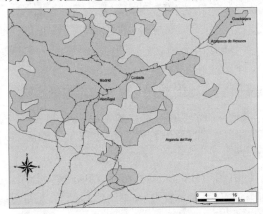

地图 4-2 马德里地区现有和规划中的铁路枢纽位置

在大马德里地区,有 500 万~600 万居民,它是科斯拉达场站的腹地,但它与亚佐魁卡和 Abroñigal 的腹地有重叠。亚佐魁卡的腹地包括马德里,但它实际上覆盖了广泛的瓜达拉哈拉地区,有许多的配送中心。事实上,它可以整合货物以装满一列货运列车,这样能够使其同时兼顾两个场站,以利于铁路的开行。

由于土地的规划决策是在一个区域范围内开展的,因此其他场站的区位需要向科斯拉达申请许可,而这对 Azuqueca 不是问题,因为它属于另一个区域(瓜达拉哈拉,相对于马德里而言)。然而,这两个场站都需要一些额外的资金以支持铁路的连接,这样可以减少场站过度饱和的风险。由于铁路连接需要资金的支持,这种自我规制的角色已经在其他地方发现(见 Bergqvist,2008;Bergqvist 等人,2010;Wilmsmeier 等人,2011;Monios 和 Wilmsmeier,2012a),这是一个需要进一步研究的问题。

与其他国家一样,新的发展计划表明,西班牙有些地区和城市想要开发新的物流场站,Arganda del Rey 提出了一个新的物流场站规划,在马德里的东南部(图 4-2)有 1 350hm^2 的土地。该计划还包括在马德里北部的位置建设一个新的半圆形轨道线的换装点(Alcala de Henares),这将是经过马德里东南部的新场站,并是围绕马德里的南部场站(Aranjuez)。瓦伦西亚是里面最主要的港口,但在发展新场站的过程中,巴塞罗那港也有一小部分股份。即使后者不追求进一步融入,在董事会上也会有一定的席位,意味着此刻它们能够随时跟上项

· 49 ·

目的发展(参考 Moglia 和 sanguineri,2003)。

如果这个项目继续进行,结果很可能是瓦伦西亚将比科斯拉达更需要它,这项目也许会被用于其他目的,如空运等,这是因为它在巴拉哈斯机场的附近。巴塞罗那毫无疑问将继续使用亚佐魁卡,因此共同使用的场站将在现实中成为单方使用,有从毕尔巴鄂和阿尔赫西拉斯来的少量的运输量。被推荐的场站非常有趣,因为,它一方面代表了政策的失败,如果瓦伦西亚是科斯拉达的唯一用户,它的运输是到阿尔甘达,那么科斯拉达可能被放弃(只考虑港口运输),即使它是由国家港口主体推动的。另一方面,如果所有的科斯拉达运输量是来自 Dragados 场站,并且科斯拉达 Dragados 持有特许股份,它可以保持货物从那里运输而不是阿尔甘达(除非 Dragados 赢得等多特许),这是由于纵向一体化和更低的交易成本。

(3)讨论

Dragados Marvalsa 是瓦伦西亚港最大的集装箱场站,从瓦伦西亚到科斯拉达 90% 的交通量从这个场站经过。因此科斯拉达 80% 的总运输量来自瓦伦西亚(2010 年达到 100%),可以得出结论,共用场站在现实中是 Dragados 的私人场站。正如上面看到的,Dragados 拥有 Conte-Rail 的控股,这个公司经营这个场站。因此,虽然实际上它是一个公开经营的设施,却有着与私人公司一样的纵向一体化程度。

同样,瓦伦西亚只为亚佐魁卡提供了 10% 左右的运输量。所以瓦伦西亚使用科斯拉达,巴塞罗那使用亚佐魁卡去获取马德里的运输量是一个非常重大的事情。巴塞罗那为科斯拉达和亚佐魁卡提供安全性和灵活性,考虑到科斯拉达在未来的能力是有限的,亚佐魁卡可以用来确保它们长期货运的安全。

因此,虽然许多场站是由西班牙的共用场站产生的,事实上大多数的用户来自西班牙的两家大型港口,巴塞罗那和瓦伦西亚。瓦伦西亚使用科斯拉达进入马德里(作为它们马德里运输的一小部分,其余的都是通过公路运输),然而,巴塞罗那可以利用亚佐魁卡进入马德里与瓦伦西亚竞争。巴塞罗那利用萨拉戈萨进入那个地区的工业区,这在任何情况下都是在巴塞罗那港的自然腹地中进行。如果未来要发展 Arganda del Rey 的场站,这可能会取代科斯拉达,成为瓦伦西亚的主要内陆节点。两个港口之间竞争力的影响,将取决于可以提供什么样的内陆运输服务等级,这也取决于哪一个船运公司停靠在这两个港口中的哪一个。选择哪个内陆场站(亚佐魁卡或阿尔甘达)用于马德里的集装箱运输,将主要取决于港口选择的结果(分别为巴塞罗那港或瓦伦西亚港)。

根据欧盟指令,西班牙的铁路开始自由化运营,大量的私人运营商已经进入了市场,与现有的 RENFE 展开竞争。现在已经开始看到这样做的好处。2007 年,Continental Rail 处理了瓦伦西亚和科斯拉达之间约 10% 的运输量,但 2009 年上涨到 25%,2010 年则接近 40%。事实上,经过与场站两个星期的合作,Continental Rail 取得了马士基航运在瓦伦西亚到科斯拉达线路上的所有的交通量。从科斯拉达到其他港口的铁路运营则均通过 RENFE,但这只占科斯拉达总吞吐量的 10% ~ 20%。

港口仍然面临着实体铁路连接港口的问题,因此需要提高基础设施,以减少分流。当前,铁路只占西班牙港口内陆交通的少数。2008 年,瓦伦西亚通过铁路完成了 69 048TEU 的运输(fundacióN valenciaport,2010),而巴塞罗那的铁路吞吐量是 52 562TEU(全部,包括去往法国的)(巴塞罗那港,2010)。对于每个港口而言,这只代表了超过 3% 的腹地吞吐量(表4-3)。

保持乐观的原因可以归纳为,在 2012 年,从巴塞罗那到法国再到欧洲的铁路线路完成了优化。这将允许直达运输,而不需要伊比利亚轨距变换到欧洲轨距标准上。在其现有的连接里昂的内陆场站的铁路服务上,将有助于巴塞罗那争取到法国的货物。此外,从法国经巴塞罗那到马德里的新高速客运线意味着原来的线路现在可用于货运,尽管是在伊比利亚的轨距标准上运行的。与此同时,瓦伦西亚一直在投资优化入港铁路线路,并且正在开发一个信息化系统以增加服务的一体化水平,这会使铁路更有效率,以此来吸引客户。

在这三种情况下,港口权力部门已与场站的开发商和经营者建立了伙伴关系。从港口发展的角度可以看出,港口通过在适当的位置确保场站设施来提高它们的内陆进入量。此外,巴塞罗那和瓦伦西亚都在港口周边开发物流园区,并且参与内陆载运中心的开发。因此,西班牙最大的两个集装箱港口(不包括转运)的港口权力部门与多个利益相关者合作,追求多层次的区域化策略。

4.4.2 Muizen,比利时;穆斯克龙/里尔,法国

(1)简介

比荷卢区域(比利时、荷兰和卢森堡)的货物运输可以理解为是由大范围的北部港口形成的(地图 4-3)。因此,内陆运输需要与每个港口的发展相协调,从合资企业,到纵向一体化,都需要不同的业务关系。"子港"概念的发展,通过欧洲集装箱场站连接鹿特丹港口的内陆场站,将在另一个案例研究中讨论。这一部分主要讨论比利时连接的安特卫普港(2009 年的吞吐量为 730 万 TEU)和泽布吕赫(2009 年的吞吐量为 220 万 TEU)腹地的发展(国际集装箱化,2012)。笔者参观了位于 Muizen 和穆斯克龙/里尔港的场站,并采访了 InterFerry-Boats 和 Delcatrans 的相关人员。

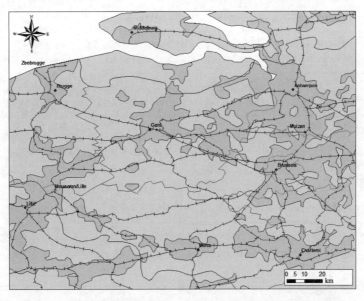

地图 4-3 安特卫普和泽布吕赫港口及穆斯克龙/里尔和 Muizen 内陆场站

资料来源:作者。

(2)案例分析(表4-7、表4-8)

案例分析表:Muizen   表4-7

发展	该场站于1994年成立。所有投资都是政府出资的。比利时铁路部门开发土地,建造基础设施,购买起重机械,IFB(比利时铁路持股99%)支付其他的上层建筑。根据欧盟指令,比利时铁路分为基础设施(Infrabell)和运营方(SNCB)。然后SNCB分成三个子公司。IFB是其中之一,专注于集装箱运输。比利时铁路拥有场站的所有权,IFB向它们租赁来进行使用
铁路运营	IFB经营该场站,但是会处理任何公司运行的列车,包括掌管自己公司的铁路运营商的列车。为了提高效率,每列列车都有一组固定的货运车辆,所以他们需要进行集装箱装卸即可。每周只提供5次服务,吞吐量估计小于20 000TEU。在Muizen场站作业的列车是公司的列车,所以IFB不需要预订、销售等。它只需为客户处理某一客户的列车即可
与港口的联系	它只是一个普通的内陆场站,与任何港口场站没有特定的关系。唯一的直接服务的港口是泽布吕赫港。海运方面,它们与船运公司而不是与港口权力部门或场站运营商进行业务往来,尽管在进行业务时可能会与港口场站运营商的合作
物流	没有直接参与物流活动;其只是一个多式联运场站
其他内容	IFB拥有四个场站:三个在安特卫普,一个在Muizen。它运营着5个场地并参与一些其他的工作,与TCA(比利时)、Delcatrans(穆斯克龙/里尔)、CDP(沙勒罗瓦)、LLI-ECE(Liège)和ATO(安特卫普港)合作。根据受访者所述,一般来说,如果IFB使用一个场站,就会有15%的所有权,因此它所参与的是整个过程。正如受访者提到的,场站和物流园区的协作在未来将变得更加普遍

案例分析表:穆斯克龙/里尔   表4-8

发展	2005年由地方政府建造,现已经破产,由私营公司Delcatrans经营,租约为30年。它与其在Rekkem的主要场址共同经营。这个场站距离比利时边境仅有几英里
铁路运营	Delcatrans运营两个场站,分包的铁路运营商IFB为他们提供牵引服务,但是由Delcatrans与客户进行交易。他们每周提供11次服务,2009年,两个地点的吞吐量总计达到46 000TEU
与港口的联系	这是一个与任何港口没有特定关系的常规内陆场站。其为安特卫普港、泽布吕赫港和鹿特丹港提供服务。Delcatrans交易的主要对象是船运公司,主要是集装箱的装卸、预订和管理
物流	Delcatrans会在客户需要时提供物流服务,它在Rekkem的子站有一些棚屋,但它只是一个小型业务。大部分的客户,但不是全部,会使用完整的门到门服务,只是需要场外提箱。其核心业务是公路运输;场站也是其业务的一部分,但重点是门到门服务,很难将它们的盈利能力分开。Delcatrans运营与Rekkem相邻的50 000m²的物流平台。大约有5%的客户使用物流平台。其他的客户会将集装箱放进自己的仓库
其他内容	起初,Delcatrans只运营另一个站点(Rekkem,只是在比利时境内),但是穆斯克龙/里尔(法国边境附近)没有盈利,于是Delcatrans接管了该站。在一体化方面,Delcatrans发现场站更容易独立。它与IFB这样的公司合作而成为伙伴关系,但受访者说,他们不需要一体化

(3)讨论

在这两个案例中,港口和内陆场站之间的关系是独立的,但不是对立的,北部地区的大型港口与这些小场站之间没有任何的直接关系。事实上,IFB在安特卫普港内运营一家大型的铁路场站（main hub），这意味着在一定程度上，运营一体化是可以实现的，虽然港口本身没有直接参与场站运营。

选择这两家场站进行研究，是因为它们被称为"无水港"（第三个场站 Rekkem 与它们中的其中一个有联系），而且这个概念在其他文献中被引用（FDT，2009；Roso 和 Lumsden，2010）。因此，本文的目的就是调查这种说法，作为一种手段，来详细地考察这个术语的意义和使用。研究发现，两个自称"无水港"的场站与 Roso 等人（2009）提出的以一个一体化的子港运营的无水港的概念都不符，Muizen 不提供通关服务，这意味着它与最初联合国定义的内陆清关堆场不符。这两个都是小的共用场站，与港口的关系不大。有趣的是，在 Delcatrans，受访者对穆斯克龙/里尔无水港是否是他们的主要场站没有任何兴趣。

这两个小联运场站都受益于国有铁路运营商的补贴。IFB 是由国家铁路运营商补贴，因此 Muizen 间接地由场站运营商和使用其服务的场站共同补贴。同样，穆斯克龙/里尔的运营也间接地受到补贴，因为它依靠国家补贴的运营商——IFB。

4.4.3　芬洛港，荷兰

（1）简介

鹿特丹港是欧洲最繁忙的集装箱港口，在世界上排名第十，2009 年吞吐量达到 970 万 TEU（国际集装箱化，2012）。除了提供远洋线路外，该港口还提供欧洲港口的支线服务。铁路、驳船和公路运输港将港口与整个欧洲的客户相连接，远远超出了与其临近的腹地。然而，与其他大型港口相比，在最近几年由于它的增长，鹿特丹遇到了拥塞问题，这导致需要一些建设来改善对其腹地的连通性。本案例将研究重点放在港口的主要场站运营商上。

除了拥有内陆场站的常规铁路线路，鹿特丹港也是 Betuweroute 的西部总站，由荷兰政府出资数十亿欧元修建的到德国的铁路线路。这个双轨、双层堆垛的电气化铁路线路预计在未来对鹿特丹获取德国的客户产生重要的影响。

1966 年，欧洲集装箱场站（ECT）开始在鹿特丹运营，在 2002 年被 HPH 收购。2009 年它在鹿特丹的吞吐量为 595 万 TEU。欧洲集装箱场站运营三个港口的场站：一个靠近鹿特丹市的封闭式的欧洲集装箱场站联盟的城市场站，和两个在北海开发的位于 Maasvlatke 的深水码头：欧洲集装箱场站联盟的 Delta 场站和自 2009 年投入使用的 Euromax 场站。新的 Euromax 场站的 50% 股份是由 4 个船运公司共同拥有的：Cosco、K-Line、Yang Ming 和 Hanjin。

欧洲集装箱场站联盟运营着数个内陆场站，其全部与鹿特丹港相连。TCT 芬洛港是荷兰最大的内陆场站，靠近德国边境（地图 4-4），2009 年的铁路吞吐量是 115 000TEU。它提供铁路和驳船之间的连接。在德国边境，欧洲集装箱场站联盟运营着杜伊斯堡的 5 个场站中的一个，其提供铁路和驳船运输。2009 年，DeCeTe 杜伊斯堡场站处理了 184 000TEU。另外两家较小的场站则只提供驳船运输。穆尔代克（荷兰）与鹿特丹港临近，在一定程度上其作为一个补充设施，在 2009 年处理了 57 000TEU。比利时集装箱场站（Willebroek）在 2009 年的吞吐量为 76 000TEU。

所有这些场站都与其他公司合作运营的，欧洲集装箱场站联盟一直致力于开发所谓的"子港"，从船运公司经过港口到内陆场站，提供集装箱的免公文通过服务。承运人的运输量少于吞吐量的 20%，因此商业化的拖运是非常重要的；欧洲集装箱场站联盟正在不断发展

"场站运输"的概念。本案例研究的重点是芬洛港,因为它是"子港"概念中最重要的典型案例。笔者在鹿特丹和芬洛港对欧洲集装箱场站进行了考察,并与场站管理者进行了访谈。

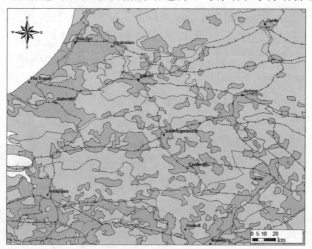

地图4-4　鹿特丹港口和芬洛内陆港口的位置
资料来源:作者。

(2)案例分析(表4-9)

案例分析表:芬洛　　　　　　　　　　　　　　　　表4-9

发展	于1992年成立,15%~25%的投资来自国家政府。当地政府也是股东之一。其他归私人所有,并且多数由欧洲集装箱联盟场站所有	
铁路运营	欧洲集装箱联盟场站是一个大股东,同时也是铁路场站的运营商。作为闭环运行的子港系统,在港口场站和内陆场站之间提供服务,由欧洲集装箱联盟场站进行分包管理。这与芬洛港的驳船运输和杜伊斯堡形成对比:前者是独立的,而后者由当地的货运代理人运营铁路。2009年的铁路吞吐量是115 000TEU	
港口联系	其实现了完全的一体化,因为港口场站运营商——欧洲集装箱联盟场站在芬洛港拥有内陆场站。其与鹿特丹港之间每周有20趟列车	
物流	欧洲集装箱联盟场站与新加坡海运物流公司平分合资企业股权,来运营比邻的物流园区	
其他内容	如今在该地区没有产业;它随着业务的发展增长,事实上在场站附近建立仓库,是为了发展业务。这是为什么他们认为合作者在物流方面的能力很关键。根据Seacon的说法,合作很成功是因为"欧洲集装箱联盟场站考虑的是集装箱,然而我们考虑的是货物"。子港系统是一个有趣的港口运营商直接参与腹地运输的例子。欧洲集装箱场站负责所有的预定。他们已经预订服务,由欧洲集装箱联盟场站组织每一个集装箱。然而,如果他们不需要,欧洲集装箱联盟场站可以取消一列车。所有的车都从芬洛港出发;运营商会告诉港口他们需要哪个集装箱,需要把集装箱放在哪趟列车上。他们的电脑系统显示每个远洋轮船上的集装箱什么时候卸载和他们要去什么地方。若他们的集装箱没有准备好装车芬洛港的运营商可以看到,所以如果有需要,他可以重新安排时间表。同样,客户可以随时查找他们的集装箱,清楚地知道它们的位置。一些顾客说他们想预定一个特定的列车,而其他人只是想要集装箱在特定的时间抵达特定的目的地,其他的则交由欧洲集装箱联盟场站负责	

(3) 讨论

自 2007 年以来,欧洲的集装箱联盟场站一直使用子港的概念。由于涉及子港的概念,所以处理文件的过程中遇到了很多困难。首先,运营商必须被授权(授权的经济运营商)代表客户来运输集装箱。在芬洛港,他们做了一个欧盟资助项目,称为"INTEGRITY",不需要对通过该线路的所有路径进行清关检查。如果新加坡海运公司进行运输的话,那么计划和管理集装箱的流动就比较容易,同时也包括单证的流通,因为场站比较了解最终的目的和其他相关信息。需要克服的其他瓶颈是预定集装箱服务的时间和由谁在什么时候做这个决定。

由港口场站运营商——欧洲集装箱联盟场站开发的芬洛港是一个特别有趣的港口区域化策略的案例。运营问题(主要是港口拥堵)推动了港口参与者发展腹地的策略,但是他们选择通过多式联运场站收购(物流平台是一个合资企业)来完成集成,而不是通过合资或合作这种常见的方式。他们已经开发了一个场站运输模式,代替承运人或商业运输,这会在封闭的系统中产生更高的效率。

Notteboom 和 Rodrigue (2009)指出,这种一体化运输概念的成功取决于货物在运输链上的可见性。不仅港口和内陆场站,还有物流运作,三者通过合资企业达到集成,欧洲集装箱场站能够满足主要和次要的运输需求,这能够使货物运输得到更好的计划。Veenstra 等人(2012)提供了更详细的欧洲集装箱场站的子港系统分享的内部信息。

Rodrigue 和 Notteboom(2009)讨论了如何使用场站在实现推动或者引领物流的基础上,更能"掌控"物流、从供应链中吸取时间,这些就是芬洛港所做的事情。通过这种方式,他们能够统一集装箱管理产生的系统需求、货物运输需求决定的对集装箱的需求和以货物为本的供应链需求。所有这些问题都需要与船运公司的船舶管理需求相一致。事实上,船运公司所要求的集装箱调运会引起内陆集装箱管理的困难,例如用于商业运输的集装箱必须立即返回港口,由船运公司重新配置。

芬洛港发展的另一个有趣的方面是它横跨两个分类。它既是一个载运中心用于服务大部分的运输需求,又是一个拥有三种运输模式并被物流和供应链设施包围的场站。然而港口场站和内陆场站之间的业务整合使这个节点成为卫星港,并与港口集装箱堆场进行业务集成。这种运营方式通常在邻近的港口之间比较常见,用闲置的设施去提供扩展业务,而不与较远的内陆的托运人相联系。

因此,本案例研究展示了几个内陆场站运营和功能的有趣的发展。然而,正如上面提到的,它仍然需要有关利益相关者的大量工作,以克服法律和实际的障碍,去实现该节点的全部潜力,然后通过欧洲集装箱场站的其他内陆场站进一步扩大系统。

和许多欧洲国家一样,有一些乐观的迹象显示荷兰政府支持内陆场站。被采访者抱怨场站利用政府补贴建成但是最终没有使用。受访者表示,在 20 世纪 90 年代,内陆场站(荷兰)和 GVZs /物流园区(德国)如雨后春笋般在部分欧洲国家出现,因为它是工业区的中心,但不是所有的内陆场站都有足够坚实的市场来度过当时的经济环境。因此,受访者提出了一些关于市场和经营实际的公共补贴存在潜在错位的问题。

4.5 案例2——内陆驱动型的内陆场站

以意大利的马尔恰尼塞、诺拉、博洛尼亚、维罗纳、里瓦尔塔里维亚为案例。

（1）简介

表4-10列出了意大利集装箱吞吐量最高的港口，前五名如地图4-5所示。

2010年意大利十大港口集装箱吞吐量 表4-10

港　口	所属海岸	TEU
焦亚陶罗	南	2 851 261
热那亚	西	1 758 858
拉斯佩齐亚	西	1 285 455
利沃诺	西	635 270
塔兰托	南	581 936
卡利亚里	撒丁岛	576 092
那不勒斯以	西	532 432
威尼斯	东	393 913
的里雅斯特	东	281 629
萨勒诺	西	274 940

资料来源：作者根据《集装箱国际运输》（2012）整理。

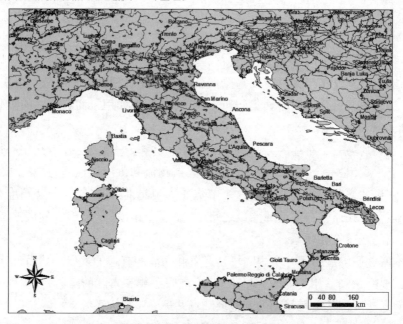

地图4-5　意大利排名前五的集装箱港口
资料来源：作者。

意大利港口以地主港的模式运行；它们是公有的，并在特许经营权的基础上由私人经营。不像在西班牙，有国家机构来协调它们。据一位采访者透露，港口当局不得不将大部分收入上缴给国家政府，留下很少的一部分用于港口的再投资；因此港口当局必须获取私人投

第4章 案例研究(欧洲):多式联运场站

资或者向国家政府要钱。因此,有可能是国家和地方的策略上存在偏差,但这应该作为一个独立的主题进行研究,超越了这些内陆场站案例研究的范围。

意大利展现了多式联运场站和物流园区的独特模式,大型物流平台附带多式联运场站。该模式明确对于物流的关注要像关注运输一样。几乎所有这些场站在其发展过程中在一定程度上都有公共参与,许多都保留了公私所有权模式。与大多数案例研究不同,多式联运场站尚未建成一个独立的场站,但已融入一个物流平台(通常是一开始就有,但有些案例是后来增加的),在场站的整体业务中仍然是一个关键点。

目前意大利 interporti 协会有 24 名成员(UIR:Unione Interporti Riuniti)。大多数场站位于该国北部,那里聚集了多数产业和生产中心,位置靠近欧洲的心脏。虽然物流园区(interporti)是通过各种机制(见案例研究)开发的,它们也逐渐纳入国家规划战略。1986 年,全国交通运输总体规划(PGT)确定了第一级和第二级园区,随后在 1990 年的下一个版本中,将责任下放给区域层面。国家法律 240/90 很重要,标志物流园区正式得到了全国的网络层面上的认可,这使得它们享有国家拨款的权利。为了成为该法律下的一个物流园区从而获得资助,该场站必须包括一个多式联运场站。虽然在拨款是否能平均分配以及每个场站真实能分配到多少资金上仍然存在着分歧,但所有的受访者都承认这部法律的重要性。根据官方的数据,在 1992 年和 2003 年(UIR,2009 年)之间国家政府为所有的物流园区(interporti)提供了 5.33 亿欧元的资金支持。

地图 4-6 显示了本研究所调查的五个物流园区。

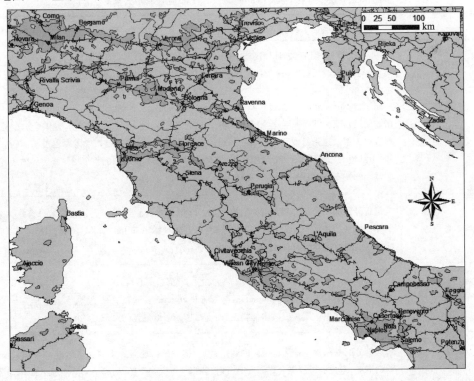

地图 4-6 意大利的物流园区
资料来源:作者。

（2）案例分析（表4-11～表4-15）

案例分析表：马尔恰尼塞　　　　　　　　　　　　　　　　　　　　　　　　表4-11

发展	该园区于1999年成立。主要是由私人资金开发，虽然确实得到了一些联邦拨款（尽管金额有争议）。由私人公司Interporto Sud Europa拥有并运营
铁路运营	Interporto Sud Europa拥有Rail Italia（经营场站）和Rail Services Logistics（运营铁路列车和处理客户）的所有权。与园区内的大场站一样，在园区外面有一个非常大的铁路货运编组站（意大利最大的），由国家铁路运营商RFI/Trenitalia运营。他们处理所有运营商的铁路列车，但是目前铁路列车是由自己的运营公司Rail Services Logistics运营。他们尝试自己和合作场站间提供一整套服务，但这仍难和国有运营商Trenitalia进行竞争，因为后者享受政府补贴。现在服务的精确的细节很难获得，尽管它是一个非常大的联运场站，但它们只经营少数服务，集装箱吞吐量估计低于10 000TEU
与港口的联系	目前没有对港口服务，尽管过去曾为那不勒斯提供服务。受访者指出，他们很难与港口建立良好的关系。受访者认为，责任在于港口的不配合，港口只在非常拥堵或者别无选择的情况下才会选择合作。当interporto在港口运行，他们是与码头运营商合作，而不是和港口当局的人一起工作
物流	与所有interporti一样，物流是着眼点；本场站专注工业和制造业客户
其他内容	该场站还没有完成，所以仍然有大量的土地需要开发。受访者称站点外的调车场是由欧盟资助建成，目的是连接Gioia Tauro港，但这里的交通没有得到开发

案例分析表：诺拉　　　　　　　　　　　　　　　　　　　　　　　　　　表4-12

发展	1989年，全国通用运输计划确定坎帕尼亚地区需要物流园区。坎帕尼亚Interporto是一个私人企业，被授权在该地区建造和运营场站，该区于1997年成立。2006年，铁路场站开始运营
铁路运营	园区由Terminal Intermodal Nola运营，Interporto坎帕尼亚占60%的股份，Galozzi占40%（萨勒诺港的运营商）。2009年，他们也成立了自己的铁路公司Interporto Servizi，提供牵引服务与处理客户关系。这是目前区域内唯一运行的铁路公司，但其他公司如果需要也可以运行。2010年，吞吐量为25 250单位或者大约超过40 000TEU。在场站外面的整个场站外边界内还有一个非常大的调车场，由国家运营商RFI/Trenitalia拥有并经营
与港口的联系	负责经营那不勒斯港的日常集装箱服务。园区运营者正在建立更紧密的综合合作关系，那不勒斯场站的铁路运营商由那不勒斯港口管理局、坎帕尼亚Interporto、国家铁路运营商Trenitalia共同拥有，因此存在一定程度的纵向一体化管理
物流	与interporto一样，1986年建造了一个大的批发配送中心（Centro Ingrosso Sviluppo - CIS）。许多客户既使用CIS又使用interporto。与所有interporti一样，物流是重点；本园区专注于零售和批发客户。这里主要是提供内部物流，而不是像马尔恰尼塞的第三方物流
其他内容	大部分的铁路货运是为了园区的客户，但受访者说可能有大多数在园区外部合作。园区与博洛尼亚、米兰和维罗纳合作，共同处理集装箱和可交换车体，而那不勒斯处理98%的集装箱。有趣的是，唯一合作的港口是那不勒斯港，诺拉interporto拥有部分的港口铁路场站。然而，诺拉的铁路场站部分归萨勒诺港，但是并没有来自那不勒斯港的投资

第4章 案例研究(欧洲):多式联运场站

案例分析表:博洛尼亚 表4-13

发展	于1980年成立。园区建立的初期基本上都是公共资金,私人投资者随后而至。博洛尼亚市政当局持有公司所有权的35%,博洛尼亚省持有18%,博洛尼亚商会持有6%,银行持有23%,私人公司持有16.5%,Trenitalia持有1.5%
铁路运营	博洛尼亚Interporto拥有物流园区,但国家铁路运营商Trenitalia拥有两大多式联运场站,并由意大利Terminali运营(RFI/Trenitalia负责场站运营)。博洛尼亚Interporto正在计划拥有并经营一个新的多式联运场站。这将克服它与Trenitalia Cargo之间的问题。这是个双重性问题:作为运营商,Trenitalia正在削减服务,作为基础设施提供者,它并不投资。开往场站的列车是由第三方运营商经营。2010年,该场站处理190 000TEU货物,起讫点主要都是在内陆
与港口的联系	只是一个普通的内陆场站,与任何港口没有特别的关系。它们为拉斯佩齐亚港、利沃诺港、拉文纳港和安科纳港以及从皮亚琴察到鹿特丹和泽布吕赫提供直接服务。Interporto与港口有合作协议。从这个意义上看,他已经与港口当局合作,而不是码头运营商
物流	与所有interporti一样,物流是着眼点。大多数多式联运场站用户在物流园区外面。然而,interporto的目的是让更多的客户使用铁路
其他内容	虽然interporto的目的是让更多的客户使用铁路,但对站点内客户来说,这不是强制性要求

案例分析表:维罗纳 表4-14

发展	Consorzio ZAI是一个完全上市公司,拥有并运营着这个园区(三个股东:城市、省、商会)。interporto建于20世纪60年代末,铁路场站建于1977年。Consorzio ZAI就像港口当局;它不运营任何站点,只是做管理工作。其目的不是利润最大化,而是开发该地区的物流基础设施,因此利润会用来再投资。它建设基础设施,并将仓库租赁给客户
铁路运营	两个主要的多式联运场站被Quadrante Europa Terminal(Consorzio ZAI占有50%,RFI/Trenitalia占有50%)所占有,由Terminali Italia(RFI/Trenitalia的一部分)运营。还有两个小的多式联运场站。铁路列车是由第三方运营商经营。绝大部分运输量是通过交换车体而不是集装箱运输,所以几乎所有的运输量都是欧洲内部运输,很少有港口运输量。2010年,场站处理了327 433单位货物(相当于480 017TEU)
与港口的联系	只是一个普通的内陆场站,与任何港口没有特定的关系。大部分运输来自欧洲内部;唯一向拉斯佩齐亚港提供直接服务
物流	与所有interporti一样,物流是着眼点,但它们就像港口当局,不直接与用户打交道
其他内容	在场站之外,约有80%的多式联运运输量运送给园区外客户

案例分析表:里瓦尔塔里维亚 表4-15

发展	热那亚港口最早在1963年开始作为无水港进行开发,因为港口拥堵,因此它特别关注内陆清关,尽管不可能获得该称呼更详细的意义。这与其他interporti是相反的。Interporto Rivalta Scrivia是完全私有化的(Fagioli Finance占68%的股份、F21 logistics占22%股份,其他私营企业占8%、地区占2%)。铁路场站创办于2006年,属于Rivalta Terminal Europa所有,而Rivalta Terminal Europa由Interporto Rivalta Scrivia拥有47.87%股份,Gavio集团拥有47.87%股份,其余股份由公开合伙人持有,这些合伙人包括:皮埃蒙特地区、萨沃纳的港务局、亚历山德里亚省和Tortona城镇

· 59 ·

续上表

铁路运营	Interporto Rivalta Scrivia 拥有并经营着园区,还参与为客户预订列车和销售服务。铁路运营商只是牵引提供者。约 90% 的铁路业务来自于港口,特别是 75km 处的热那亚港口,而这其中约 90% 来自 Voltri Terminal Europa。海上集装箱是他们的主要设备。这与其他园区主要处理交换箱不同。2010 年吞吐量大约 150 000TEU
与港口的联系	直接服务热那亚港、萨沃纳港和拉斯佩齐亚港。目前通过合同进行合作,但他们正在和港口讨论一个潜在的更紧密的合作方式。受访者表示,港口正在考虑成为场站的股东。园区与港口场站(Voltri)和船运公司有合作,而不是与港口当局合作。业务拓展的方式是通过合同,而不是完全集成。园区最重要的客户是船运公司
物流	与所有物流园区(interporti)一样,物流是发展重点,但区别在于 Rivalta Scrivia 是物流运营商,所以他们直接与客户交易,而不是通过第三方物流。据被采访者称,这就是它的大部分铁路运输是为场站内客户服务,然而其他场站的大多数铁路吞吐量是服务于场站外的客户的原因。场站主要吸引大企业的业务,主要是船运公司(承运人运输),例如达飞(CMA CGM)、马士基(Maersk)、地中海(MSC)
其他内容	热那亚港口有交通拥堵的问题,因此铁路可以在这个距离上展开竞争。此外,该场站被山包围,公路运输缺乏吸引力。一个新的多式联运场站正在建设,每年预计吞吐量为 500 000 个集装箱量(现在吞吐量的两倍)。不像当前的多式联运场站,位于 interporto 边境内,新场站在园区外面

(3)讨论

根据 1990 年颁布的法律,在意大利,由官方指定的物流园区(或符合条件下的物流园区)可以享受公共资金的资助,但是很难从受访者口中得到一个明确的关于提供具体资助过程的细节。许多场站在法律出台之前就已建立了,所以它们在初创时期没有收到资金。政府资金的数量取决于是否满足某些标准,因此每个项目都需要向交通运输部证明其要求的合理性。然而,虽然这是一个国家的法律,但是这些场站是在区域和地方层面发展的。这些没有获得国家资助的场站自然而然就会嫉妒那些从国家层面获得资金的场站。大多数的场站是公共规划的(最常见的模式是公私合营),但不同寻常的是,维罗纳是完全公有的。该协会目前有 24 个物流园区,政府正在起草一份报告,以更新 1990 年的法律。

我们获得了一个采访一家硬件、DIY 产品和家居用品的分销公司经营者的采访机会,他们 95% 的产品是通过萨勒诺港进口(来自亚洲,主要是中国)的。他负责意大利南部和中部的配送,配送过程只通过道路运输,他补充道:"这样做的原因在于意大利不存在铁路"。他说,在意大利,因不遵守道路法规而导致卡车超重和驾驶员超长时间驾驶的现象存在。他将集装箱全部填满,而不使用托盘,因为使用托盘会使集装箱中留有空余的空间。虽然使用托盘将更方便,但却会因浪费空间而造成成本的增加。因为道路运输者不遵守规定,所以这些超重的集装箱在路上运输是没有问题的。

在物流园区的一位受访者对多式联运在意大利的发展潜力表示怀疑。只有少数船运公司在争夺海运,但是受访者表示仅在欧洲南部就有 200 000 个运输公司,而其中在意大利的数量远高于法国、德国这样的国家的数量。因此,意大利的运输系统更为分散。此外,由于缺乏监管监督,公路非法超长驾驶时间和超载的重量使得铁路很难与其竞争。甚至在公司

第4章 案例研究(欧洲):多式联运场站

内部各部门都非常分散,因此很难将分散的部门组合起来形成一个新的运输模式。据一位受访者说,将焦亚陶罗作为意大利一个重要的通道的潜在可能被遏制,因为船运公司其实并不愿意看到这样的结果。

一位受访者表示,欧洲有很多的小场站,但没有一套合适的基础设施系统来连接这些重要节点,因此像道路系统一样,我们需要的是由班列相连接的主要枢纽场站系统。铁路曾经是一个独立的国有机构,它掌握所有运输网络、棕色地带以及老的铁路转运点等的信息,因此它能够较好地利用廉价的资产使其达到运营的目的。现在,由于这些信息具有分散性,且各组织之间的解散已经不再为铁路所有。在热那亚港腹地的里瓦尔塔里维亚物流园区具有较高的港口吞吐量,甚至致力于一种子港概念的潜在实验(更详细的讨论见 Caballini 和 Gattorna,2009)。不像意大利其他的物流园,它与港口建立了良好的关系,但这也是因为港口存在拥堵现象,因此需要内陆节点来缓解拥堵问题。这不代表意大利其他港口的情况。那不勒斯港的问题在于拥堵和较长的停留时间,Iannone(2012)表明,实际上可以用更少的成本和相对而言更短的距离把集装箱通过铁路运到内陆的一个节点,因为节省了驻留时间收费。然而,运输经营者的分散和无法建立组织之间的合作问题阻碍了这些服务的繁荣发展。

在讨论物流园区作为综合场站要注意的关键点是,首先,一般的模型是由一个独立的公司经营多式联运场站。第二,场站是普通用户设施,有一些托运人常驻物流园区,而一些托运人不在物流园区。事实上,大型物流园区的铁路交通如博洛尼亚和维罗纳实际上是为场站外的公司服务的。里瓦尔塔里维亚则是一个例外,因为场站的经营者直接服务于场站内的托运人,而不是通过第三方物流。

4.6 案例研究与分析

对所有的数据进行审查评估,并把相关的信息输入到每个案例构建的表中。下面的表格整理了每个案例中的关键数据,有利于进行跨案例分析。数据采集主要是通过访谈,辅以文献分析和观察,按照预先确定的因素来指导完成。因此,由于数据是通过归纳整理所得,严密的扎根理论并未得到后续应用。

表4-16 和表4-17 列出相关主题的多元矩阵,对每个因素都给出了相关的数据。

内陆场站(港口驱动)的主要特性　　　　表4-16

国家	地点	所有权	运营	现场海关	同一地点物流	驱动(组织)	驱动(公共/私人)	港口联系	港口集成方法	信息共享	控制权
西班牙	亚佐魁卡	混合	私人	是	否	港务局/私人投资者	混合	中	部分投资	中	铁路运营
西班牙	科斯拉达	公共	私人	是	否	港口当局/市政当局	公共	中	部分投资	中	铁路运营
西班牙	萨拉戈萨	混合	私人	是	是	港务局/私人投资者/地区	混合	中	部分投资	中	铁路运营
NL	芬洛港	私人	私人	是	是	港口场站运营商	私人	高	所有权	高	内陆场站

内陆场站（内陆驱动）的主要特性   表4-17

国家	地点	所有权	运营	海关现场	同一地点物流	驱动（组织）	驱动（公共/私人）	港口联系	港口集成方法	信息共享	控制权
比利时	Muizen	公共	公共	否	否	铁路运营商	公共	低	无	低	铁路运营
法国	穆斯克龙/里尔	私人	私人	是	否	地方	公共	低	无	低	内陆场站
意大利	马尔恰尼塞	私人	私人	是	是	私人投资者	私人	低	无	低	铁路运营
意大利	诺拉	私人	私人	是	是	地区/私人投资者	混合	中	港内铁路场站共同所有权	低	铁路运营
意大利	博洛尼亚	混合	混合	是	是	市政当局/私人投资者	混合	低	无	低	铁路运营
意大利	维罗纳	公共	公共	是	是	市政当局/地区	公共	低	无	低	铁路运营
意大利	斯克里维亚河	私人	混合	是	是	私人投资者	私人	中	合同	中	铁路运营

多元矩阵已被分为两个，一个关于港口驱动的场站，另一个关于内陆驱动的场站。这些标签和两种分类是根据文献评述的讨论而选取。然而，在分析中发现，不仅很难准确判定哪个组织在发展过程中起到了主导作用，甚至在许多情况下，即使是"港口驱动"的场站，并没有实际的港口领导。然而，这些术语在讨论过程中将被保留，因为它是数据收集和分析结构的组成部分。

一些港口驱动分类下的案例研究，其实不是由港口发展的。Muizen 无水港和穆斯克龙/里尔无水港都被选中，是因为它们称自己为"无水港"以及 Muizen 被 Roso 和 Lumsden (2010)列入"无水港"范畴。一些研究结果揭示，这些场站实际上是由内地的管理者进行管理发展，要么是铁路运营商，要么是地区运营者，因此，它们和物流园区一同被放到表4-17当中。Yin(2012)讨论了当最终发现实际案例情况与筛选过程中预期的不同时，如何处理跨案例合成过程，这些案例可以作为理论复制来分析（预测有不同的经验，但概念上一致的解释，p.146）而不是直接复制（预测遵循足够相似的事情发展过程，从而互相重复或复制对方的概念性的经验，而非字面上的或感觉上的经验，p.146）。

从港口驱动的场站开始，结果表明，芬洛港是由一个私人港口码头运营商驱动的一个场站的例子，而西班牙三个场站都是主要由公共港口当局驱动的。芬洛港案例已经可以说是最成功的，也许因为港口场站运营商直接参与了内陆场站的运营，而在西班牙的案例中是港口当局并不参与场站的运营。不仅欧洲集装箱场站参与到多式联运场站中，而且拥有物流平台50%的股份意味着能够进行更大程度的信息共享。因此，根据港口的参与者是港口当局还是码头运营商的不同，可以发展不同的概念模型。港口可以使用多种机制来协调腹地的运输链,从而降低交易成本(Langen 和 Chouly,2004;Vander Hors 和 de Langen,2008;Van der Horst 和 Van der Lugt,2009),但是完全的集成是不常见的,因而这是一个创新性的发展。芬洛港代表了一个有吸引力的腹地访问模式,但许多制度层面、业务层面和法律层面阻碍影响了这种模式在其他地区的发展(Veenstra 等人,2012)。

在西班牙,公共港口主管部门都参与了内陆场站的发展,尽管他们看重营销,在这些场站中没有一个港口当局拥有绝对控股或直接指挥营运权。与之形成对比的是,欧洲集装箱场站则是一家与内陆场站紧密结合的私有码头营运商人。在上述所有的情况下,港口运营商在某种程度上参与其中,但结果也反映了港口当局目前的困难(或者在较小程度上说是港口运营商所遇到的困难),就是以高于港口的发展视野去对外施加影响。(de Langen,2008;Moglia 和 Sanguineri,2003)。根本的问题是,港口管理者想要改善内陆通道从而进一步推动实现更高的业务目标,但他们很少能推动主导驱动这些通道的发展。在大多数情况下,港口所扮演的角色仅仅是一个在别人计划中的一个合作伙伴。同样,除了芬洛港以外,上面案例中的所有场站都是独立于港口的。

在这种分析下,频率计数是不相关的,因为由理论驱动上的样本无法得出统计推断,但是,表4-16 和表4-17 揭示了预期的结果,即在该样本中港口驱动的内陆场站与港口有更高水平的关联度。表4-16 显示,在芬洛港的案例中,港口场站运营商拥有内陆场站所有权而不是少数股权;因此,正如在案例讨论中所说的,港口与内陆场站有着十分紧密的关系,并且通过它们的集装箱管理系统实现信息的共享。此外,铁路的运营通过一个分包的牵引供应商来管理,这意味着港口码头和内陆场站之间的运营是在一个封闭的系统中。在西班牙没有这样类似运营的案例存在。内陆场站是独立于港口的,并且铁路的营运是建立在公共竞争基础上的,就如同任何多式联运场站一样;它们不用任何超出传统实践的有意义的方式去实现与港口的结合。

虽然有案例表明,港口可以积极开发内地场站,但分析显示,在实践中现实的结果往往被夸大。文中所认定的6个港口驱动场站中,两个(Muizen 和穆斯克龙/里尔)根本不是由港口开发,而其中三个(西班牙场站)是有少数港口投资,在其他方面是以传统的内陆多式联运场站的方式在运营,只有芬洛港可以被视为一个真正的港口驱动的场站,或者一个真正独特的区域化战略。因此提出了港口与内地场站相结合的能力和现状的问题。

通过比较表4-16 和表4-17 可以看出,港口驱动和内陆驱动场站之间有一个区别。在所有的港口驱动的案例中,港口运营商尽管不尽相同,但确实在内陆场站有一些投资。同样地,与预期的一致,两者之间在操作层面的关系也会更高。然而,内陆驱动类的案例中没有来自港口的投资,两者间的合作关系水平也更低。一个合理的解释是,如果港口运营商一开始就参与了内陆场站的建设发展,那么港口运营商就会有一种与内陆场站保持良好关系来实现运营效率并取得其他初期投资所期望的收益的动机。而如果港口参与者一开始并没有内陆场站的参与投资,那么内陆运营商在之后才会努力争取与港口的合作关系。关于港口在内陆投资和寻求合作的动因以及就此所存在的能力限制的进一步解释,则需要对港口进行更多的研究,超出了本章内容的范围。

表4-18 通过主要对主要的内陆场站发展的驱动因素进行分类,以便通过模式匹配过程找出概念性的分组。

表 4-18

内陆场站的四种发展模式

	驱动方			
	公共机构	港口权力部门	港口场站运营商	铁路营商
案例	科斯科拉达、亚佐魁卡、萨拉戈萨	芬洛港	Muizen	穆斯克龙/里尔、诺拉、博洛尼亚、维罗纳、里瓦尔塔里维亚
政府在发展初期中的作用	部分地区和地方政府投资	建立发展初期国家政府有补贴,并且部分所有权归地方政府	政府并不直接参与投资,但进行投资的铁路运营商所有	大多数是由地区或地方政府,但有些大部分或全部为私人投资
政府在发展中的作用	地区和地方政府保留了一些投资	地方政府保留一些投资	国家铁路运营商的间接补贴	M/L:没有; 意大利:所有由政府投资的内陆场站均保留一定比例的本地、地区政府投资,但比例各不相同。自从1990年联邦法律出台,联邦基金可用于所有,甚至私人开发的场站
港口在发展中的作用	港务局和初始投资者	港口运营商为内陆场站的主要投资者	无	除了里瓦尔塔里维亚,没有其他,一开始就开发"无水港"
港口联系	良好的关系和信息共享,但没有直接集成	分包牵引,闭环管理,扩展出入口	只是标准操作关系	除了在里瓦尔塔里维亚发展良好的关系,在诺拉和那不勒斯港之间有一些铁路业务集成
铁路运营商合作	第三方:没有特定的集成合作	分包牵引,扩展出入口	场站业主/运营商是国家铁路运营公司的一分支,它处理任何公司或国家铁路运营公司这一部分运营	M/L:场站业主/运营商的公司在每个站点处理不同铁路公司的列车,包括:主要属于interporto或任何公司旗下的RFI;主要处理来自任何公司的列车。虽然在某些情况下的主要运营商是interporto旗下(至少是部分地)自己的(分包牵引)
物流作用	隔壁科斯拉达:物流园区;亚佐魁卡:物流/仓储包围的个人公司;萨拉戈萨:坐落在物流平台	港口场站运营拥有比邻的物流园区50%的合资	无	M/L:低。运营商提供物流以及运输服务,但这只是一个小公司。意大利:高。所有场站主要是意大利
建立站点动机	内陆地区	内陆业务以及改善港口业务。减少拥堵。鹿特丹港也需要一定的铁路集装箱	操作决定。为客户服务	M/L:当前所有者没有开发这个站点,但人们猜测它是支持当地/区域的业务。铁路场站的使用如今在更重要,他们必须支持一个铁路场站来符合1990年标准的法律来服务联邦基金

第4章 案例研究(欧洲):多式联运场站

通过表4-18得出结论是很困难的,因为需要更多的案例。然而,我们可以看出,由港口驱动的内陆场站有不同的形式,要么是由港口当局驱动,要么是由港口运营商驱动。从以上案例中可以看出,港口场站运营商在操作技术上具有整合力,所以在制度上能与内陆场站建立更为紧密的关系,而港口当局则不能做这些。这强调了通过物流运作实现信息共享。这是困难的,因此大多数港口驱动的场站都希望有纯粹的运输重点,即尽可能快地将集装箱运出港外,而不是任何真正的业务集成。

在这种情况下,所有的枢纽作用就是实现公路与铁路之间的运输模式转换功能。然而,作为服务生产或消费的载运中心,这是条承载着很多集装箱的货流链,物流在此过程中发挥着重要的作用。解决最后一公里的问题,不妨将场站建在物流站点中来提高服务的可行性,这不失为一个好的途径。意大利场站都是这种模式,虽然对铁路服务的使用各不相同。在大多数情况下,它们一直在努力吸引港口周边的交通量。

在意大利物流园区中的所有铁路场站比港口驱动类的场站大得多,有时在一个场站中不止有一个场站,包括在某些情况下,还有十条长度达到800m的轨道。因此,这些场站是专为非常大的铁路交通设计的,使它们与港口驱动类的小场站有所不同。三个欧洲北部的多式联运物流园区有着很高的集装箱吞吐量(包括集装箱和可交换车厢),而南部的两个意大利物流园区,尽管拥有强大的铁路枢纽,但是其集装箱吞吐量却非常低。

内陆驱动的场站并不一定是着重于发展物流,由于机构和运营原因,港口驱动的场站则更加不可能。可能的原因是,对于那些公共场站来说,物流的发展更加重要,但需要进一步研究。在意大利,多式联运场站用户大部分不是场站的租赁者,这更令人意外。关于这一点的进一步研究是非常有价值的。

对意大利场站的调研结果表明,物流园区的概念对物流业有着良好的效果,但与港口的集成程度却不大。事实上,由于以路为主和分散的意大利物流系统使得铁路运输很难发展(Evangelista和Morvillo,2000),一些物流园区有非常大的多式联运场站,却具有非常低的铁路运输支持。"意大利不存在铁路"是一个托运人的评论。然而,这并不是整个故事,正如在热那亚和那不勒斯港口之间的比较中所示,要考虑它们与内地场站之间的关系。

所有的内陆驱动场站主要由公共部门开发。大部分是由地方政府开发的,虽然大部分意大利的物流园区都有一些私人投资。在Muizen,这是国有铁路运营商最初开发的场站,由于开放型的欧盟指令,现在公司的场站操作部分与铁路部分分开了。有趣的是,所有政府直接参与的场站所涉及的范围主要是地区级,而不是国家级。

可以用一个潜在的不同来区别这两大概念:一方面一个港口驱动,专注于操作,暗含卫星港/子港的概念;另一方面是一个公共部门的驱动载运中心概念。Wilmsmeier等人(2010,2011)借用产业组织的术语(即前向和后向一体化)将通过提供定向聚焦,Taaffe等人(1963)提出了优先通道模型的内河场站发展的概念。在这个模型中,作者对比了由内而外发展(内陆驱动,如铁路运营商或公共机构)与由外而内发展(海上驱动如港口当局,场站运营商)。这种区别是一种用不同的动机来识别潜在的策略冲突的一种方法,并将在8章中讨论。

可以从上面的案例分析中观察到,港口和内陆系统之间缺乏整合,许多内陆场站受访者甚至提出了对立的建议。虽然还需要更多的实践案例研究,本章的案例研究表明即使在港口内陆希望一体化的情况下,出现上面的状况也是很罕见的,除了芬洛港,只注重运输功能(即运往内陆的集装箱),而忽视了物流和供应链的功能更能引起内陆参与者的兴趣。甚至

多式联运与物流发展的制度挑战

在成功的芬洛港的例子上,也需要在发挥潜力之前克服法律和实践中的障碍。

因此,从这一分析得到的前三个发现,一是港口可以开发内陆场站;二是我们可以用不同的方式这样做(即港口管理局或港口场站运营商);三是已观察到港口和内陆驱动的场站之间的差异。第四项发现是"无水港"概念的作用。

首先,两个无水港(Muizen/穆斯克龙和里尔)不是由港口发展而来,不保留港口投资或经营的参与。其他两个无水港口(亚佐魁卡和科斯拉达)部分由港口投资驱动,并具有竞争力的铁路业务,所以没有子港系统或港口参与者控制铁路运营。表4-17显示一个"无水港"(Muizen)甚至没有海关,所以它甚至不适用最初无水港的定义,定义中表明它应该提供内陆通关。而这些场站的"无水港"术语的使用是不一致的,在芬洛港场站都自觉地执行子港的操作。事实上,它可以被认为是本章所有的案例分析中唯一一个港口区域化战略的例子。

对科斯拉达/马德里无水港、亚佐魁卡无水港、无水港Muizen和无水港穆斯克龙/里尔都无水港使用术语"无水港",但它们的功能是不同的。IFB(Muizen的操作者)运行场站只是处理其他公司的列车(包括其母公司IFB联运车和单独一部分列车)。在delcatrans场站(穆斯克龙/里尔和雷克姆),一个铁路运营商是分包的并提供牵引,而delcatrans做所有的预订和集装箱管理。因此,这两个场站类型是对立的,但它们的共同点是,没有港口参与者管理任何业务。

更奇怪的是,Delcatrans同时运行两个场站:LAR Rekkem(在比利时的边境)和Dryport Mouscron/Lille无水港(只是在法国边境)。这两家场站只相隔几英里,由它共同经营。安德Mouscron/Lille无水港是由地方政府建立的,倒闭之前被Delcatrans所并购。它被称为"无水港"是因为它最初的命名,但两个场站都是一样的——附近是小联运场站、双道铁轨和一些仓库。事实上,受访者对Mouscron/Lille这两个较小的场站表现出了好奇心,但是Delcatrans主要的办公地点在雷克姆。

用Roso等人(2009)对无水港的定义,两个西班牙场站、Muizen或Mouscron/Lille都不会被认为是"无水港"。这些场站都没有达到港口或船运公司控制铁路运营这一理想状态(Roso等人:p.341)。只有在西班牙的情况下,可以说是港口"有意识地使用"这些场站。然而,这四个地方使用它们场站的名称,这就是为什么它们其中的三个(科斯拉达、亚佐魁卡、Muizen)被列入一篇关于"无水港"回顾的文章(Ros和Lumsden,2010)。

Roso等人(2009)定义了港口与内陆地区之间的密切联系。表4-19采用模式匹配过程,给出了这种发展方式分类的一种方法。

港口内陆系统集成的等级矩阵   表4-19

港口管理人员是否管理内陆运输费用,即集装箱插槽、销售等	港口参与场站	
	参与	不参与
否	马德里 Azuqueca 萨拉戈萨	Muizen 里尔 诺拉 意大利 博洛尼亚 维罗纳 意大利
是		芬洛港

注:此表是之前用于Monios的扩展表(2011)。

第4章 案例研究(欧洲):多式联运场站

西班牙和芬洛港都给出了港口是否参与的案例。不同的是,西班牙是港务局,而芬洛港是欧洲集装箱场站。此外,在这种情况下,欧洲集装箱场站直接参与运营过程,不像在西班牙,它只是个小股东。因此,如果要做一个推断,无水港的概念涉及一个综合服务的提供,它是通过欧洲集装箱场站子港的概念来推断,而不是那些使用无水港术语的场站。欧洲集装箱场站是发展"场站运输"的概念,而不是我们已经理解的批发商和承运人的概念。同样,瓦伦西亚港一直致力于通过开发一个港口社区系统在一个单一联合系统中共享信息从而促使和科斯拉达港的一体化,但在这个阶段,它只是一个纯粹的信息管理系统。

鹿特丹和芬洛港之间的子港是 Roso 等人(2009)对无水港的定义中最好的关于"无水港"的例子,结合一个内陆清关场的物流园区,将子港和港口作业进行合并。有趣的是,欧洲集装箱场站不使用这个术语,更倾向于"子港"的概念。Rodrigue 等人(2010)将芬洛港的子港定义为卫星场站,因为它是与港口堆场堆存管理系统完全集成,因此可以作为港口堆场或一种溢出系统的扩展。然而,不同于简单的溢出或扩展功能,芬洛港也是服务于一个大的腹地市场的载运中心。

子港或场站运输的概念(相对于承运人或货主内陆运输)已由 Van der Horst 和 de Langen (2008)、Notteboom 和 Rodrigue(2009)、Veenstr 等人(2012)等进行了讨论。Veenstra 等人(2012)定义了子港的概念,因此,在船运公司、托运人/承运人或海关介入之前,"海港场站应该能够把集装箱推到腹地……"(p.15),他们针对 Roso 等人(2009)提出的无水港概念提出他们自己的想法,海港控制集装箱流向内陆场站。然而,Roso 等人(2009)也声称"充分发展的无水港应是港口或船运公司控制铁路运营"(p.341)。这句话可能是指铁路运输,而不是关于集装箱运输的实际决定的,所以在这些重复的定义中,暗含着分歧。

文献中最早的无水港的定义指出,作为代名词的内陆集装箱中转站,为内陆国家使用场站作为海上接入点提供了参考,而不是主要为海关多式联运连接。一个新的定义是由 Roso 等人(2009)提出的,港口参与者控制铁路的运营,导致了一个内陆的通关仓库与毗邻的物流园区和子港功能的结合。在本章中,几乎所有的情况下,这个定义都是不适用的。这种整合水平的唯一例子是芬洛港,目前不使用"无水港"这一称谓。

因此,建议"子港"这一术语被保留到一个特定的概念,用来指代港口和内陆之间的集装箱货流的综合管理。"场站运输"的概念(相对于承运人或货主内陆运输)代表了一种新的整合方式,如果技术和业务的障碍都可以克服,那么它将是一个非常有潜力的舞台。子港式场站运输的概念也可以推动引领物流策略甚至控制物流,正如 Rodrigue 和 Notteboom(2009)在提出的供应链端化作用的概念中的概述,即内陆场站积极采用库存管理流程。

相比之下,大多数换装场站(特别是在欧洲),"联运场站或内陆场站"可能是更好来描述链接的场站大多数共同特征的术语;功能分析就可以专注于每个节点的活动,例如对于一个港口是否涉及报关、增值服务或溢出功能。因此,相对整体而言,场站通过功能区分证明自己拥有更大的效用。

美国的内陆港术语是相当灵活的,主要集中在多式联运场站本身,包括多个场站、物流园区和任何或所有运输方式。这在文献综述中已经讨论过,其中 Rodrigue 等人(2010)曾建议使用本术语来覆盖所有内陆货运节点。这一术语在欧洲小场站的适用性方面有所保留。这是一个潜在的有用的术语,但在使用中它往往会指大的门户场站。平均来看,美国的联运场站要比欧洲大一些,这不是一个分类问题。

意大利场站代表了一个独特的模式——interporti 型,适用基于国家交通战略清晰的模型。它们与其他文献综述中的术语相匹配:物流园区、ZAL、GVZ 和物流平台。目前还没有关于这些场站分类的学术争论。其主要区别在于它们的主要标识是为用户提供仓储和所有相关服务的物流平台。此功能的运输模式是次要的。在意大利,所有的官方认可的 interporti 提供公路和铁路运输,而在意大利的其他物流平台与那些在其他国家的相比,铁路不可能永远存在。对于欧洲许多实现规模经济的多式联运场站得出的结论是,用物流园区的概念调整多式联运场站应该是解决这个问题的一个明显的方法。然而,就像我们看到的诺拉和马尔恰尼塞诺拉,即使有优良的设施,发展多式联运仍然困难。

Rodrigue 等人(2010)对不同功能的场站给出了有效的区别,利用场站来区分它们,把它们分为卫星港、货物集装箱存放换装中心和载运中心。这个以功能来区分的方法与 Roso 等人(2009)提出的近距离无水港、中等距离无水港和远距离无水港和后来 Beresford 等人(2012)提出来的基于海港的、基于城市的和基于边界为基础的模式相类似。这个以功能来区分的方法,根据每个节点的使用,比其他术语如"无水港"或"内陆港"更有效。这提供了一个研究方向,从用途到这些节点在多式联运中的使用。它也更清楚地集中在节点的运输业务,如实际的场站或交换点所代表的那样,此外,更紧密地符合基础设施的要求和结合场站投资,特别是在规划和公众参与的过程中。场站或者附近仓库的位置,往往会导致一些民营企业做出一系列决定。因此,试图建立一个在场站概念下的潜在的多样化物流园区或物流集群使得分类和分类发展变得越发困难。因此 Rodrigue 等人(2010)在本章中提出要通过案例加强概念的区分,在分类中应该将运输和供应链进行区别。本书将在第 7 章中探讨治理一个场站的运输和物流功能之间的关系。

4.7　结论

在讨论港口区域化的相关性之前,可以从具体案例分析中得到一些结论。内陆场站会经历吸引港口运输量的困难,除非港口参与者从一开始就参与其中。唯一可以称作真正成功吸引了港口运输量的案例是芬洛港,它的港口场站运营商直接参与内陆场站的运营。我们可以假设,内陆场站在港口多式联运量的基础上发展,如果有一个紧密的运营关系就会成功,如果不完全整合,从一开始就要成立港口场站运营商。然而这个假设需要进一步的研究。大多数受访者指出他们经历过与港口经营者建立良好人际关系的困难,这表明港口和内陆系统在大多数情况下依然保持独立,虽然这点需要进一步的研究。只有克服很多障碍,港口集成和把集装箱放在内陆场站"就像直接到海港那样"(Roso 等人,2009:p. 341)的建议才能成为可能。因此较低交易成本和高效率的综合运输链条还不够规范,在短期内还不能实现。第 5 章和第 6 章的实证分析会更深入地分析这些问题。

本章的结论表明,港口可以积极发展内陆场站,那些由港口当局和港口场站运营商开发的港口具有差异性。本章提供了由港口当局和港口场站运营商直接在内陆场站投资港口的例子。在案例研究中,最成功的模式是港口场站运营商投资的港口,原因是它直接参与内陆场站和铁路班线的运营。港口当局很少能够做到这一点,从而限制了由港口当局开发的内陆场站成功发展的潜力。芬洛港以50%合资的物流平台为更大的流动性提供了可能,这也使高效率成为可能。

我们发现港口开发的内陆场站具有明确的腹地获取目标,这与不以这种方式开发的内陆场站之间有不同点。那些由土地经营者开发的港口往往关注内部交通,甚至当他们试图开发港口交通时面临港口参与的困难。这种不同的观点表明,港口区域化概念暗含海运和陆地系统的一体化面临的几个挑战。

案例研究的最大困难是解释这种一体化在许多情况下不会实现的原因;就像Notteboom和Rodrigue(2005)指出的那样,不仅仅是实际的一体化,即使是运营合作,对港口来说都很困难。内陆运输和物流系统仍然是分散的,特别是本书的研究重点是多式联运。如果这些运营问题不解决,即使是高水平的合作也可能会被阻止,更不用说任何一体化的机会。这些运营问题在以下章节将详细考虑。

最后从概念的角度看,我们发现那个示例中的场站虽然自称无水港,但是不符合Roso等人(2009)提出的"无水港"概念。唯一符合定义的场站(芬洛港)已经被称为"子港"的概念。从文献的方法(Rodrigue等人,2010)加强了本研究的发现,即当对内陆场站进行分类时,区分运输和物流功能的重要性,因为它表明,即使在场站,一个多式联运场站站点嵌入到一个更大的物流平台,这两个功能仍保持独立。

要验证这些发现需要更多的案例,这些案例在实践中如何运作的细节可以引发港口区域化在多大程度上发生以及它的发生需要什么条件的问题。案例说明了为什么港口不是像港口区域化概念所说的那样,通过一体化策略来控制或获取腹地的。

第 5 章 案例研究(英国):多式联运物流

5.1 引言

本章分析了英国的多式联运物流案例。在英国,大型零售商是多式联运的主要驱动因素,大型零售商在他们与铁路运营商和第三方物流企业的上下游关系中进行着不断的尝试和探索。第三方物流企业在为零售商供应链需求和铁路运营商的运营性需求之间进行联系的重要作用已经提供了证明。结果表明,内陆物流市场表现出空间上的中心化,以及缺乏在市场参与者之间的一体化,如何综合考虑港口和国内物流不同的产品、线路和运输装备特点等因素,对于铁路货运服务的效率将是一个挑战。

5.2 多式联运物流研究的文献回顾

5.2.1 物流与多式联运

正如第 2 章中讨论的那样,Notteboom 和 Rodrigue(2005)认为:区域化是由物流的决策、托运人的后续行动,以及第三方物流供应商共同作用的结果(p.306),港口的阶段转型是一个逐步的、缓慢的,以及市场驱动的过程(p.301)。他们进而指出,"物流的一体化需要继续思考如何制定内陆货运循环的策略",我们需要应对集中在港口自身的、超越传统的挑战。在港口可以整合内陆之前,必须对内陆货运循环体系进行研究,尤其是物流决策、托运人的后续行动以及第三方物流供应商(p.306)。

Menzter 等人(2004:p.607)将物流管理定义为"企业内部的功能,包括跨职能和跨企业……的方面"。它涉及管理需求,特别是通过信息管理,以及指导供应,涉及关于运输的策略配送决策、库存水平,以及为了存储和处理所开展的中间环节。物流是供应链管理的一部分,后者的关注点更加广泛,许多物流决策会对交通流量、运营需求和选址决定等方面施加相当大的影响(Hesse,2004)。此外,运输仅仅是派生需求的概念遭遇到了需求一体化概念的挑战(Hesse 和 Rodrigue,2004;Rodrigue,2006;Panayides,2006)。因此,货流和空间发展之间的关系由于运输节点网络和运输通道而变得更加复杂化,这些节点和通道可能没有充分体现其核心功能,不仅仅因为受基础设施不足的限制,还可能因为联结线路不足而无法与更大的运输网络契合。本研究的重点是铁路运输的使用,企业决定改变这种模式的决策是由许多因素来驱动的,如外部压力(如燃料价格、立法、客户压力)或物流策略(如中央仓库或配送式网络、自有车队或第三方物流企业等)(Eng-Larsson 和 Kohn,2012)。然而,根据一些作者的观点,运输在物流及更广泛的供应链管理中的作用一直没有得到充分的研究。

第5章 案例研究(英国):多式联运物流

Woodburn(2003)就供应链的结构和采用铁路运输方式的潜力之间的关系进行了调查研究,他得出的结论显示,铁路货运如果要成为公路运输更强劲的竞争对手,需要对企业供应链上的整个物流业务进行重组,或者铁路部门的运力做出重大的变化以应对需求(p.244)Eng-Larsson 提出,当考虑决定使用多式联运时,购买这项服务的方便程度比价格更重要。另外从操作的角度进行了研究,他们发现,其他供应链的决策不得不契合多式联运,比如由于多式联运的发货时间不够灵活,所以增加库存、延长交付窗口、改进计划和订货方法。然而,在每种情况下,额外成本抵消了新的运输方式节约的成本。他们甚至推测,一些公司可能提供了比他们实际需要更高程度的运输服务质量(如:灵活性、可靠性、频率),这是完全没有必要的,因此他们可以减少这些需求,同时还能实现供应链的目标。

在文献中,有关从公路到铁路运输方式的转变的几个挑战已经被阐明。客户需要快速性、可靠性、灵活性和安全性,业界的观点是,多式联运不能提供这些(RHA,2007)。在过去的几十年里,英国铁路行业的装载量经历了大幅度下跌。潜在的托运人也需要关于铁路的服务、时间表和货车运输能力的信息。由于宣传力度不够大,信息的公开性不够强,铁路运输会失去很多的关注度,从而失去了很多的客户。另外一个建议是,铁路运输的真实成本应该对用户可见。MDS Transmodal(2002:p.49)发现,铁路并没有公布价格,铁路货运用户只能简单地了解他们供应商的成本结构,因为他们是在市场中占主导地位的运营商,在铁路行业内缺少竞争。

多式联运的盈亏平衡距离常被认为是在 500km 范围内(VanKlink 和 VandenBerg,1998),然而在欧洲,只有22%的货物运输超过这个距离(Barthel Woxenius,2004)。通过其他因素的改善,常规意义上的500km 的竞争距离是可以缩短的,例如,在运输过程的某一端减少一段公路运输,以及常规的单元式运输需求的存在,以确保高水平的利用率。允许多式联运的公路运输部分服务能够在当前的距离限制下存在一定的例外,也已被证明能够降低铁路起运前和到达后的成本,从而增加多式联运的竞争力(Bergqvist 和 Behrends,2011)。在英国,不需要公路运输的联运线路的盈亏平衡距离估计短至90km 左右。如果一端只是公路运输,这个数字则大约是200km;如果运输过程的前后端都必须是公路运输的话,这个距离则大约是450km(MDS Transmodal,2002)。发展铁路班列在经济可行性上面临的困难在文献中都已经提出了相应的解决办法,包括运输成本分析(例如:VanSchijndel 和 Dinwoodie,2000;Ballis 和 Golias,2002;Arnoldetal,2004;RacunicaWynter,2005;Janic,2007;Kreutzberger,2008;LimbourgJourquin,2009;Kim 和 Wee,2011)和调整货运需求与联运服务需求的重要性(例如:Woodburn,2003;Woodburn,2011;Eng-Larsson 和 Kohn,2012)。

为评估使用多式联运来运送特定产品的适用性,需要进行一个细致的分析,如考虑订单的交货时间和订单的规模、产品的价值和物理特性等。多式联运的挑战包括距离、服务缺乏灵活性、服务开发的交付周期,以及"最后一英里"的问题(Slack 和 Vogt,2007)。铁路运营商高昂的固定成本,以及在关键线路上能巩固货物数量规模的要求,使得有利可图的运输服务的开发变得非常困难。建立复杂的铁路运输服务会阻碍多式联运的增长,并且会影响新运营商的市场准入(Slack 和 Vogt,2007)。

在关键路线上,只有合作才能实现规模经济,但研究发现,铁路行业不愿意采取这样的策略(Van der Horst 和 de Langen,2008)。此外,托运人不愿意去拓展性地提出一种服务,除非这种服务形式本身已经较为成熟(Van Schijndel 和 Dinwoodie,2000)。在行业里,这种感觉形成了严重的惯性。Runhaar 和 van der Heijden(2005)发现,即使在十几年间,运输成本增加了50%,也不足以使生产者搬迁生产以及物流设施。这种惯性在某些方面可以看成是比基础设施更加严重的困难,而且为了改变运输服务要求,需要重新构建运输服务链条。

5.2.2 零售业部门的空间拓展

在文献中,一些趋势已经可以被观察到,例如中心化的倾向、工厂和配送中心的重新选址,以及供应商基地的减少和承运人基地的整合(Lemoine 和 Skjoett-Larsen,2004;Abrahamsson 和 Brege,1997;O'Laughlin 等人,1993)。由于并购和兼并,市场的权力都集中在几个大型零售商的手中(Burt 和 Sparks,2003)。围绕着运输需求的合理化,以及新的配送策略和枢纽选址,供应链进行了合理的重构(Lemoine 和 Skjoett-Larsen,2004)。配送中心正在不断优化,新的专用设施正在不断地出现。这种持续合理化的变化过程,意味着将它们嵌入到目前的多式联运链条中是很困难的。

在过去的几十年里,零售行业一直在不断地演化,从20世纪70~80年代的供应商直接送货到商店的供货系统,形成配送中心的雏形,到20世纪90年代的主要的整合配送中心(PCC)(Fernie 等人,2000)。在这段时间内,从订货到交货的时间,以及库存水平都大幅度地减少,效率的改善非常明显,这些让人印象深刻。

在英国,大型零售商的配送格局是一定的,这不仅关系到运输问题,选址也非常重要。McKinnon(2009:p.295)发现,自2004年以来,约60%的大型配送中心的需求来自零售商。当规模和效率一直都在增加的情况下,大型零售商已经减少了他们的配送中心的数量。更少和更大规模的配送中心,不仅仅意味着更高程度的一体化,还可能意味着更多的营运里程,这也增加了多式联运应用的可能性,用来巩固在关键线路上的货运流量。在英国,食品和百货公司目前贡献了所有卡车运营里程的1/4(IGD,2012)。在过去的十年里,集装箱铁路服务直接从英格兰的港口转到了英格兰中西部的各郡,但是,从英国的港口到苏格兰(例如科特布里治)的直达运输服务数量已经开始下降(Woodburn,2007)。这一发现代表了苏格兰的贸易一体化流入到了全英国范围内的配送网络当中,逐渐地集中在英格兰中西部各郡的关键地点,还在一定程度上扩展到了英格兰的北部。

前文描述的空间发展是建立在公路网络上的,但近年来,也有一些关于进口型的配送中心的区位选址的讨论(Mangan 等人,2008;Pettit 和 Beresford,2009;Monios 和 Wilmsmeier,2012b)。最近在越来越多的研究背景下,内陆场站的重要性被凸显出来,也许重新审视港口作为物流中心的潜力是十分必要的。回顾基于港口的潜力与基于内陆的物流的做法,甚至可以被视为对供应链的主要和次要线路上的另一种优化,在不同的背景下,挑战供应链的惯性。主要的零售商——乐购和阿斯达超市都在提兹港有大型的日用百货商品的进口中心。

可以发现,当工业和零售品的原料主要来自英国时,形成了中心化的英国内陆运输网络,也可能有扩散化的驱动因素,主要关注沿海港口进口物资的过程。从港口的角度来看,这不仅会巩固货物的吞吐量,还可能由于这些过程都发生在港区,因而赚取额外的收入,(Pettit 和 Beresford,2009)。从进港的集装箱卸载开始,到转运至港口仓库,拆箱后再空返回原地进行重新安置。在内陆运输中,货物将被重新配置。这个过程可以直接从基于港口的配送中心一直到最终的存储地,因此,可以把内陆配送的中心从供应链中剔除。

从运营的角度来看,增加信息通信技术的使用,可以更精确地预测和更好地响应需求(这一过程可以从推动到拉动补给),这反过来又需要更严格地优化设施的空间配送,需要一体化的、优化的初级和二级网络。因此,一些零售商会与运输公司紧密合作,优化他们的配送(如减少空驶或减少库存持有需求)或与供应商的协作,优化产品流动(如预测、计划和订购)。在多式联运中,随着铁路运输逐渐融入供应链体系中,这些关系正变得越来越重要,需要更加紧密的合作和更加广泛的知识共享来解决相关的操作问题。从逐步有效地利用回程配载,到产品出厂定价策略的实施,这些空间和运营管理的演进加快了一体化的进程(Mason 等人,2007;Potter 等人,2007)。

当零售商购买的货物是在工厂交货或从工厂大门运出,而不是供应商在配送中心完成交货的时候,在主要的配送线路上给了供应商更大的支配权。这可能提高传输效率(更大型整合中心的使用效率更高),在两个方向上都减少空驶和路段的不充分使用,并通过更大的可视性的流动提高规划效率和响应能力。据估计,通过使用一个主整合中心,可以减少大约25%的总路程(Potter 等人,2007),而另一个研究发现,通过使用出厂定价方式,总成本可以减少大约8%(le Blanc 等人,2006)。

Potter 等人(2007)讨论了出厂定价方式如何强化零售商的谈判立场。随着供应商失去使用更高的运输价格交叉补贴一个较低的产品价格的机会,供应商给予零售商的权利也越来越大。作为单一的大型企业,它还允许零售商经营或签订分包合约,而不是为了某一个单一的供应商而与许多小型的运输公司进行谈判。这种实践的附加结果是,小型运输企业更加难以进入市场。因此,大型的第三方物流企业会受益,而独立的运输公司将受损失。Burt 和 Sparks(2003)也指出,非出厂定价的零售商将发现,他们的供应价格在增加,因为非出厂定价的货物不再使用出厂定价方式的零售商的配送网络,而使得单位运输成本增加。同样,Towill(2005)认为,品类管理模式允许商场简化他们的供应商,以此来增加他们的利润。

这些发展所带来的日益复杂的交通需求导致更多的零售商使用第三方物流服务。他们需要配送服务更加频繁、批量更小以尽可能减少库存,鼓励使用大型的整合中心(Smith 和 Sparks,2004;Fernie 和 McKinnon,2003)。配送设施从单一的仓库发展到集冷冻,新鲜农产品的综合仓储环境,所有的进出口货物都使用条形码并且录入计算机系统,用于预测、计划和订购相关的业务。1992 年,乐购(Tesco)用 9 个综合场站取代 26 个恒温仓库(Fernie 等人,2000)。作为日益复杂的温控供应链的一部分,综合仓库和卡车的使用使得一些物品的保质期已经成倍的增长(Smith 和 Sparks,2009)。随着商店的包装和其他可用的材料都需要回收到配送中心,逆向物流也开始变得非常重要。

在文献中,与竞争对手合作是一个重要的讨论话题。成功的零售业的多式联运物流将包括零售商本身、铁路运营商以及第三方物流企业。Schmoltzi 和 Wallenburg(2011)在他们的研究中指出,虽然60%的第三方物流企业至少都有一个横向的合作伙伴,相对于这个行业平均50%到70%的失败率来说,这样的企业的经营失败率低于19%。这是一个令人鼓舞的结果,零售商在多大程度上能够放开在运输协作中的竞争,大家互相协助,也成为未来多式联运中的发展潜力的一个关键因素。Schmoltzi 和 Wallenburg(2011)也发现,基于降低成本,大家会开展横向的合作,研究显示,它们的主要动机是改进服务质量和提高市场份额。在类似的研究中,Hingley 等人(2011)发现,相对于零售商控制他们的供应链而言,横向协作的成本效益显得并不是特别重要。

5.2.3 影响因素的发展过程

从文献回顾中可以看出,通过并购和整合,市场环境已经变得稳固,配送中心的空间配送逐渐趋于合理化和一体化,进一步强化了零售商对于货物的控制权,使得配送更加灵活。合作并不太容易理解,因为它似乎发生在某些不确定的情况下。同样,众所周知,在这一过程中,第三方物流企业等中介机构发挥着越来越大的作用,协调了大型船运公司和运输供应商之间的关系。但是第三方物流企业并不清楚大型船运公司和运输供应商是如何参与多式联运的,以及托运人、第三方物流企业和铁路运营商三者之间不同策略和一体化协作之间的关系。运输中的运营问题包括了巩固货运流量的需要,尽管载货车辆的流量在逐步下降、行业中存在一定的惯性以及与交货期和过程规划中相关的问题。

以下四个因素可以用于结构研究,指导数据收集、分析和比较:
(1)市场的空间发展;
(2)铁路运营问题;
(3)一体化和协作策略;
(4)在多式联运发展中政府的角色。

5.3 案例选取和研究方案设计

Woodburn(2012)认为,在英国,大型零售商是多式联运增长的主要动力,并呼吁它们关注驱动力增长背后的原因,另外,还需要研究港口腹地货运量与国内联运线路的关系。许多研究都注意到了零售商供应链的演变,主要是物流和运输在影响着上述的变化。这些研究往往是发布在供应链、物流和企业管理领域。另一方面,交通类的文献对于多式联运进行了细化研究,人们更倾向于通过改善运营来提高它们的效率,这样就可以减少运输成本,这些成功经验也可以用于加深对在市场或者地理环境下运输方式发生变化的理解。本章将这两个方面结合在一起,对大型零售商作为英国多式联运市场的主要驱动因素进行研究。他们的成功经验将更有力地促进其他不同市场和地理环境下的模式转变。

广义上的港口区域化概念意味着港口可以通过联运通道捕获和控制腹地,而代表市场参与者的物流一体化决策使得这一概念更加集成化。然而,这些市场参与者由于各种问题的影响,无法在港口区域化的讨论中对运输决策做出正确的解释。这被认为是成功的,不断增长的多式联运市场将为内陆货运特性提供更加充足的数据,如果港口通过联运通道和场站实现了一体化,那么就需要解决港口区域化的概念。因此我们选择了这个案例进行更深一步的研究。

这个案例研究的实地调查发生在 2011—2012 年。在多式联运行业以及大型零售商、第三方物流企业和铁路运营商的范围内,对普通货运的利益相关者进行访谈。数据的采集是在所研究因素的指导下以及文献回顾的基础上进行的。本章的分析是基于一个模型展开的,这个模型将这四个因素分解成 23 个分因素,并明确了如何进行推理和得出相关结论。

通过利用多个嵌入单元的分析方法(涉及的组织机构有:零售商,铁路运营商和第三方物流企业),分析得出这些数据是零售商使用多式联运的单独的案例。如果目标只是简单地比较它们模式转变的经验,那么需要将每一个运营商作为一个案例进行分析。但是对于零售商来说,在使用铁路和第三方物流企业的时候会出现重复和重叠的现象,第三方物流企业和铁路运营商的观点看法会被迫放到背景当中。成功的零售联运物流涉及众多的主体,因此三个利益相关者的观点必须要在一起统筹考虑。

5.4 案例研究展示

5.4.1 英国的主要零售商

英国零售商产值占英国国内生产总值(GDP)的近6%,为300万人提供了就业的机会(Forum for the Future,2007;Jones等人,2008)。百货零售业非常集中;在英国,近83%的食品贸易零售市场由5个零售商控制着:乐购(31%)、阿斯达(17%)、塞恩斯伯里(16%)、莫里森(12%)和联营集团(7%)(苏格兰政府,2012)。

地图5-1显示了英国5个主要的百货零售商的配送中心的位置(PCCs没有显示)。我们可以看到,百货零售商在中部地区内非常集中,而相对于中部,北英格兰和北苏格兰以及威尔士的覆盖面就要小一些。

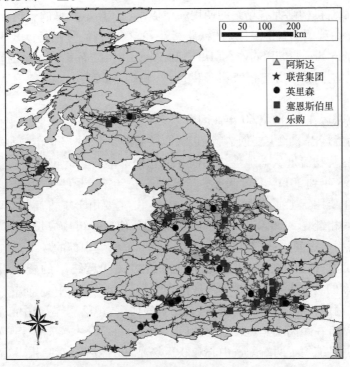

地图5-1　主要大型超市配送中心的位置
资料来源:作者根据零售商网站绘制。

随着该行业的不断发展,在英国,零售业物流大体上已经到了成熟的阶段。我们观察到,零售业物流系统快速灵活,反应迅速,但是也有与其他国家不一样的地方。Fernie 等人(2010)解释说,在一些国家,如美国、德国和法国,这些国家的房地产成本相对较低,因此零售商可以利用房地产空间来保持较高的库存,这样成本可以被大规模订单所产生的折扣来抵消掉。然后将这些商品配送到商店,如果有必要的话,可以进行折扣销售,而且消费者更倾向于购买打折的商品。

Fernie 等人(2010)指出,乐购是物流和销售方面的市场领导者。阿斯达升级了符合母公司沃尔玛标准的系统,莫里森公司还在处理跟西富韦超市之间的并购,塞恩斯伯用了 21 世纪的第一个十年,来重新获得了因为采用不成功的供应链管理系统造成的市场丢失份额。

这项研究的重点是百货零售商,而不是其他诸如时尚品行业的零售行业,同时这项研究是将百货零售商与整个销售行业进行对比。然而,考虑到港口货物流量的重要性,我们可以看到百货零售商也出售非食品商品,而且比例很大。百货零售商通常可划分成许多不同的类型,包括食品百货/周围相关环境(可以进一步地分为快速和慢速配送)、新鲜、冷冻、便利、非食品和直接食用的商品。其他地区也可以考虑资源的回收(逆向物流)。每一个地区都有不同的需求,不同的因素影响它们是否适合多式联运,由于产品差异化,非食品行业往往要比食品行业占据更多的库存单位。

5.4.2　英国铁路货运系统概述

英国的铁路运输网络,表面上是私有的,实际上是完全国有的,国家拥有并经营着轨道的基础设施,而私营机构则拥有场站的使用和租赁权。在用户共享的轨道方面,私人铁路运营商互相竞争。在英国,有四个主要的铁路货运经营者,它们分别是:DB Schenker(以前叫 EWS)、Freightliner、Direct Rail Services(DRS)和 First GBRf。而其他主要的参与者是具有列车货运营运执照的第三方物流企业服务供应商,包括 John GRussell、WH Malcolm 和 Eddie Stobart。

英国的多式联运在 20 世纪 60 年代因海运集装箱革命发展起来。集中在中部地区的货物配送中心成为货运需求的主要创造者和吸引力(见第 2 章)。任何港口都可以服务相同的腹地,海上集装箱货物流量从本地港口转向大型东南部港口。近年来港口腹地集装箱服务持续增长,从 1998 年到 2011 年,其服务数量已增长了 56%。早些年的国内多式联运仅仅是收支平衡的,且主要用于工业产品。在过去的十年里,主要由于零售商品的流动——阿斯达在 2003 年和乐购相继在 2006 年对铁路的首次使用致使这一市场成长起来。这些集装箱主要在苏格兰和英格兰之间流动(英格兰中西部各郡和苏格兰中部的场站)。这些联运场站的发展,在某种程度上是由于成功地使用了政府给多式联运终端的资金补贴(Woodburn,2007)。向北流动的货物主要来自中部地区的食品零售店的配送中心,苏格兰供应商的货物重新装载后发往南面,如软饮料和矿泉水(自由贸易协定,2012)。配送中心和联运场站集中在苏格兰中部,两者在距离上是比较适中的(图 5-1),形成了一个苏格兰到英格兰之间高密度的联运通道,并且缩短了两端配送中心和联运场站的"最后一公里"。然而零售商们早已习惯的问题是铁路运营商会在很大的程度上匹配道路运输的服务特点。

在英国,大部分的铁路货运一直是散装运输,直到 2010 年,集装箱首次用于煤炭的运输,见图 5-1。

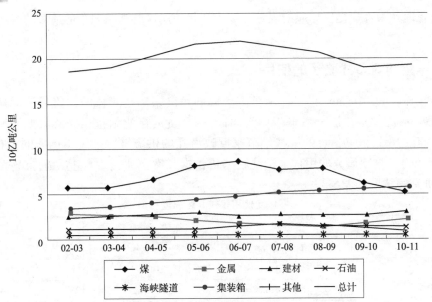

图 5-1　各行业铁路运输货运量统计
资料来源：作者根据 ORR(2012)整理。

散装货物不仅仅适用于轨道车辆，同时也适用于起点和终点都在场站内的搬运装备。这个案例仅仅集中研究了多式联运的货物流量。在英国，大部分的内陆集装箱铁路都集中在英格兰和苏格兰之间；大部分的交通流固定在英格兰内部 DIRFT 达文特里线路的终端。目前，每年要处理约 175 000 次的调运工作，这是英国最繁忙的内陆多式联运场站。

表 5-1 列出了所有当前在英格兰到苏格兰路线上的联运铁路服务（不仅是被零售商使用），分为两类：港口交货（港口和苏格兰场站之间的直接服务）和国内运输（英格兰和苏格兰之间的内陆场站）。

当前铁路联运在盎格鲁—苏格兰的运行路线表　　　　表5-1

方式	服务	牵引车辆类型	管理	每周频率
港口交货	费力克斯托港—科特布里治	集装箱货运列车	集装箱货运列车	5
	南安普顿—科特布里治	集装箱货运列车	集装箱货运列车	5
	南安普顿—科特布里治	集装箱货运列车	集装箱货运列车	5
	利物浦—科特布里治	集装箱货运列车	集装箱货运列车	5
英格兰—苏格兰	蒂尔伯里—铂京—达文特里—科特布里治	DRS	JG 拉塞尔	2 天×5/6
	达文特里—Mossend（德铁辛克物流）	德铁辛克物流	斯托巴特	6
	达文特里—Mossend（西班牙辛克物流）	DRS	WH 马尔科姆	5
	达文特里—格兰杰默斯	DRS	WH 马尔科姆	6/7
	海姆斯霍尔—Mossend	德铁辛克物流	德铁辛克物流	5

数据来源：作者根据相关采访和文件分析制定。

这些联运服务大多数属于公共用户。在英国，港口交货的预订服务大多是由在运输中占据主导地位的航运公司负责的。但是货运量较小的用户可直接或者通过第三方物流企业和货运代理，预订这些列车以及集装箱货运列车上的空间。其他的货物流量通常由第三方物流企业管理并为客户提供相应的服务。零售业是使用这些铁路列车的最大的行业(Woodburn,2012)。

5.4.3 零售商对多式联运的使用

Woodburn(2003:p.245)指出,"从公共资源的角度来确定具体的铁路货运用户和运量是非常困难的,尤其是在散货运输当中。同样,一个货运行业利益相关的大型咨询机构发现,通过现有的货运流动信息的一些细节来反映潜在的供应链特征是不可取的。"(WSP等人 2006:p.vii)。这项研究的用户被标注在采访数据和案例研究中(主要是自由贸易协定,2012)。研究的结果见表 5-2。

零售商使用多式联运的情况　　　　　　表 5-2

零售商	路线	铁路经营者	管理者
乐购	英格兰—苏格兰	德铁辛克物流	斯托巴特
乐购	苏格兰—南部地区	DRS	斯托巴特
乐购	达文特里—蒂尔伯里	DRS	斯托巴特
乐购	达文特里—Magor	DRS	斯托巴特
塞恩斯伯里	英格兰—苏格兰	DRS	JG 拉塞尔
莫里森	英格兰—苏格兰	DRS	JG 拉塞尔
维特罗斯	英格兰—苏格兰	DRS	WH 马尔科姆
M&S(敦豪速递)	英格兰—苏格兰	DRS	WH 马尔科姆
阿斯达	英格兰—苏格兰	DRS	WH 马尔科姆
阿斯达	苏格兰—南部地区	DRS	DRS
联营集团	英格兰—苏格兰	DRS	WH 马尔科姆
柯思科	英格兰—苏格兰	DRS	JG 拉塞尔

为了开展这项研究,笔者采访了表 5-1 和表 5-2 中的大多数公司,这些将在本章中进行讨论,但是为了提供英国零售联运网络的完整概述,我们将考虑到所有的零售商。

只有一个零售商有足够大量的货物通过铁路运输。乐购有 4 项专门的服务,对进入的货物进行二次的配送,通过填充其他的原材料货物,如填料货箱以及回收材料的其他原材料进行填充。乐购每天在英格兰—苏格兰这条线路上运输 32 个 45ft 的集装箱,并且服务威尔士的集装箱数量达到了 34 个,它们服务于苏格兰和蒂尔伯里的集装箱每次有 22 个。只有阿斯达是比较平衡的(并不参与本次的研究),有 20 个集装箱在英格兰—苏格兰这条线路上,有 10 个在亚伯丁的线路上。在撰写本书时,乐购计划每天在阿伯丁的路线上运输 20 个集装箱,并计划与 DRS 开展更多的潜在服务,只有其中一个可能是一个专门的服务。额外的乐购货运量意味着现在充分利用着阿伯丁服务,并将延长到 7 天的操作。事实上,DRS 已经指出,由于乐购在铁路运输上的成功尝试,它们已经受到了来自零售商的额外关注。

唯一使用铁路运输的零售商是柯思科,使用 JG Russell 运输服务,每天会有 10~15 个集装箱发往苏格兰。过去,柯思科把阿伯丁的货物都交付给这条铁路(先到科特布里治,然后通过卡车到阿伯丁),但是,尽管铁路到达中心地带商店的时间已经足够早,但还是没有充足的时间让卡车将货物送到最终的商店。

只有其他用户提供少量的集装箱在英格兰—苏格兰这条线路上运营。塞恩斯伯里使用铁路将一些主要产品从苏格兰的供应商运到它们的中部配送中心,使用共享的 JG Russell 运输服务(尽管这个货流的管理权最近返回到供应商手里)。在北上的路线中,从北安普敦到贝尔希尔,莫里森公司使用 JG Russell 服务来运送托盘货物。过去,莫里森在特拉福德公园和格拉斯哥之间,以及科特布里治到因弗内斯之间曾进行过试用服务。为 M&S 和 Waitrose 服务的 DHL 公司使用 WH Malcolm 的 Anglo-Scottish 运输服务。玛莎百货在多宁顿城堡建立了自己的铁路连接中心(见下文)。在当前试运营的英格兰—苏格兰的线路上,从中部地区到位于 Newhouse❶ 的苏格兰配送中心的集装箱每天有两班,每周有 5 天运营时间。

5.4.4 配送模式

(1)初次配送

初次配送主要是指将入境货物运送到配送中心。这些货物是经英吉利海峡或者航空运输流入英国的,或者来自英国的内部各地。而对于英国零售商而言,多式联运的主要焦点是在国内英格兰—苏格兰的线路,周围的百货产品运输则要考虑通过港口来实现,港口和国内货物的流动是通过多式联运进行的。乐购的这种组合使定向匹配变得困难,也对不同的铁路运输车辆和集装箱类型提出了挑战,这些将在下一节操作部分讨论。从零售业的角度来看,港口流动性大的货物主要是服装、电子产品等非食品行业,从远东地区运送到英国的费力克斯托港和南安普顿等远洋运输港口。作为最大的零售商,乐购每年大约有 20 000 个集装箱从远东地区运送到这两个港口,相当于每周约 400 个集装箱。

销售缓慢的食品可能来自英国本土或欧洲大陆。与之前相比,有更多的商品从欧洲进口到英国,欧洲葡萄酒和食品在英国市场的比重增加。因为新鲜食品的时间依赖很强,因此尽可能直接在英国国内采购。但随着制冷技术的发展,那些新鲜食品可以来自欧洲大陆乃至全球。

就像文献综述中讨论的那样,随着配送中心和大型整合中心的引入,在最近一段时间,这种初次配送的模式已经发生了变化。这种演进提升了零售商延长控制产业链的可能性,以更有效地管理货运量。不是所有的零售商都有资源来这样做。例如,Sainsbury 管理着 90% 的入境产品、60% 的冷冻产品和 10% 的常温产品;而乐购主要关注初次配送,60% 的常温/百货产品和 70% 的新鲜产品通过它们的主要网络来进行流动。

在全国配送中心和(NDC)和区域配送中心(RDC)之间有可能增加运输通道。这取决于公司如何构建它的配送设备,并且这将受生产线的影响,因为在乡镇的周围往往会有更多的百货/常温配送中心为某些特定的区域进行服务,而冷冻等小货流可能只有一两个配送中心,必须将商品进行分类,送到区域配送中心或者直接送到地区商店。例如,塞恩斯伯里有许多复合的配送中心(冷冻、常温和新鲜产品),而只有两个配送中心为慢销的食品、健康产品、化妆品和危险品服务,两个为冷冻食品服务,两个为服装服务,只有一个为非食品商品服务。

对 Sainsbury 来讲,内向物流由供应商管理。他们可能偶尔送货,但通常只是在某个地

---

❶ 2012 年 7 月 3 日更新。零售商正在计划将集装箱数量翻倍,每晚 4 个集装箱。

方有卡车需要回程货的时候。如果塞恩斯伯里只想要半卡车的货载,供应商可能更愿意把整个卡车货物送到大型整合中心,所以 Sainsbury 需要将一半卸下来,剩下另一半留着,直到需要的时候再用。进入场站的货物将塞满并存储在配送中心,然后经过选择以后送往商店。冷冻的水果到达配送中心后,会在当天送到商店。零售商通常只能少量地运输他们需要的商品。运输成本可能更高,但他们宁愿花更多的钱也不愿存储和管理额外不需要的产品,运输决策中库存管理策略(整个主题超出了本研究的范围)从而发挥更大作用。

像柯思科那样的批发商只保有约 3 200 个存储单元(SKU),所以与超市零售商非常不同,因此柯思科只进行简单的运营。他们有在海外的买家,对全球运营做决策(总部在美国,Costco 是世界上最大的零售企业之一)。美国方面为每个产品订大量的集装箱,英国也是如此。

与二次配送相比,初次配送的一个独特的方面主要是由航运公司完成的。与欧洲其他国家不同,英国承运人负责的比例较高(约 70%),也就是说,航运公司控制从港口到内陆目的地的配送。如果使用铁路运输,通常是在交货港口,集装箱就开始使用铁路货运服务,DB 辛克物流(DB Schenker)已经开始成功地在这个市场竞争。尽管如此,承运人对零售商的控制相对较小。例如在这个领域的一个大型公司——乐购,随着它管理主要运输网络的经验不断增加,可以进行港口价格的谈判以及自己进行内陆运输干线的管理。目前这种公路上的管理模式正在向铁路转移,正在计划将公路上的货运量转移到铁路上(主要是费力克斯托港/南安普顿到达文特里)。

(2)二次配送

二次配送是指从配送中心运输到商店。这种运输零售商很可能要在内部完成,或分包给更紧密的合作伙伴。乐购、塞恩斯伯里和合作社在二次配送中使用自有的卡车,但如果有需要,偶尔将会分包(表 5-3)。

每个受访零售商的分销结构　　　　　　表 5-3

公司	部门	主要的管理配送	二级管理配送	配送中心
乐购	零售商	局部~高	是	24
塞恩思伯里	零售商	局部~低	是,但有 50% 是第三方预定	22
联营集团	零售商	没有	是	16
柯思科	批发商	没有	是	1

二次配送是否适合铁路运输,在很大程度上取决于零售商的配送渠道策略,如哪些产品线在区域配送中心存储、哪些需要自全国配送中心的干线运输。当乐购通过铁路从 Daventry 向 Livingston 运输集装箱时,每一个集装箱都被指定给一个特定的商店,里面有 Daventry 运来的一些货箱。在利文斯顿,额外的货箱被添加到集装箱中,然后用卡车送到商店。这是在所有交叉转运的中转站完成的。空货箱则运回到达文特里。同样,Stobart 乐购的铁路到 Inverness 将集装箱作为特定的仓库,然后被 JG Russell 的公路分配,而不是作为从配送中心到配送中心的运输。

乐购的一个门店平均每天有 4~5 个完整的卡车从全国配送中心发货,20~30 小型卡车直接发货。作为批发商,柯思科对二次配送进行了简单操作。交付的商品多数是过了一夜后在第二天清晨(大约 5 点)到达仓库,这就会有足够的时间让商店在开业之前将商品放入仓库。货物都在托盘上,然后就可以将它们直接运到仓库。所有的商店交货是由公路完成,除了一个从达文特里到科特布里治是由铁路服务。

乐购在利文斯顿的 100ft^2 的大型配送中心于 2007 年开始运作,这个仓库是乐购唯一一个集鲜活商品、食品百货、冷冻、中转和回收为一体的仓库。每周大约有 450 万箱的商品从这里发往苏格兰、北英格兰和北爱尔兰的约 250 家店铺。这 450 万箱覆盖了食品、非食品(在英国配送中打包,然后装箱)鲜活商品以及冷冻品。大约 1/3 的北爱尔兰产品和一些运送起来的慢销商品都从这个仓库发出。虽然在北爱尔兰有一个可以存储新鲜商品的货仓(从供应商直接到配送中心),但是面积比较小。

利文斯顿配送中心约有 7 500 个存储百货的储存单元。线路的选择应该考虑达文特里和利文斯顿周围的情况,并对储存的商品进行监测。所有在苏格兰的鲜活商品都要穿过利文斯顿。利文斯顿配送中心平均一天要有 900 辆卡车进出,这是一个异常庞大的配送中心,但是我们发现这里的双层卡车并不是很多,因为苏格兰的商店并不希望用双层的卡车,因为它们没有足够的空间容纳更大的车辆,因此对双层车没有足够的需求。达文特里有许多都使用了双层车,所以它们卡车的需求量就非常少。

提前期是配送中心和商店之间运输计划的重要内容。根据被采访者们所说,理想的场景是在夜里打包,早上从配送中心出发,下午 3 点前到达仓库,但是因为白天列车要优先完成客运,所以这个状态总不能实现,这就意味着联运增长主要受限于晚上的作业,这需要商店在早上从配送中心进行订购,这样上午就可以完成拣货,在下午 4 点就可以到达货运中心,然后铁路 8 点离开货运中心,次日凌晨(4 点到 5 点)到达目的地,然后用卡车运送到商店。

(3)中心化和去中心化

文献综述表明,先进的零售商追求配送设施在地域覆盖的合理化来提高供应链的效率。但他们不能从头开始重新设计他们的投资组合,因为他们不会重新设计那些不合理的投资组合,所以,那些不合理的问题会一直存在,而正是那些问题,在很大程度上决定了配送中心所在的地点。同样,除了公认的中心化的模式外,其他模式也可能存在,例如以港口为中心的物流,以及使用欧洲大陆上的货运枢纽。

阿斯达和乐购在英国东北部的提兹港都建立了配送中心,主要专注于进口货物。采访显示,乐购目前并不通过这个港口进行运输,而是从南安普顿和菲利克斯托这条主线进行货物运输。这个结果表明,即使采用港口为中心的策略,集中化趋势也很难克服。在东北部地区,乐购的仓库比阿斯达少,所以,它可能认为,港口中心策略并不适合它们的门店配送。这一发现说明了港口区域化策略与内陆货运系统难以联系。

一些受访者质疑港口中心的物流模式的运营,认为回程和集装箱类型等问题可能很难克服。如果配送中心位于进口港口,就会有海上集装箱到达,然后卸载在配送中心,空箱发送回航运公司。对货物进行分拣,然后由配送中心装载在 45ft 的卡车上进行配送。问题是,来自港口的卡车只会带来海运集装箱,所以很难匹配这些流量,导致空卡车来配送中心装载。港口中心化概念的另一个缺点是,如果航运公司提高价格或转移到另一个港口,公司对固定在哪个港口基本没有选择权。

在英国,配送管理的另一个选择是利用欧洲大陆的货运枢纽来整合货运量,然后通过铁路或渡轮带到英国。在泽布吕赫乐购/斯托巴特，与2XL合作以巩固货物流量（例如，红牛）。法国葡萄酒则经常出现满载的情况，现在，乐购在泽布吕赫没有完全进口葡萄酒，而是将许多不同的货物装载到一个集装箱，直接运到英国的仓库，周期从原来的六周，减少到一周来降低它们持有的库存。然而，这种模式的吸引力有限是有原因的。一些受访者认为穿越英吉利海峡隧道的收费过高，部分运输过程很复杂，船舶也有限制条件，如时间、频率和货流不平衡等。

乐购也在中国探索整合中心使用的可能性。在离开中国前，它们可以把不同的商品装入集装箱中，而不是把每个产品都通过完整的集装箱带到英国，然后必须去全国配送中心（NDC）卸载。这样它就能够直接进入一个地区配送中心甚至是一个商店，从而把运送到配送中心的环节省去。这更有可能改变配送模式。如果进口商在从远东地区发送货物到英国之前都负责运输，英国配送中心的集中式模式可能会改变。然而，这些产品大多不是时间敏感性产品，在本章中不是海运产品的主体。

5.4.5 运营问题

（1）铁路运营

在英国运输网络上，装载限制是一个众所周知的问题，主要在北部的苏格兰和东海岸的主线（ECML）上，从英国的主要铁路货运通道运输到西海岸主线（WCML）。其原因是海运集装箱越来越多地产生问题，并且现在集装箱的体积变得越来越大（集装箱高度达到了9ft 6in，而不是原来的8ft 6in），虽然现在的运输网络的主要部分（费力克斯托港南安普顿到中部地区，然后西海岸主线的苏格兰）可以把这些集装箱运上标准铁路槽车上（W10装载界限），但是绝大部分只能在特殊低铁路槽车（W9或W8规格）上进行运输。这类专为国内运输设计的集装箱（如乐购，铁路集装箱设计是为了利用斯托巴特铁路），乐购通常都是使用8ft 6in的标准高度，因此避免了这个问题。

这些限制对于海运集装箱多式联运来说是一个相对专业的挑战，连接港口和内陆场站的很多线路还没有升级到W10规格。此外，到2023年，高货柜集装箱占市场的份额预计会达到65%~70%（Network Rail，2007；Woodburn，2008）。在某些线路上通过提高桥梁的高度来使高货柜集装箱顺利通过的成本太高，唯一的选择是使用低槽车。一个比较有代表性的观点是"解决车的方案会更加划算一些"。

然而，如果54ft的集装箱上仅仅装载了一个45ft的集装箱，而不是用港口流动的标准的60ft铁路槽车，会降低运输能力，也可以组合三个20ft的集装箱或者一个40ft加一个20ft的集装箱的话，购买和维护专业的铁路槽车通常更为昂贵。这使得低铁路槽车无法满足运营商的经济需求（Woodburn，2008；NetworkRail，2007）。同时，对运营商想要跑国内航线和港口也存在车辆不匹配的问题。

与公路相比，铁路运输在灵活性、服务频率、可靠性方面不足，以及信息可视性和知识的缺乏都被认为是争取市场的主要障碍。尽管灵活度和服务频率很难调整，行业对可靠性的看法正在改变。虽然某些报道对小型运输企业存在负面看法（RHA，2007），但这项研究中采访的所有铁路用户说，他们使用铁路是因为铁路可靠。特别是，在2010年和2011年那两年的冬天，由于一些道路因冰雪被封闭而必须使用铁路，这已经证明铁路比公路运输更可靠。

当托运人获得了使用铁路的经验之后,感觉就像是他们知道自己可以联系到货运代理或者铁路运营商,甚至可以把一个单一的集装箱放在铁路上。然而在实际的工作中想要实现这样的情况,需要第三方物流企业进一步做工作,比如向客户提供门到门的解决方案,旨在模拟公路承运人的响应能力。

有人认为,英国面临联运场站的不足,即使是许多较小的场站和仓库也应该有铁路相连(SRA,2004;Berkeley,2010)。服务的可得性也是一个问题;铁路管理办公室(ORR)正在调查由现任运营商控制场站的服务是否违反了竞争原则(ORR,2011)。根据采访的第三方物流企业表明,更多铁路连接的仓库的策略不太可取,因为主要的联运场站在短期内是充足的。

受访者声称,即使由大量的短途服务组成,资产利用率比保本距离更重要。某受访人谨慎地说"要了解管理会计",因为他们关注铁路运行的单独成本,但他们不关注运营方面的因素,如利用率和不同服务之间的交叉补贴。苏格兰铁路通常可能在白天运行,因为线路不拥挤,但是英国其他地区的大部分货列列车在晚上运行,因为白天有路径限制。这意味着这些货运列车经常一天都闲置着。铁路运营商采取的方法是,如果在一天中大部分时间可以保持铁路的运行,就会赚钱,所以如果铁路是闲置的,那么任何服务,无论多么短,都值得开展。这种边际成本的方法解释了埃尔德斯利和格兰杰默斯之间的短途运输。

不同运输模式转化产生的手续费一直妨碍多式联运。然而,在采访中发现,由托运人支付价格是一个有争议的话题。用户觉得他们只是获得了一个名义上的承诺,并没有证据能够证明场站运营商提供了这种服务。乐购已经能够通过讨价还价来使得运费降低,但是铁路运营商认为他们已经不能再进一步地放开价格,否则他们无法提供服务。此外,这引发一个更为广泛的话题,即真实成本的可见性问题。一位被采访者认为他们给出的报价是基于"略低于道路",而不是直接与铁路服务的实际成本挂钩。一些发货人说,他们希望整个铁路服务提供者的成本可见性提高,包括干线运输,这样他们就可以知道基础价格。这类似于通过工业产品出厂价格来控制主要的配送需求。这些都是零售商将运输服务的基础成本去除以后支付边际利润的策略。

很难获得回程货物是铁路经济学的另一个重要方面。如果来回双程都有货物,铁路运输就会有竞争力,因此回程货物往往是多式联运工作的关键。通过整合初次和二次配送,乐购可以将供应商送到达文特里全国配送中心的内向运输与送往地区配送中心的外向运输货物相匹配,把其专用铁路运力销售空间给供应商,通过一系列的合作,吸引铁路运营商、第三方物流企业和供应商。

我们需要更多的英格兰到苏格兰的回程需求,用以支持英格兰—苏格兰服务。目前只有鱼和肉被冷藏卡车从苏格兰运输回来。一位被采访者指出,很难得到来自苏格兰的常温回程货,而其他确认载货量存在的人说,"这只是使工作开展起来的方法",有时仅仅是说服从来没有使用过铁路服务的企业进行尝试。每天有许多公司和一些集装箱可以使用铁路,或者,在把货物向南通过铁路运输之前需要做拼箱服务。这些采访的研究结果表明,整合可能是一个关键问题,未来研究可能会更加关注如何促进进一步使用多式联运和无缝的、一体化的公路和铁路运输。

同铁路运营一样,我们同样不能够忽略公路运输对多式联运发展做出的贡献。道路在供应链内有其固有的特点。例如,一个零售商指出,"货物错开交付要容易管理"。例如,如果30个集装箱一起到达铁路上,它可能导致配送中心的交通拥堵。

(2)货车、集装箱和零售货箱

集装箱的关键问题是托盘和零售货箱的尺寸的问题。英国标准的卡车可运输26个英式托盘(或52个,如果托盘装载不足,它们可以堆叠两层)。一辆卡车的内部宽度是2.48m,这意味着英式托盘可以装2×1.2m宽,而一个ISO(国际标准)集装箱内部的宽度2.35m,因此阻碍了这个配置。考虑到集装箱利用率最大化,托运人是否使用英国或欧洲托盘是一个大问题。英式托盘(GKN或CHEP)尺寸是1 200mm×1 000mm,更适合于拖车的使用,而欧洲托盘尺寸是800mm×1 000mm。公路拖车需要26个英式托盘或33个欧洲托盘,而一个40ft的海上集装箱只需要22个英式托盘或25个欧洲托盘。

从远东进口货物通常是不用托盘装运的;海运集装箱的货物装载是松散的。在进口国家,将货物卸载,然后装载在托车内进行国内运输。对于欧洲内部的货运,这是不实际的,装有托盘的集装箱在欧洲海上航线较为广泛使用。这些集装箱比标准集装箱宽2.4in(即超过8ft 2in,而不是8ft宽),提供一个内部2.44m的宽度,类似于公路拖车。一个40ft集装箱能带走30个欧洲托盘,而不是25个标准宽度的托盘,或33个在公路拖车上的托盘。公路拖车采取同样的托盘装载(英国或欧洲),45ft长度是理所当然的首选。

在欧洲,45ft海上集装箱的托盘成为行业标准(Bouley等,2012)。但问题仍然存在,因为大部分远洋船舶的货仓无法接纳这类集装箱,而且欧盟指令96/53/EC禁止标准长45ft的集装箱被装上卡车(尽管已经修改了设计使得拐角可以在这个范围之内)。

下一个问题是零售货箱。零售货物通常放在货箱中运到商店,如果使用双层货箱卡车来运输,能获得更多的经济效益,这几乎是英国特有的问题(McKinnon,2010)。标准的卡车能装45个零售货箱,与45ft铁路集装箱一样,而双层卡车可以装72个货箱。一个零售商说,"因为我们运行双层公路拖车,铁路运营商很难在价格上与我们竞争。目前双层形式大约占乐购车队的20%,并可能最终上升到一半左右。"

在英国国内,联运集装箱被第三方物流企业——斯托巴特使用,WH Malcolm和Russell用45ft宽托盘来解决上面提到的问题。斯托巴特/乐购的集装箱是侧开箱式的,这在卡车运输当中很常见,但铁路上则很少使用。然而,在夜间,因为采用铁路往往需要停靠在铁路站,它们可能成为窃贼的目标。此外,类似可交换车体,侧开式箱不能进行堆叠,这样与符合ISO的海运货箱有所不同。此外,载重车辆可以根据配送的产品,将其划分为冷藏、冷冻和常温,但目前铁路集装箱不具备这样的功能,因此限制了它们的灵活性。所有这些运营问题都成为选择铁路运输服务的潜在障碍。

在没有限界要求的线路上,使用高箱(9ft6in)意味着使用特殊的铁路车厢,例如Megafrets和Lowliners,这些厢车的价格和维护费用非常昂贵。此外,这些铁路厢车一般都是54ft,可携带国内45ft的货箱,这意味着,每个这样的厢车就会有9ft的长度被浪费。目前将通过新型的、小于45ft的铁路厢车来解决这样的浪费问题。还有港口之间货物流动(一般60ft的铁路厢车被用来运送20ft和40ft的集装箱)与国内货物流动(主要是45ft箱)的冲突问题。

在初次和二次配送的讨论中指出,类似乐购的大型零售商会管理干线运输以匹配货物流量,增加服务的经济可行性。在 Anglo-Scottish 路线上,这种策略正面临着集装箱流向失衡的挑战。图 5-2 显示,大型远洋港口会运送空箱回远东地区,较小的港口,特别是在北方,则需要进口空箱来装出口货物。

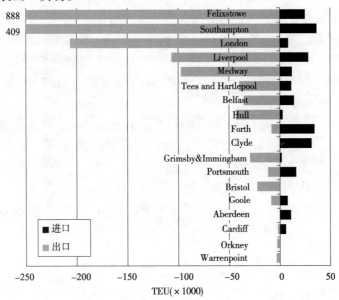

图 5-2　2010 年英国港口空箱的运输情况

向北进口至苏格兰的主要是 45ft 宽的托盘式拖车或可转换集装箱(现在的铁路集装箱),主要用于装载来自中部配送中心的零售货物和其他货物。苏格兰出口的大多数货物通过港口或铁路运输,使用的是 20ft 或 40ft 的海运集装箱。集装箱不匹配也会影响铁路厢车的配置,例如有时 45ft 集装箱被设计为 20ft 和 40ft 的组合,并用 60ft 铁路厢车运走。

访谈中发现,业界讨论了零售商(向北 45ft 箱)和威士忌生产商(向南 20ft/40ft 箱)之间的联合行动的可能性。如果两方都是使用相同类型的集装箱发运和转运货物,问题就可以解决,只要匹配货流所节约的费用大于转运成本即可。然而,供应商不希望他们的高价值货物经过任何不必要的装卸环节,零售商缺乏激励机制,不愿意接受苏格兰托运人分担重新定位成本而带来的任何不便。

5.4.6　一体化和协同化

(1)垂直一体化

在研究中观察到,在零售商乐购、物流供应商斯托巴特(Stobart)和铁路运营商 DRS 之间有最明显的纵向协同化。密切的工作关系能够使得所有的当事人开发所需求的知识,调整运营管理来尽力支持协同化。他们共同努力开发新的服务,讨论需求,解决运营问题。设计出一个特殊的集装箱,用铁路将它运输到零售商乐购。原来的蓝色集装箱被这个品牌"Tesco Less CO_2"代替,新一代的集装箱没有显示"乐购"这个品牌,这些集装箱是从其他托运人那获得的,将作为装载货物一部分。然而,目前尚不清楚竞争对手是否会使用这些被熟知的蓝箱子来保持他们的品牌标识度。

各级铁路之间纵向协同化或一体化操作(从场站运营、提供牵引、培训管理和公路运输等多方面)可以采用多种方式实现(这一点将在第 7 章中进行进一步的讨论)。场站可以由铁路运营商(例如集装箱货运列车或 DB 辛克物流)、第三方物流企业(例如 WH 马尔科姆)或其他公司(例如 ABPatHamsHall),甚至是分包的铁路专用线运营企业(例如在 DIRFT 斯托巴特操作乐购临时周转仓库)管理。同样,客户的铁路通常是由第三方物流企业管理而不是铁路运营商管理(例如通过 DRS、DBSchenker、JGRussell、WHMalcolm 和 Stobart 操作与牵引列车),但是其他列车是由铁路运营商管理的(如集装箱货运列车或 DBSchenker)。根据可能会(或不会)运行到铁路运营商场站的特定服务,不同程度的纵向协同和整合可以因此被识别出来。

第三方物流企业是否会运营另一个场站,在很大程度上取决于它们现有的业务结构。这需要与现有业务相匹配;例如,它们现有的运输和配送客户的位置。它们是否会直接进入铁路运营市场是一个更复杂的问题,这需要全新的专业知识,并且许多障碍使市场准入变得困难(Slack 和 Vogt,2007)。然而,有趣的是,这三个参与多式联运业务第三方物流企业要比以公路运输为主的拥有庞大全球网络的企业(如 Wincanton 和 Norbert Dentressangle)小。这些大公司倾向于关注运行配送中心和供应链物流,而不是多式联运。

(2)横向一体化

转向横向协同化,这无论是在集装箱(或使用对方的集装箱),还是在铁路上共享空间,都可能与零售商共享空间相关。前者目前尚未发生,但后者像之前所描述的那样已经被证明,大多数零售商使用常见的第三方物流企业提供的铁路。受访者承认,这是使一些路线服务可行的唯一有效方法。它也可以指第三方物流企业已经共享了它们的服务空间。有时是在特设的基础上,有时候是在定期的基础上,尤其是专门运输这些物流的集装箱货定期直达列车运输了大部分来自港口的集装箱。第三方物流企业还没有进入这个市场,所以它们会在铁路上购买空间(例如 Stobart 将箱子从蒂尔伯里运到 Widnes 中心)。第三方物流企业可以在其他方面合作;例如,它们从 Mossend 到因弗内斯运行乐购的铁路,并在詹罗素场站终止,从詹罗素用公路配送的集装箱来存储。同样,在 Barking,斯托巴特瓦伦西亚水果列车利用詹罗素场站来完成运输。

乐购是目前唯一能够填满一个完整铁路的零售商。规划一个新的服务时,他们必须决定他们是否要运行一个专用的服务,在这种情况下,零售商承诺支付整个铁路的费用。在这种情况下,他们必须负责组织满载,否则将面临亏损的风险。预订服务是低风险,因为他们可以使用任何托运人(Lammgard,2012),但是拥有一个专门的铁路是具有吸引力的,因为可以更好地控制时间和运营服务。这种情况使零售商计划中初次和二次配送将作为一个统一系统的组成部分。铁路只能在初次配送和二次配送共同合作的情况下才能有效工作(例如回程),但是这需要妥善的管理。

在理想的情形下,所有的零售商更愿意有他们自己的与铁路相接的仓库,而不是使用共享的场站来运输多用户共同使用的列车。这意味着他们将需要运行整列铁路,这将减少合作的机会,也许意味着他们不是那么热衷于共享空间。零售商玛莎在多宁顿城堡修建铁路接入的物流配送中心,但除非零售商可以提供足够量的定期服务(这是不可能实现的),服务这个场站将使资产利用对于铁路运营商来说更加困难。为了成功,运营商(或其他人)需要向这个场站提供更多的铁路货源,使铁路资产得到充分的利用。

英国主要的铁路枢纽在 Daventry,就在这个枢纽上可以选择使用由 Malcolm 工程师开发的普通用户场站系统,或者专用线路(前提是公司所选择的站点上具有这种专用线路)。还有一种可行性选择,但是想让铁路公司巨头提供服务,那就必须提供给它们相当的利润,有证据表明,铁路公司巨头不愿共享由第三方提供的列车服务。如上所示,除了乐购公司,所有零散的列车服务都是基于第三方平台提供的。

其他有趣的合作是在不寻常的环境下发生的。在 2010 年 11 月的冬天,严重的雪灾对英国成熟的铁路系统造成了严重的破坏;第三方物流企业需要运输货物,所以他们使用 DRS 的牵引车、弗莱特莱纳的车厢,以及 WH Malcolm 的交通控制系统来整合列车。区别就在于,当需要第三方物流企业能将所需运输空间共享出来时,事实上,他们没有通过合作运行常规的铁路。在未来,这种合作可能会被用来提高铁路运营的经济性。

5.4.7 政府角色

如前所述,铁路运输网络名义上是私人的,但实际上是国有的,拥有并经营着轨道基础设施,拥有联运场站或者是租赁给私人运营商来经营。私人铁路运营商相互竞争来提供服务。因此,英国政府在多式联运发展的作用是有限的。

铁路运输网络已经被认为是一种战略性的货运网络(SFN)(铁路运输网络,2008;DfT,2009)。投资是以"控制时间段"的形式进行的,并且英国政府承诺在"控制时间段4(2009—2014)"投资 2 亿英镑给 SFN。具体目标包括更长和拥有更多载重能力的列车,高效的运营特征,一星期运营 7 天全天 24h 的运输能力,所有的集装箱线路上有 W12 装载限界,欧洲(UICGB+)装载限界从高速 HS1 到了中间段,有利于提高货运能力、促进货运航线的电气化、铁路货运换装站和场站的发展以及对货运能力策略的保护。在苏格兰或从苏格兰到克鲁运输能力问题通常不是一个问题。从英格兰中部地区就存在着运输能力问题。

最近升级的南安普顿铁路采取高箱来运输货物已经取得了显著的成果,在伯明翰、曼彻斯特特拉福德公园和威克菲尔德,是通过铁路把 25 000 个集装箱运往内陆场站,而 DB 辛克物流的安全是通过 CMACGM 的处理来实现的(Hailey,2011)。同样,从费力克斯托港到纽尼顿的铁路网络路线最近升级到 W10,意味着 W10 铁路向北不再需要转移到伦敦。通过英吉利海峡隧道和到达巴金的路线,欧洲的轨距是不存在障碍的。

根据受访者关于铁路网络的描述,它比以前铁道基础设施所有者 Railtracker 有更好的运行能力,但在某些领域,需要更多的灵活性。例如,即使不使用它们,现任运营商也不愿放弃轨道,他们只需要保证每年有一辆列车在轨道上运行一次即可。在现实中,也建议一些轨道高于所示的装载规格,只需通过一些文档和试验来清除这些问题。另一个受访者抱怨不得不在周日给场站支付两倍的价格去运营,发货人很乐意周日增加业务量,尤其是零售商,因为事实上也允许在夜间把货物交付给仓库管理。

政府拨款(FFG 为基础设施和 MSRS 为运营补贴)被用来支持由公路运输方式转变到铁路的零售(和其他)货物。1974 年,在对英国 FFG 设施拨款的介绍中,铁路运营资助是与由英国 DfT 成立的于 1993 年 TAG 方案一起启动的,同时,2001 年苏格兰人一部分转移到苏格兰。TAG 是由 CNRS 从 2004 年到 2007 年进行的补充。这两个先是被 REPS 取代(2007—2010),然后是被 MSRS 所取代(2010 年以来)。

伍德伯恩(2007)报道了对先前20世纪90年代时的FFG系统的评估(NAO,1996;PAC,1996;Haywood,1999)以及从1997年到2005年的评估政府补贴事件。他对铁路运营商的补贴处于一般水平的欧洲大陆国家做了一个有趣的比较,结果表明英国市场的自由化将使这种方法变得无效并需要一个类似的系统流转FFG奖。他得出结论,FFG系统已经很大程度上取得成功,提供平均三分之二的设施所需的资金,这意味着在这些设施没有建成的情况下,成本的三分之一是由私人运营商支付的。他发现,绝大多数的这些政府补贴可以被认为是成功的,失败的项目主要归因于公司或供应链没有预见到的变化。

表5-4列出在英格兰和苏格兰为了资助联运场站的FFG基金。这并不包括其他铁路投资,如散货场站、铁路接入的仓库或铁路厢车。例如,在2006年Stobart收到了由苏格兰政府向乐购集装箱提供的补助资金200 000英镑以及在2008年对the Grangemouth到Inverness乐购的路线的补助资金525 000英镑。表5-4显示了许多本章讨论的联运场站通过FFG项目收到的基础设施融资基金。资金支持多式联运发展的其他方面,如乐购的补贴建设/斯托巴特铁路集装箱。更多的钱被花在苏格兰联运场站,而原本应用在英格兰和威尔士的许多拨款已经被用到其他地方来满足运营的要求,以及一些大型港口的联运项目。

表5-4 英格兰和苏格兰联运场站的FFG奖励(单位:英镑)

公司	场站	年份	英国交通部	苏格兰政府
Freightliner	特拉福德公园	1997	72 300	
JG Russell	Deanside	1997		3 045 000
TDG Nexus (site now owned by DB Schenker)	格兰杰默斯	1999		3 233 000
Potter Group	伊利	2000	373 046	
WH Malcolm	格兰杰默斯	2000		246 000
Potter Group	伊利	2001	101 000	
Freightliner	利兹	2002	196 656	
Potter Group	塞尔比	2002	1 579 051	
WH Malcolm	格兰杰默斯	2002		582 602
Roadway Container Logistics	曼彻斯特	2002	328 350	
ABP	海姆斯霍尔	2002	1 192 965	
PD Stirling	墨三德	2002		1 878 300
EWS (now DB Schenker)	墨三德	2003	654 000	
WH Malcolm	格兰杰默斯	2003		882 000
ARR Craib	亚伯丁	2004		144 546
WH Malcolm	格兰杰默斯	2004		137 678
WH Malcolm	埃尔德斯利	2005		1 647 000
WH Malcolm	埃尔德斯利	2006		572 000
JG Russell	科特布里治	2008		1 842 617
总计			5 076 670	14 282 141

来源:作者,整理的数据来源于英国交通部和苏格兰政府。

第5章 案例研究(英国):多式联运物流

受访者都是政府拨款的支持者,并且对他们减少(苏格兰)和/或去除(英格兰和威尔士)补贴持批判态度。话虽如此,一些担心也出现了,FFG系统本可以更好地被应用,这过程阻止了一些本可能成功的项目。但也必须承认货运业务的经济和操作现实使得巧妙地运用这样的资金非常难(比如使用计划系统来通过自上而下的过程设计一个战略性的场站,而不是依靠临时的资金占用应用项目)。当被问及其他的政府激励模式时,受访者认为,强制使用铁路是不可行的,英国运输部从今以后可以允许超重的卡车来往于配送中心和联运场站看起来似乎更可行。

表5-5列出了MSRS的运营者在2010/2011年所提供补贴的接受者,表中显示,在本章中谈论的关键成员,为他们的多式联运服务收到了重大运营资金。除非提高铁路的竞争力,才可能会有补贴。然而,必须认识到,货运业务的经济和运营现实很难使用这样的融资策略(如:借助一个自上而下的正在进行的过程,通过使用计划系统用以指定策略场站,如果它们被放弃,那么一些在本章讨论的服务可能会停止运作)。MSRS是一个持续的补贴,而仅仅是服务在三年之内变得可行的情况下,才有可能获得以水运为基础的同等补贴(WFG-水运货物拨款),因而即使有了资金流但缺乏成功的事例是不可行的。FFGs需要绑定到一个特定的流程,因此一些上面提到的拨款可能不支持多式联运的交通,但对未来交通流是有用的。当出现如机车、货车的交货期、购买或租赁等问题时很难成为有用的策略。

2010—2011年通过MSRS联运的运营补贴受助人(单位:英镑) 表5-5

公司	苏格兰交通部	英国交通部	总计
DB Schenker	33 994	192 749	226 743
Direct Rail Services	310 676	678 817	989 493
Eddie Stobart	308 113	328 209	636 322
Freightliner	27 977	56 190	84 167
JG Russell	136 157	752 158	888 315
总计	816 917	2 008 123	2 825 040

来源:作者编辑的数据来源于政府。

在这个分析中另一个尚未被涉及的问题是在轨道和场站之间的偏差路径。在英格兰和威尔士铁路网络已经确定了一个关注点在投资核心和转移注意力路线的"策略性货运网络"。在苏格兰,苏格兰交通尚未创建这样一个官方路线,但它的提出是为了控制阶段5(2014—2019)(铁路网络,2011)。基础设施网络有一个策略计划(这是由NetworkRail管理),而不是场站(如这些民营的)。这些是通过临时资金应用程序开发的,没有策略重点。此外,运营人员必须识别道路流量,建立一个转换服务,然后来申请资金,开发场站设施,届时,货流量可能会蒸发。

从策略上来看,这个问题可能更加合适。一个选择可能是合并FFG基金到铁路网路策略项目,因此就像一些作者建议的那样,考虑场站作为基础设施(Woxenius和Bärthel,2008)。一些战略性货运网络的预算可以用于场站升级。可以要求场站运营商根据他们之前的流量和业务、目前使用情况,以及即将到来的业务等去应用铁路网路策略。这可以通过一个例如 Tiger 补助金组织一样的公共机构来获得支持(见第 6 章对美国资金的讨论),甚至和一些升级到缓冲区的相关网络结合并绑定在一起,例如,在苏格兰,对 RTPs 这样的地区主体来讲,这将是一个合适的角色,但目前未充分利用。在美国纵向一体化链接路线、场站和运营商,这是比较容易实现的,但即使系统不能被复制,基于受邀应用的策略系统可能比目前的临时系统表现得更加出色。

上面提到的关于当前授权体系的问题,承认了使多式联运交通与道路形成经济竞争力的做法将试图被接受,但不会消除这个问题的存在。否则,正如上面所讨论的资产利用率等,它更多的是一种通过巩固大型交通站点来实现规模经济的结构性问题,在可能的情况下,解决最后一英里和其他操作问题。大的发货人受到政府的激励在这些站点去定位,否则需要永久持续的运营补贴。同样,当涉及基础设施补贴与运营补贴的讨论时,欧洲案例研究和访谈揭示了这个问题的困难。大多数捐款投向了基础设施和场站的发展,然而由于运输服务的经济状况,它们无法与道路竞争,因此难以获得交通流。

5.5 案例研究与分析

表 5-6 根据与每个因素相对应的数据设定了主题矩阵。后面的表格则对这些发现进行了讨论。

应用主题矩阵　　　　　　　　　　　　　　　　　　表 5-6

因素	序号	指标	数据
市场的空间配送	1	初次配送	每个零售商的详细情况见表 5-3。在大多数情况下,初次配送由供应商管理,虽然这涉及与零售商的交货时间、货物尺寸的测量等合作。在大多数情况下不会考虑出厂价是否具有吸引力,乐购最可能是能够去实算出厂价的唯一足够大的零售商
	2	二次配送	每个零售商的详细情况见表 5-3。所有三个零售商和批发商管理他们的二级配送并与文献中的讨论相结合,这样的做法被认为是支配性的典范
	3	配送中心	文献和访谈证实,零售商已将配送中心的位置和类型合理化,减少配送次数,运输的货物将更多地转向复合材料。这个过程还在继续。这些配送中心比之前的要大,并且设定了建立符合交通流的详细规划以及不同的产品类型和组合的目标。很少有铁路与之连接
	4	是否集中化	集中化仍然处于支配典范的地位,在采访或观察到的实践中,小利益将表现出分散这个系统的作用。一些使用港口中心物流和大陆枢纽的客户透露,但后者仅供一些利基产品如酒,而前者则在本章中讨论运营的限制。在提兹港 Asda 的 PCL 操作可能会成功,但是没有对他们采访,将很难进一步讨论。乐购的类似操作看起来可能会成功,因为它不适合他们的存储配置文件,由于他们涉及的航运公司不再通过提兹港进口集装箱。配送中心对北方的权力下放,已经收到了限制,表现为苏格兰每个零售商都有一个主要的可直接通过的货运流量。到苏格兰的货运流是由中部配送中心和来自苏格兰配送中心的一些 SKU 的股票组成,但是完全独立于苏格兰的配送中心将是不可行的
	5	产品和线路特征	国内主要的通道 Anglo-Scottish 路线,这条线路上使用 45ft 的托盘式集装箱运输向北的国内环境产品,用从供应商处得到的和其他合并到一起的各种货物进行回填。港口流是通过使用 20/40ft 深海容集装箱进行托盘装运或散装运输

续上表

因素	序号	指标	数据
市场的空间配送	6	多式联运	只有一个大型零售商(乐购)充分利用了多式联运,部分原因是它进行了整列车运输,也因为一个决定利用它的决定,虽然还不清楚追求这个目的到什么程度,这是一个公司或在部分员工举行的工会上个人决定的。所有其他用户只是草率地对待,虽然批发商柯思科有合理且具有意义的固定货流。然而,总的来说,运输次于物流,因而整个运输基于道路运输。在采访中,第三方物流企业似乎相信多式联运将变得更正式且容易让人理解(除了其他因素像燃料价格),但是当零售商说,他们对多式联运的态度始终是积极的,有行为显示它存在较小的利益和运营问题(下面进行讨论),这表明,它仍将处于从初期到中期发展阶段
	7	物流	物流决策优于运输。配送中心的设计是为了支持物流与供应链的需求,这是根据道路访问铁路设计的,并且运输必须符合产品管理。很少有物流是与运输进行互相协调运作的。甚至对于乐购,领导人在使用联运时,在利文斯顿建立了苏格兰配送中心,它与一条铁路线路很临近,但却没有建立与铁路线路连接的设施
	8	其他	—
	9	基础设施	铁路基础设施是政府所有的(铁路网络间接拥有)。定期投资已经发生(如策略性货运网络)。升级需要增加列车长度以及通过循环和双跟踪来提高能力。在一些路线仍存在高货柜的问题,但主要路线越来越接近W10线路,在苏格兰和英格兰北部,运输能力通常是合理的(尽管在苏格兰北部的铁路线路上高货柜问题仍然存在)。在英格兰南部的白天,承受能力的问题会限制货运列车的路径。政府正在进行投资建设,但白天线路承受能力的问题仍没有解决
	10	操作	在采访过程中就回程问题进行讨论,得出的结果就是其将变得越来越困难(基本路线可行)和需要通过高补贴服务资产利用率(很难去解决英格兰的白天线路是不可获得的问题)。设置一个新的服务是高成本的,以及需要重要的交货时间。铁路在用户间的形象得到了改善,在这项研究中的所有托运人表示,他们对铁路的可靠性很满意。然而,本质上,铁路限制了它的灵活性
	11	操作	见表5-1和表5-2。尽管其他联运服务存在于英格兰,但Anglo-Scottish路线上所有的服务中只有一个服务是一个由铁路运营商提供给使用线路的零售商的。在港口的货流(集装箱货运列车)和国内的货流(DRS)之间存在着分离问题。英国的承运人运输比欧洲大陆的更要常见,这个现象的原因可以解释为缺乏连接键
	12	设备	在访谈和已定文档的分析中指出,更快地发展多式联运受到众多设备问题的约束。北行的零售商通过使用45ft集装箱运输,这与南行的威士忌使用20/40ft深海集装箱运输是不对称的。欧洲45ft宽式托盘集装箱可以帮助解决这个问题,但是没有发现证据可以证明这个问题上的运输是存在的。在第9点上,清除高货柜存在的问题已经受到了高度重视。清除这个问题缺乏需要的低底盘的铁路厢车,而这样的厢车通常是54ft,从而造成了空间的浪费,这些厢车与用于港口货流的60ft厢车不匹配,需要进一步嵌入港口和国内货流之间的脱节问题。货车和集装箱管理起着至关重要的作用,Anglo-Scottish通道上不平衡的集装箱将增加采购回程的难度,这与经济可行性有着至关重要的作用

续上表

因素	序号	指标	数据
市场的空间配送	13	价格	采访显示,运费由托运人支付是一个有争议的话题。用户觉得他们给托运人支付了票面上的价格,事实上没有证据证明场站运营商与他们提供的这项服务的成本有关系。乐购已经能够讨价还价使得这个运费下降,但铁路运营商觉得他们不能去进一步调价,否则他们将不能提供这个服务。一个零售商指出他们给出的报价是基于"略比道路运费便宜",而不是基于自身铁路服务的实际成本。发货人说对于整个铁路服务的提供者所提供的服务,他们会喜欢更大的可视性的成本,包括提供的卡车运输,以便他们知道运费是基于什么来定价的。已发布的收费表会简化这个过程,但由于他们将受这个做法的影响,所以这对运营商没有吸引力,这类似于当零售商迫使他们进入 FGP 合同时,供应商原本通过运输成本获得补贴他们利润的能力也失去了
	14	其他	—
一体化和协作	15	水平	零售商之间很少出现横向一体化,也无欲望去改变这个局面,这可能成为更多地使用联运交通的一个重要的障碍。第三方物流企业有时会互相合作。铁路运营商只是偶尔这样做,但只是为了解决运营问题,但这个做法不是经常性的行为
	16	垂直	纵向一体化比水平一体化更常见,因为它在现代复杂的物流和交通环境中是有必要的。特别是使用联运而非公路运输,更多的纵向一体化是必不可少的。因此,乐购/Stobart/DRS 之间是合作最多的,因为它们是主要的联运结构。但他们只是合作,而不是真正的一体化
	17	合并	与第三方物流企业合并的欲望较小,这与它们之间缺乏横向协同化有关。第三方物流企业比零售商更警惕这个需求,这可能与较高影响力的第三方物流企业之间的横向协同化有关系。一般来说,第三方物流企业更专注于解决运营问题,而零售商则更关心管理自己的业务,而不是改变它,以适应更大的协作而获得的利益,比如多式联运中就需要这样的协作
	18	变化的证据	采访中没有证据表明当前缺乏横向一体化,而这个局面需要进行改变。然而增加纵向合作是可能的,因为其他零售商看到这是唯一使多式联运有效的工作方式。但实际上,一体化或扩张超出了一个组织的核心业务,这样的说法是没有证据的。例如,没有一个第三方物流企业对成为铁路运营商感兴趣,虽然它们中的一些需要在自己的场站上去管理列车。未来发生的任何改变似乎与纯粹的深入的现有的纵向协作是有关系的
	19	其他	—
政府在多式联运的角色	20	政策	一些想法,比如对二氧化碳征税,政府立法强制 $x\%$ 使用铁路或 $x\%$ 的最大空车运行,受访者对这个政策进行了讨论,认为它是不现实的。它被认为在未来的 DfT 中是更可行的,因为未来的 DfT 允许超重卡车在配送中心和联运场站之间运行,这将作为一种刺激联运交通的方式。然而,通常政府的角色被认为是对基础设施的升级操作,而不是直接介入到运营当中
	21	计划	英国规划体系对发展新的或扩大当前的联运场站起着重要的作用。这不是一个采访的主要方面,所以它只有表面的讨论。文中一些受访者在第三方或独立用户的场站存在的背景下进行讨论。DIRFT 场站目前常见的用户,尽管一些托运人坐落在那里,例如乐购,但它们有自己的铁路连接站。一些受访者表示他们所关心的是规划同意有更多的独立用户场站,这可能导致规模经济的分裂,使铁路的加入变得更加困难,但问题是,托运人更希望的是他们自己内部进行连接,而不是与铁路或场站去分享他们的资源。规划是专门为铁路网络服务的,这是通过铁路网络自己的"控制期"来完成的,每个人计划都是为了部分轨道的升级,但这些都得受国家的资助才能实现

第 5 章 案例研究(英国):多式联运物流

续上表

因素	序号	指标	数据
政府在多式联运的角色	22	基金	数据显示,政府拨款(FFG 用到基础设施和 MSRS 用到运营补贴)已经成为支持零售商的货流从公路转向铁路(和其他)的工具。英国的许多联运场站在同一时间或另一个时间受益于 FFG 资金,在本章中大多数参与者得到政府的持续运营补贴和用拨款资金支持联运的其他方面发展,如补贴用来建设乐购/斯托巴特的铁路集装箱。受访者都支持政府拨款和对减少补贴或者取消补贴持有批判性的态度,虽然对 FFG 系统可以使用更多的策略表示担心,因为这个过程阻止了一些可能成功的项目。但是通常政府的角色被认为是对基础设施的升级操作,而不是直接介入到运营当中
	23	其他	总的来说,政府的作用是有限的,但它通过基础设施升级和持续的运营补贴的方式,达到了重要的干预效果。然而,这是一种对基础设施策略性的投资和临时建立起来的 FFG/MSRS 资金。同样,私人运营部门和政府规划部门之间的关系有了突破

尽管大部分来自英国的案例的发现证实了在文献中所讨论的之前的研究,一些新的发现可以较为普遍地和英国以及有着类似的市场和地理特征的其他地区相比较,如欧洲大陆。

通过这一章对零售行业空间发展的分析,文献中配送中心的集中化现象被识别并且被证实。我们发现了一些潜在的权力下放的驱动因素,如港口中心物流和陆路中心。这些可能将被归类为区域化策略,通过嵌入到他们的配送链条来试图控制与腹地的链接,但是这一章的分析表明他们只有有限的潜力去应对。

这个研究发现集中化是多式联运物流成功的一个重要组成部分,因为它促进了在国家配送中心和配送中心之间的干线的运输量;然而,在目前的研究中,不同案例曾被研究过。例如,从 NDC 到苏格兰配送中心发送一个半满的集装箱,在干线场站需要更多的箱子加入,然后进行仓储,这与从中部 NDC 到苏格兰铁路场站发送一个完整的集装箱,然后直接仓储(例如乐购)是不同的(如合作)。

铁路部门分析显示,多式联运市场正在扩大,尽管在三个第三方物流企业之间可以观察到良性的竞争,所有的第三方物流企业都有牵引服务,但仍然只有一个运营商单独提供牵引服务,从而表明它不是一个容易进入的简单市场。虽然 Asda 与铁路服务及其以港口为中心的进口中心共同努力,但只有一个零售商(乐购)具有显著的货运量,部分原因是他们的较大仓储集中在东北部。采访显示,目前乐购并不通过提兹港进行实际运输,这意味着港口中心策略、集中化趋势很难克服。因此港口区域化与内陆运费系统很难连接。

尽管这与港口流量有关,但从英国到苏格兰的路线仍是关键路线,例如乐购寻求自己的主要网络线路来替代承运人运输。在英格兰和苏格兰的通道末端,联运场站的这些流量将伴随着当前所提供的服务被确定。分析还显示,政府资金已经对许多英国联运场站货物装卸设施进行基本升级发挥了重要作用;此外,还有 280 万英镑的年度运营补贴用来支撑在本章中讨论过的服务。

从运营的角度来看,案例研究表明,铁路运营商的关键是资产利用率,因为昂贵的铁路资产在客运列车运行的时间内是被迫闲置的。同样,其他已知的操作问题也起着至关重要的作用,如对铁路厢车和集装箱的管理,在这种情况下可以观察到如何在 Anglo-Scottish 通道上解决集装箱的不平衡问题,可以通过增加采购回程难度,这对服务的经济可行性同样是至关重要的。这种不平衡流动和装备的缺失促进了国内港口之间的协作。这些流动通常由零

多式联运与物流发展的制度挑战

售商组织不同部分来进行管理(如百货店关注国内港口流动和港口的一般商品流),但多式联运效率要求将它们放在一起考虑,这对形成港口区域化是必要的。

成功的多式联运需要完整的列车来实现;横向协同化可以帮助实现这一目标,但第三方物流企业之间的这种协作是发生在某种程度上的,它不是发生在零售商之间。案例分析表明,零售商喜欢专用线而不是常见的普通用户场站,这种偏好分裂的规模经济,将造成较多使用多式联运的障碍。因此,政府规划者应该考虑是否优先在铁路计划系统中使用普通铁路站台,而不是更多地使用私人的专用线路。

纵向一体化比横向一体化更常见,正如期望这样的情况发生一样。文献中暗示增加协作并不是将问题复杂化,因此这种情况下的特殊性为更加详细地了解这个过程提供了一个机会。在没有证据的情况下改变当前缺乏横向协同化的局面是可以实现的,已经证实了文献中论述的这一点。增加纵向协同化将变成可能,因为其他零售商看到,这是唯一使多式联运工作的方法。但实际上没有证据能表明一体化或扩张超出了一个组织的核心业务。

在本章中,研究第三方物流企业以及零售商的作用所用到的研究方法,将继续去证明价值更广泛的研究方法能够支持多式联运服务的发展。在采访中,第三方物流企业提出了为了将拼箱转化为整车 FCL 而采取合并中心这一方法的重要性,如果它们位于联运中心,就会享有所提供的联运服务,特别是在 Anglo-Scottish 的向南流量为向北零售流提供载货返程服务的时候。

类似货物装卸设备也可以用于零售商集装箱掏箱作业,以及拼箱运往地区商店。因此,政府计划应考虑建立集拼中心来支持多式联运的发展。

这种情况下的结果表明,组织中的各个决策者的作用可能是未来研究的一个主题。在采访中,还不清楚企业在何种程度上使用铁路运输服务的兴趣来自于运输方式的转换,或有目的地管理政策的转变,又或者仅仅是某公司的个人来决定。因此,很难通过政策来推动,因为第三方物流企业之间的会议或铁路人员和潜在客户的讨论重要的是建立在个人关系上。

几个未来铁路发展的驱动因素是已知的,包括燃料价格上涨、碳减排目标和减少道路拥堵,特别是道路条件很差的地方。而由于经济衰退,绿色议程的重要性可能会下降,根据受访者表明,绿色议程仍然是一个关键驱动因素。燃料价格仍将是一个问题,由于燃料成本的变化,一些运营商已经每周都更新他们的成本合同。拥堵不再是当下很紧迫的问题,但仍是一个需要持续关注的问题,企业社会责任问题越来越重要,至少对公司的报告和宣传资料是有影响的(Jones 等人,2005)。

在这一章中确定了很多运营问题,可以在其他行业中观察到这些问题,所以这些发现可以应用在其他市场中。观察到的许多问题没有明显的解决方案,如短距离、分散货流、回程揽货、不愿分享列车、集装箱流向不平衡和白天线路的缺乏限制运输提前期和资产利用率。此外,持续的政府补贴可能在任何时候被取消。可以得出的结论是,即使是最成功的多式联运的用户,在文献中发现的长期存在的问题也只有小小的进步。除非本章提到的问题得以解决,多式联运规模不太可能增长,港口区域化蕴含着对港口的控制力,这意味着联运通道还不能受港口控制。

从这章中学习到的经验可以应用在这一章研究过程中所采用的方法的其他上下文上,

这对于包括零售商、第三方物流企业和铁路运营商联合起来创造出成功的零售联运物流是有用的。英国提供的铁路服务是具有竞争力的,但作为一个提供者,在与零售商和第三方物流企业建立更好的合作关系上已变得更有经验,而它现在占主导地位,其他供应商要想进入这个市场将是困难的。只有一个大型零售商直接参与联运物流,而其他人则只有通过使用第三方物流企业才能参与进来。因此,英国的第三方物流企业是零售联运物流的主要参与者,它与三个供应商之间进行竞争,这些都已成功地吸引和聚集了一些小的货流。

上面的发现表明,随着铁路中心和多用户铁路场站的合并,货流聚集会起到一定的作用,如第三方物流企业应考虑由政府规划者采取行动来支持多式联运。政府政策所采取的方式、规划和资金促进专用线用来支持零售商的运营,因其不愿意与第三方物流企业充分合并,需要合并中心和常见的用户场站的优先顺序来支持货流聚集,这样使得轨道交通的财务可行性得到了支撑。未来的研究应该解决这个问题,这些发现还可以解释为其他市场和地理环境以及政府用通告的方法来支持多式联运。

案例证明了文献中提到的政府拨款可以作为支持由公路向铁路转型的工具,虽然这样的做法存在一些问题,但 FFG 系统仍然可以使用更多的策略。然而,通常政府的作用被认为是对基础设施进行升级操作而不是直接干预运营。从这个案例中发现,一些受访者担心的是规划中同意更多的独立用户站点可能对规模经济造成分解的后果,同样使铁路更加困难地加入进来,这个规划需要进一步考虑。但问题是,发货人更喜欢他们自己的运输服务,而不是与铁路或场站来分享自己的服务。

5.6 结论

在讨论港口区域化相关性之前,可以从特定案例分析中总结得出一些结论。调查结果显示,英国只有一个零售商能够承担整列运输,也只有一个铁路运营商可以提供几乎所有的服务。英国存在运营问题,这已经得到了证实,例如资产利用率、白天没有足够的线路去运行货运列车、铁路车厢和集装箱的管理所发挥的重要作用等。Anglo-Scottish 路线上存在严重的设备失衡问题,政府继续资助来巩固联运服务,但这个问题仍然悬而未决。在乐购、斯托巴特和 DRS 之间,既不是纵向一体化也不是横向一体化,但它们之间显然存在某些纵向协作。专用线仍然优于常见的普通用户场站,但其存在阻碍规模经济、限制更多更好的多式联运服务的使用等问题。集中化趋势强劲,其他趋势如港口中心物流面临来自于集中化内陆系统的挑战系统。最后,通过政府政策推动多式联运存在困难,但自然增长可能来自于燃料价格上涨、碳减排目标和更多公路拥堵问题。

考虑到物流一体化和内陆货运循环对港口区域化的影响,本章指出运营中的约束条件和市场空间的发展限制多式联运的发展,因此是内陆场站和铁路到港口运输通道成功运营的挑战。特别是,这些线路的经济可行性受到运营中存在的限制和行业惯性的威胁。即使有持续的政府补贴,仍难与现任道路货运车辆相抗衡。几乎没有证据表明主要的内陆市场参与者对与港口合作感兴趣。至少对于大货主而言,海运和内陆运输仍然保持相当的独立性。

案例研究表明,市场参与者对物流一体化的更多关注(Notteboom 和 Rodrigue,2005:p.

多式联运与物流发展的制度挑战

301)与港口区域化概念所建议的有所不同。在某些方面,大型零售商正在寻求更大的配送控制权,但事实是英国只有一个足够大的零售商以工业出厂价格来计价。此外,所有零售商与第三方物流企业达成合作伙伴关系,但在某种程度上,他们不采用一体化的方式,而第三方物流企业需要与公路运输实行一体化。再次,第三方物流企业和铁路运营商紧密合作,但却不进行一体化整合。所以一系列复杂的关系仍然存在于行业中,这表明内陆货运市场的主要参与者不进行合作,甚至与航运公司合作的程度也是为了海上货流进行的。

案例表明,无论横向一体化还是纵向一体化,都没有出现。人们不愿整合,甚至合作本身变成了一体化实现的障碍,然而一体化对多式联运更好更大地运用是必要的。如果这些都没有发生,那么通过联运通道,港口揽货货流和控制腹地的能力将继续受到挑战。

基于物流的空间发展模式,而不是运输阻碍港口区域化进程。虽然可以从先前的文献研究而推断出来,具体情况表明市场参与者对于与物流或运输的参与者进行合作缺乏兴趣,这也给真正需要发生一体化的港口进行港口区域化提供了一个屏障。此外,不同铁路厢车之间的脱节和为港口和内陆货流提供的所需的集装箱,这给它们带来了实现联运通道的经济可行性的挑战(这一个问题在其他国家以及英国都出现过),进一步阻碍港口主导通道的能力。由于操作问题的存在,港口区域化不能发生在两个系统仍保持分离时,并且为任何用户所确定的很小的激励去解决这个集体行为问题。另外,通道保持公用和竞争,但不提供机会给港口来控制腹地。公共部门有一些影响,却由于企业私有化和分散化而受到了限制。

通过提升对港口物流中心概念的理解,一些港口直接去干预港口物流中心,这可能确实是区域化策略的一部分。然而,事实证明因为配送中心在网络中的地位,在英国集中化难以克服。最重要的是,企业不会改变物流以满足运输要求,大多数配送中心仍然没有与铁路线相连。

而铁路仍然是一个边缘业务,行业依然支离破碎,而只要还没有整合,那么脆弱的政府补贴仍然是许多铁路货流的基础,联运通道就不能作为英国港口腹地揽货和控制货流的工具。这些发现可以用于欧洲大陆,类似问题同样存在。市场和业务的分析表明,即使他们想,目前港口也没有机会以一个竞争的方式去使用这些连接线,因为这个行业本身并没有解决自己的问题。因此对市场和运营的案例进行的详细研究已经阐明了一些问题,在进行阻止港口区域化的过程中表明它已经正在发生了。

第6章 案例研究(美国):多式联运通道

6.1 引言

本章探讨了美国联运通道的发展,并提供了一个详细研究集体行动问题的机会,可以让参与者共同解决加入的问题。"集体行动"是指一个平台,由于它在货运管理通道上的非正式网络中所起到的作用,所以在这个过程中许多参与者都受到了影响。然而,如合法性和机构之间的冲突以及制度设计的局限性的制度约束,都限制了他们直接行动的能力。本书的案例研究部分论证了联运通道的制度设计是怎样在政府的政策下,通过公私合伙关系的影响发生改变的。其中有一种协调就是在自上而下的规划方法和自下向上的市场导向方法之间认定的。

6.2 关于集体行动(集中化运输)和联运通道研究的文献回顾

6.2.1 基础设施、运营和制度

正如在第2章中所讨论的,通道可以被定义为一个货流和基础设施的积累(Rodrigue,2004)。在某种程度上通道的概念有些随意,可能会将其用于品牌或公共关系的目的。这是因为,在一段特定的基础设施外(例如两个地方之间的一条公路或铁路线路),通道通常代表一大片土地,多条线路可能伴随着许多分散、可以组织不同货流聚集的基础设施,以及不同参与者去执行不同的业务。Rodrigue(2004)区分了物理交通基础设施、连接点(例如:场站和配送中心)和沿着通道分布的货流。本节认为可以通过不同的方式来分析多式联运通道。

如联运场站(见第4章),经常通过在运营过程中使用的关键性能指标来分析联运通道,如成本、时间、排放量、容量等。Regmi 和 Hanaoka(2012)在两个连接东北和中亚的长距离通道上,采用了一个全面的分析方法。他们分析了基础设施的供给、能力和条件,并对沿着每个运输通道以及边境口岸的行政处理进行了成本和时间的评估。

Frémont 和 Franc(2010)和 Kim 和 Wee(2011)其他的研究包括在联运通道上模拟交通运输的时间和成本,如 Beresford(1999)、Janic(2007)、Kreutzberger(2008)、Frémont 和 Franc(2010)以及 Kim 和 Wee(2011)。像第4章中提到的许多研究一样,无论是联运场站的区位或者中心辐射型网络设计,更普遍的做法是建立联运成本模型来进行研究。

上述研究中已经确定了在道路运输时间和成本的竞争中存在着的挑战,由于多式联运的复杂性,会产生转运和不可避免的延误,集聚货流以达到最大化的能力利用率也将变得困

难。定期服务的高容量通道的优点使它可以克服这些困难。然而,为了实现这个目标,许多组织和制度上的困难都出现了。一些研究已经对通道的这些方面进行了调查,涉及了许多运输和物流运营商的运营行为,包括各种治理框架和政府资助、监管、政策和规划制度。Rodrigue(2004)结合当地和国际的水平,演示了货运通道如何展现货运分配的区域范围。因此,全球化的分销渠道依托于货运生产的物理分离,通过当地的货物通道将制造业和销售业与当地的生产和消费连接起来。

一条通道也可以被定义,并在以后可以从空间的角度进行分析。空间分析可以调查研究沿通道长度周边的基础设施供给量和土地使用密度,这引发了如就业和住宅建设面积的增长等的相关问题。它还包括那些与运输通道连接以用来进入和离开通道的线路,如运输、拥堵和噪声对周边地区的交通和物流节点以及枢纽的影响。因此空间分析会迅速上升到政治和体制层面。

联运通道作为一个规划概念,是非常有吸引力的,但是其作为一个国际的通道,跨越了不同的国家和地域,这种规划不一定符合各个国家本身的空间和区域规划,这引发了各级地方政府对于"带状发展"的担忧(Priemus 和 Zonneveld,2003);或者经济发展不平衡,在某些方面受益的同时在其他方面的利益也随之耗尽(Chapman 等人,2003)。有人担心,优先的货流空间会因此替代地方空间(Albrechts 和 Coppens,2003;Castells 在 1996 年描述到)。为了解决这些问题,首先政府应该采取治理措施,特别是多方面的治理是必不可少的(Romein 等人,2003),例如这种自下而上和自上而下的管理视角。集体行动问题带来的空间和制度上的复杂性,是由于通道的发展而显现出来的,并伴有自上而下的指挥控制方法和自下而上的市场引导视角之间产生的冲突(de Vries 和 Priemus,2003)。

Lehtinen 和 Bask(2012)显示不同的正确商业模式可以成功发展通道。同样地,在特定的组织制度结构和政府管理体制下,无论是对吸引投资、解决运营问题,还是对边境和谐治理而言,通道品牌化是通道成功的重要因素(Kunak,2013)。这样的制度举措已经在穿越非洲几个国家的长距离通道中进行尝试,其中一些是内陆,并且进入附近的港口能够提高运输通道的发展效率,这将引起人们对这个制度的很大兴趣(adzigbey 等人,2007)。

因此这表明联运通道枢纽和物流平台的空间发展在很大程度上是一个制度问题,联运通道在不同层次集成和不同安排的管理问题涉及了许多的参与者。这一发现适合在港口区域化进行讨论,集体行动作为监测的第三个被研究的关键因素出现,并形成这一章案例研究部分的主题。

6.2.2 集体行动

Panayides(2002)讨论了多式联运链条中不同的治理结构带来的成本和收益,展示了各种各样的多式联运的特点怎样导致各种各样的交易成本。这种方法延续了其他关于联合运输链的研究,利用制度经济学的理论(如 Coase,1937;Williamson,1975,1985;North,1990;Aoki,2007)分析了在多式联运通道中的合作行为。

Van der Horst 和 de Langen(2008 年)强调了为什么在协调过程中存在问题,有 5 个原因:成本和收益分配不均(免费搭便车问题),缺乏资源或投资意愿,战略上的考虑,缺乏主导企业,规避风险行为/短期焦点。已经出现各种各样的协调机制来管理这个过程,如纵向一体化、建立伙伴关系、集体行动和改变合同的激励措施(Van der Horst 和 de Langen,2008;Ducruet 和 VanderHorst,2009;Van der Horst 和 Van der Lugt,2011)。

De Langen 和 Chouly(2004)提出了腹地访问机制的概念(HAR),腹地地区的接入问题被定义为治理问题,因为个别公司面临一个集体行动的问题:"即使集体行动对在港口集群的所有公司都有利益,它却没有自发地出现"(p.362)。作者将腹地访问制度定义为"协同行动的设置,在港口集群中由相关的参与者执行,目的是为了改善腹地地区访问的质量(p.363)。确定了6种合作模式:"市场、企业等级制度(公司)、企业间联盟(合资企业)、协会、公私伙伴关系和公共组织(p.363)"。影响腹地访问机制质量的5个因素:为了集体行动而存在的基础设施、公共组织的作用、企业的意见声音、团体意识和领导公司的参与。腹地访问机制框架被 de Langen(2004)和 Visser(2005)用来分析港口集群的集体行动问题。

集体行动问题适合在新制度经济学范围内研究;然而5个腹地访问机制指标使得可以进行空间和规模影响的分析,从而采取更合理的方法。第3章回顾了关于这个框架的制度文献,这5个指标和制度厚度的4项指标有很多共同之处。制度厚度是制度设置的一种测量,而腹地地区访问机制指的是特定的项目。在第1章用理论框架的目的是将这两种方法联系在一起。

Groenewegen 和 de Jong(2008)应用新制度经济学模型(来源于 Williamson,1975,以及 Aoki,2007)来分析北欧国家的公路运输部门的制度变迁。从他们的分析中得出的结论是,这些模型都无法捕捉政治权力规则、社会以及参与者认知学习之间的复杂性,所以在参与者成为"制度企业家"这个过程中,作者建立了一个十步模型。参与者用基准检验自己的制度均衡来反对新的思想,然后通过"机会之窗",使用自己的权力工具或资源传播这一新的信仰体系,同时处理由原来主要参与者造成的反应性动作(pp.68-9)。虽然表面上是在制度经济学领域工作,在社会学制度主义中发现,早些时候他们的方法适合机构和合法性的讨论。Aoki(2007)也贡献了一个关于政治领袖是如何改变游戏规则的有趣想法。

6.2.3 发展因素的研究

这个研究中采用的研究因素是由于制度厚度组合的结果(在第3章关于制度的文献综述中有更详细的讨论)和腹地访问制度,修改包括 MacLeod 的深刻见解(1997;2001)和其他国家的地位作用、Groenewegen 和 Jong(2008)对行为博弈论和 VanderHorst 和 deLangen(2008)关于集体行动问题的定义。研究因素如下:

(1)集体行动问题的原因;
(2)制度设置1:角色、尺度和公共组织中存在的制度;
(3)制度设置2:集体行动需要一个定义良好的基础设施(或其他);
(4)这种组织和制度存在相互作用的形式(公共和私人);
(5)目标和共享议程的认同感;
(6)领导性企业的作用。

6.3 案例选取和研究方案设计[1]

本章的目的是为了解决集体行动问题而进行深入分析。本章基于中心地联运通道的案例研究,这个通道连接了弗吉尼亚港与俄亥俄州哥伦布,最终到达芝加哥。这是美国第一个涉及多个州的公私铁路通道项目。沿线的周边地区,如西维吉尼亚希望降低运输成本和通过升级现有支线双层堆垛集装箱容量,建立新的能够访问这条线路的联运场站,来提高竞争力。

为了这个案例研究的实地调研工作发生在2010年。主要采访对象是那些通道沿线的各机构和个人,无论是否直接参与规划和项目的发展或受益于它,或者使用或与通道有连接的其他通道。安排额外的采访者:联邦交通部的资深规划师,提供额外的对于计划进程的见解,像面试一样选择内陆场站和港口,如芝加哥、孟菲斯和长滩港。

这个案例研究作为单一的案例呈现出来。在研究因素的指导下,并且基于对文献回顾来进行数据收集。本章的分析是基于一个矩阵,它将框架的6个因素分解成27个子因素,清晰地展示了如何进行推理和得出结论。

6.4 案例研究展示

6.4.1 美国货运

表6-1列出了2009年美国前十大集装箱港口。洛杉矶/长滩港口的优势(统称为圣佩德罗湾港口)可以很明显看到。然而,仍然存在两个挑战。

2009年美国十大港口的集装箱吞吐量　　　　　　　表6-1

美国排名	世界排名	港口名称	贸易地区	集装箱总量
1	15	洛杉矶	西海岸	7 261 539
2	18	长滩	西海岸	5 067 597
3	20	纽约/新泽西	东海岸	4 561 831
4	41	萨凡纳	东海岸	2 356 512
5	51	奥克兰	西海岸	2 051 442
6	58	休斯敦	墨西哥湾岸区	1 797 198
7	59	诺福克	东海岸	1 745 228
8	63	西雅图	西海岸	1 584 596
9	65	塔科马	西海岸	1 545 855
10	74	查尔斯顿	东海岸	1 277 760

来源:作者,基于集装箱国际运输(2012)。

主导地位的西海岸的第一个挑战是巴拿马运河的扩张,目前的巴拿马限制容纳4 500~

---

[1] 本章大量参考了之前 Monios 和 Lambert(2013a)发表的一个案例研究。

第6章 案例研究(美国)：多式联运通道

5 000标箱(根据设计——详见Van Ham和Rijsenbrij,2012),直到2014年可以容纳13 000标准船只。这种扩张将意味着来自远东地区的大型船只为美国东部带来货物,可以通过运河和蒸汽轮船直接进入东海岸或海湾港口(草案允许的话)。在汉普顿港群的弗吉尼亚港可能成为这种发展的主要受益者。纽约/新泽西有所需要的草案,但目前受到气流限制的影响(尽管正在进行中的计划是为了发展"贝永桥")。在墨西哥湾和大西洋的其他港口也在努力获得必要的深度来适应这些更大的船只。另一方面,穿越运河的额外的时间到达东海岸可能对航运公司没有吸引力。例如,经洛杉矶到芝加哥/长滩需要14天的海上运输外加5天的铁路运输,相比从上海到达诺福克大约需要25天的海运,加了额外的两天到达芝加哥。

洛杉矶地区所扮演的角色是国家最大的制造业中心,它表明,许多代理人并不准备放弃规模经济运输,这种规模经济是可以通过将美国所有货物运输到这个区位来实现,然后将货物在这个地点上进行分离,以便使用铁路继续将其运输到内陆的目的地。巴拿马运河的另一个挑战来自其他班轮网络设计的影响。2013年3月,马士基开始服务于东亚海岸美国线路,通过苏伊士运河的有9000标准船只,而不是通过巴拿马的4500标准船只。这不仅避免了巴拿马运河的限制,通过使用更大的船只也因此节约了每个集装箱的成本,同样由于更大船只的到来,提供了一个服务于亚欧交易中多余吨位的出口(Porter,2013)。一些远东制造业逐渐开始西进运动(到印度、泰国等),这增加了苏伊士线路的吸引力。

第二个挑战在于加拿大鲁珀特王子港,它提供了一个为期一天的较短的西海岸航线,试图通过这个服务进入北美市场。这个港口的吞吐量为500 000TEU(可能将扩张为能够容纳200万的集装箱),另外还有足够的水深,来适应运输12 000TEU的集装箱船只(Fan等人,2009)。2009年,该港口处理了265 258个标箱(国际集装箱运输,2010)。

它们中的任何一个想要威胁到圣佩德罗湾港口的主导地位,并想获得更多的一小部分货物的份额是不太可能的。然而,正如下面即将讨论的,这些港口的腹地访问策略将对港口竞争有决定性的影响力。

地图6-1描述了美国的主要港口和内陆场站。在北美有三种类型的铁路:一级(国家)、二级(地区)和三级(短距离)。不包括客运铁路(美国铁路公司和加拿大铁路公司),目前在北美运行的有9条一级铁路(2008年年收入超过4.014亿美元)。在美国有7个铁路运营商:4个是较大规模的(西部的BNSF和UP,东部的CSX和NS)再加两个加拿大的(CN和CP)和较小规模的KCS。在墨西哥也有两个铁路运营商:Ferromex和Kansas City Southern de México(这归Kansas City Southern所有)。

2009年北美每个一级铁路的收入如图6-1所示。美国铁路西部(BNSF和UP)和东部(NS和CSX)收入之间的差异是巨大的,说明较远的距离和较少的接驳点能够带来收入方面的潜力。

美国和欧洲的铁路运营之间存在一些关键的差异,这种差异将依次被解决。

铁路在美国市场的占有率比在欧洲高,因为它能够产生规模效应,这将成为长途运输的固有模式。相对于东部运营商而言,最显著的差异在于,西部铁路运营商能够享受到更远的距离和更少的运输接驳点。在某些情况下,许多运行线路上拥有使用双层堆垛集装箱的能力,除了列车的长度超过10 000ft以外,其他长度都不能运输这样的集装箱,这意味着美国列车的能力可以达到650个标准箱(相对欧洲而言,能运输80~90标箱,在多数情况下,桥

· 101 ·

多式联运与物流发展的制度挑战

梁和隧道尺寸限制了使用双层堆垛集装箱的能力,而且列车长度也受轨道基础设施的限制)。因此一级铁路经营着盈利的业务,不需要进行政府的干预。

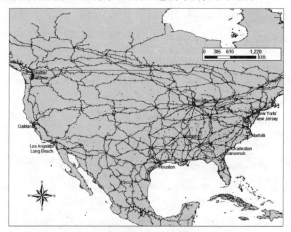

地图 6-1　美国主要港口和内陆场站的位置
来源:作者。

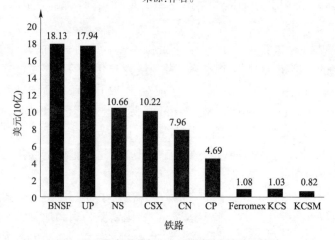

图 6-1　2009 年北美每个一级铁路的年度收入情况
来源:作者基于 AAR(2010)绘制。

美国铁路采取纵向一体化的措施,这意味着在大多数的场站上,每个公司都拥有自己的轨道和机车。尽管铁路轨道可能在某些情况下允许共同使用,但它们的运行完全独立于彼此。在欧洲,在争取常见的使用铁路的用户时,铁路运营公司进行互相竞争,结果维修养护铁路问题往往成为政府部门的责任。另一个折点在于美国东部和西部铁路网络完全独立于彼此。从西海岸到芝加哥的线路上,BNSF 和 UP 一直存在竞争,同样,在芝加哥和东海岸的线路上,NS 和 CSX 也存在相互竞争。CN 和 CP 这两个加拿大铁路运营商主要是在加拿大经营,虽然 CN 是从芝加哥运行到孟菲斯墨西哥湾。

上面提到的 6 个一级铁路都在芝加哥汇合。铁路网络的汇合地点意味着这个城市成为世界上最大联运场站所在的区位,这里每年能够处理几十万的吊装量。❶ 芝加哥地区有大约

---

❶ 关于芝加哥货物管理的详细案例分析,可参考 Cidell(2013)。

900mile 的轨道和 25 个联运场站，每天可容纳约 1 300 辆列车(McCrary,2010)。不管是通过铁路或公路运输，货运都需要穿过芝加哥，并在它的东部和西部沿海铁路场站之间运输。不需要再进行循环工作的完整列车将在到达终点时更换人员和电源，然后再离开，但携带多个目的地的集装箱，需要将列车分割并重新组合成新的列车，并可能需要横跨城市运送到另一铁路场站。该循环工作的过程可能需要长达 48h 来完成，因此通过道路运输或"橡胶轮胎转移"是来完成这个运输过程比较常见的方式。据 Rodrigue 的研究(2008；p. 243)，需要平均每 40km 一个铁路场站，来完成"4000km 的城际转移"。

由于地面道路越来越拥挤，导致在 2003 年推出 CREATE 项目(芝加哥地区的环境和运输效率计划)。芝加哥地区的环境和运输效率计划涉及联邦运输部、伊利诺伊州、芝加哥市、所有的一级铁路(KCS 除外)和特拉克和梅特拉的客运线路，它们之间有着公私合作伙伴关系。这个项目组的成立是为一些个别的工程项目寻求资金，包括："客运和货运铁路之间的 6 个立体交叉口是为了消除干扰和相关的延迟"；它包括公路铁路口岸的 25 个立体交叉口，通过它们来减少驾驶员的延迟，并消除潜在的交叉碰撞从而提高安全性；它包括额外的铁路连接、转接线路、增加了的轨道和为加快国内客运和货运列车运输的进步(法国，2012；未标注页码)。估计整个项目的成本为 15.340 亿美元，其中 2.32 亿美元是铁路的成本，可以从这个资金量的描述中看出[由铁路参与者同意和由 CDOT(芝加哥交通部)和 IDOT(伊利诺伊州运输部)之前执行的联合声明允许的]，他们希望从这个项目中获得收益(CREATE, 2005；p. 15)。剩余的资金将通过联邦、州和当地资源中取得。1 亿美元的资金是根据 2005 年的联邦安全法案由联邦专项拨款取得(见下文)，另一个 1 亿美元通过 2010 年老虎补助金计划取得(见下文)。

对海运集装箱的货流的分析必须保持对美国国内货运占主导地位的认知。以及数以百万的国际集装箱，而 89% 的货物是美国国内的(FHA,2010)。更加复杂的是，国内货物用的是 53ft 的集装箱(而不是 40ft 和 20ft 的海上集装箱)。因此当国外货物吞吐量达到或接近，在港口运输的集装箱从 40ft 集装箱转变到国内 53ft 集装箱的吞吐量时，就会产生运营和资金意识，这相对于每一吨的卡车和列车运输来说成本较低，因为使用了较少的集装箱。为了从许多腹地市场收集货流然后向境外发货，腹地市场没有充足的国际集装箱入境，这导致重新放置空集装箱的成本增加，而这种趋势会造成不利的结果。另一方面，由于美国是一个净进口国，在海运集装箱被运输了数千英里，而在这个运输过程中没有装载出口货物，这意味着回程过程中将运输空集装箱回到港口。大约 25% 的所有国际货物通过铁路转运进入这些国内集装箱(Rodrigue 和 Notteboom,2010)。在洛杉矶/长滩的周边地区，数百万平方英尺的仓库用于这些转运活动。

6.4.2 美国政府在货运中的作用

多式联运在 20 世纪 60 和 70 年代取得了进展，但在 20 世纪 80 年代初通过了许多法律并颁布实施，而这些法律是为了鼓励不同运输组织之间的合作发展。1980 年，斯塔格斯法放松了对铁路行业的某些方面的管制。每个列车乘务员的人数减少，从而降低每个列车总劳动成本。其次，斯塔格斯法去除了一些定价和行程安排的限制，这满足市场需求，也增加了铁路运营的灵活性。这些变化的目的是为了使铁路在长距离国内货运与公路运输相比更具

多式联运与物流发展的制度挑战

竞争力,因为在 20 世纪 70 年代,铁路在这方面的运输已经不如公路运输。在其他国家,这最终导致了一些合并,目前美国经营的铁路上有 9 条一级铁路(见上文)。1984 年,航运法允许海运承运人通过一个联运提单来提供内陆配送服务,并且在其他限制方面放宽限制。

多式联运的地面运输效率法案(ISTEA)(1991)宣布了对于一些高速公路和过境公路资金的联运方法,包括协同规划要求(Chatterjee 和 Lakshmanan,2008)。都市规划组织(MPOs)有追加的权利,在国家公路系统中指定享有优先获得通道的权利。在 1998 年,21 世纪运输权益法案(TEA-21)批准了联邦运输方案,本方案将持续到 2003 年。本法介绍了区域交通规划的若干规划目标,包括安全、经济竞争力、环境因素、综合生活质量。然而,尽管这些尝试培养了一个联运交通规划方法,关键的政府机构(如交通部门)和行业主体仍然是基于程序的(Holguin-Veras 等人,2008)。

影响今后的立法工作有两个关键问题,包括琼斯法案(1920),这就要求在美国两个港口间任何运营的船只必须要求是美国制造、自有、注册、船员配备齐全,以及港湾维护税清缴及时(HMT)。1986 年颁布的 HMT(Harbour Maintenance Tax)是一种联邦税,它是以托运人的港口装运货物的价值为征收基础的。这种税收的目的是为了维护和疏通水运,这是美国陆军工程兵团的责任。Perakis 和 Denisis(2008 年)讨论了 HMT 给美国短途海运的发展造成的障碍。由于在每个港口都施行税收政策,多式联运链中的水路将吸引这笔费用,而向公路或铁路转运就不会进行税收。此外,国家港口政策是不允许的,因为美国宪法就是为了限制联邦政府对港口的控制。

美国联邦货运政策正朝着更加完善的综合运输体系发展,然而,需要一定的资金去解决众多机构中遗留的问题,各机构不应有权利去管理跨管辖区的项目。形式上的机构责任在于安全性,而不是基础设施的投资,而在其他情况下,监管的作用是以不同机构相互协作为基础的。最后,水路基础设施是由美国军团工程师管理的,而不是联邦运输部。

联邦交通部将资金分配给各州的交通部,让他们自己去决定如何去花费,很少提出建议去激励各州将资金花费在对其他州有好处的项目上来。然而,目前出现了可以实现国家水平的跨境项目,应大力提倡这种项目,以至于对国家和区域都具有意义(见下文)。这些项目代表了未来发展方向上的一个值得关注的改变,特别是因为铁路有资格有这样的待遇,而不再仅仅是公路的项目。

安全、可靠、灵活、高效的交通运输公平法案:用户遗赠法案(SAFETEA-LU)(2005),利用国会指定项目的专项基金约 18 亿美元,将提供给对国家和区域有意义的指定项目使用者。这些资金由美国国会支配,通常会受到政治成分的影响,来分配给大型的基础设施项目,这一点受到了一些批评指责(Proost,2011 年)。这些计划项目将有助于提高经济效益,促进国际贸易,缓解拥堵,改善安全。具体的案例包括创新型项目(见上文)和中心走廊地带,这将是本章的主题。

通过"交通投资带动经济复苏计划(TIGER)",美国经济复苏和再投资法案(2009 年通过,也被称为经济刺激计划)向有关交通项目提供了 15 亿美元的资金用于建设。这些资金可用于所有的交通建设项目(不仅包括货运),这些资金会在竞争基础上进行分配,这项规定是 2009 年 9 月提出的,并于 2010 年 2 月正式宣布实施。TIGER 资助资金的应用通过私人资金与公共财政的相互配合来实现的。TIGER 计划的五大目标是经济竞争力、安全性、良好的运维状态、宜居性和环境可持续性。这是第一次通过这样的方法来分配和使用资金,第二轮的资金6亿美元于2010年9月进行了拨付。

该计划被证明是非常受欢迎的;交通部收到近1 500个申请,第一轮的资助资金总数约600亿美元,而第二轮收到近1 000个申请,资助金高达190亿美元。这一申请水平表明了对于这样的项目的需求量之大,但也表明了交通部需要筛选和评估如此之多的申请是相当困难的。由于这一轮的融资,可以发现对铁路项目的融资兴趣存在复苏趋势。作为唯一符合条件的申请者,它们是公共机构(如国家、港口、MPOS),一级铁路为了处理这个申请,与他们形成合作伙伴关系。来自于联邦铁路管理局的一个受访者说,收件人列表表明申请的评审人更喜欢采用综合方法来解决以通道为重点的交通问题的项目。

绝大多数的奖项都是用于公共交通项目、高速公路和其他基础设施的升级,但是对于货运的具体项目,如交通枢纽和港口的升级,也得到了资金支持。一些较大的货运项目包括资助9 800万美元给CSX国家的子港项目(见下文)、为芝加哥项目资助1亿美元(见上文)和资助1.05亿美元给Norfolk Southern Crescent运输通道(见下文)。加利福尼亚的一个海上公路项目也是其中的一个受益者。

能源独立和安全法案(2007)中"美国海上高速公路计划"这一规定,将国家的沿海和内陆水运合并到陆路运输系统中。因此,国会指示海事局(MarAd)创建一个海洋公路计划,来检测航道的利用情况,在这些航道上可能会提供一些并行线路的服务来缓解瓶颈拥堵问题。他们评估了该国的航道并申请应用,最终在2010年8月指定了18个海运通道,8个项目,并为进一步发展提出了6个方案。这8个项目有资格去竞标共700万美元的注资资金,用以开发项目。

这个案例研究对通道的基础设施愈加关注。这些项目包括若干地方、地区和国家,并不涉及私人和公共利益相关者,因此需要管理和创新资助计划的新方法。从实际的角度来看,这笔资金的作用是能够清楚地确定各方当事人之间的公共和私人利益的联盟联合起来。事实上,联邦政府可能永远都不会将足够的钱花在铁路行业的运营过程中,虽然此举动能够发挥重大影响,但政府并不想这样做。事实上,过去铁路公司一直不愿意接受政府的资金,因为担心它们的业务会受到外部影响,然而这样的建议是正确的。

6.4.3 中心地通道

美国东部的阿巴拉契亚地区是沿着阿巴拉契亚山脉形成的,从纽约西南部的州绵延至亚拉巴马州和密西西比州。它占地面积是英国的两倍大,但人口仅有英国1/3左右。阿巴拉契亚地区委员会(ARC)成立于1965年,这是为了去协调经济发展机遇,而这有点难以达到协调的效果,因此经济落后地区的经济发展机遇也很难达到协调的效果。

该项目始于1999年,阿巴拉契亚地区委员会委托NickJ. Rahall阿巴拉契亚运输研究所(RTI)在马歇尔大学着手商品流通研究(I期)和运输成本研究(II期)。结果表明,该地区托运人的障碍是由于主要的铁路和港口的交通路线太差导致的。低交通量和在采购回程中的困难都属于运营问题。从基础设施的角度来看,无数的隧道需要通过崎岖的地形,然而却没有建立适应双层堆垛集装箱通过的隧道是事实。这些问题都导致本地托运人贸易成本的增加(RTI,2000)。这项建议是对新的轨道和枢纽基础设施进行了详细的研究,例如区、州和国家政府以及铁路公司的成本和收益。

第二项研究随着2000—2001年督导组之间首脑会议的开展,最终委托这次会议进行研究,这次会议参会的有西弗吉尼亚州交通部、诺福克南方铁路、俄亥俄铁路发展局、弗吉尼亚铁路和公共交通部门、阿巴拉契亚地区委员会(ARC)和阿巴拉契亚运输研究所(RTI)(ARC,2010)。该研究的资助方是西弗吉尼亚州和俄亥俄州、阿巴拉契亚运输研究所(RTI)、美国诺福克南方和联邦公路管理局(FHA),其要点在于选择最佳路径、估计双层堆垛集装箱的清关及评估所有利益相关者的项目效益。最初,东部铁路(南诺弗克和CSX)被邀请参加会议,但在早期会议之后,CSX拒绝参加会议,因此只有诺福克南方路线考虑要参加。本研究中选取的路线(地图6-2),主要是用于由列车运送煤炭到弗吉尼亚港,而煤矿位于北美洲最大的煤炭出口场站。这条线路没有能力去接受双层堆垛集装箱列车,它受限于区域托运人的竞争力,因而不得不开展长距离运输来与联运场站连接。根据这项研究,每个集装箱运输将处以450~650美元的罚款。

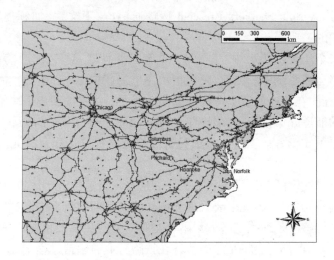

地图6-2 拥有内陆场站中心走廊的线路示意
数据来源:作者自制。

对于阿巴拉契亚地区海拔较低的区域,主要的集装箱路线是通过西海岸港口,然后通过铁路经过芝加哥枢纽(其中集装箱将从西部向东部铁路运输),或通过东海岸的港口。如果使用东海岸的一个港口,比如弗吉尼亚,线路上的轨道直接选择单层集装箱或双层堆垛集装箱,这增加了超过200mile的运距,约24h的路程,因此这样的结果就是增加了成本。因此,结论是这个地区由于进行这样的交易而被处罚。当时,在出口额与州生产总值占比中,西弗吉尼亚州在50个州中排名第四十(RTI,2003)。

工程的高成本(初步估计高达1.11亿美元)是由于山区具有挑战性的地形决定的,但效益成本比率估计在2和5.1之间。美国国家公路运输官员协会(AASHTO)认定运输通道作为三个州铁路建设计划中的一个项目,它有可能带来可观的公共利益(AASHTO,2003)。尽管对私营部门有实质性的好处,但这项研究得出结论:如果没有政府的支持,通道升级是不可能进行的。因此,该项目要求指导集团来提高公众利益:"在国家的首都、市政厅、商业办公室和美国国会山,熟悉的问题被回答了数千次,而对方法和结论这二者进行了不断的审查。作为这一过程的产物,无数的利益相关者帮助和促进形成这一产物,最终成为一个连贯的立法创制权"(ARC,2010:p.9)。

根据当地的受访者,这些公众会帮助联邦一级代表意识到发展国家级通道的重要性。在华盛顿召开了几次会议以促进这一议程,采访者同意这是一种联邦立法者最关注它的发展情况的贸易理论。尽管该项目中政府投资的资金将有利于私人公司,该地区贸易准入情况的改善将会导致该地区经济的发展从而获得利益。

在 2005 年,SAFETEA-LU 立法指定中心通道,是一个对国家和地区都具有意义的项目,并决定为项目授权 9 500 万美元的联邦资金(估计义务限制解除后减至 8 440 万美元)。在 1.952 亿美元的总成本中,其中有 8 440 万美元是由联邦政府资助的,1.01 亿美元是由诺福克南方捐赠,80 万美元来自于俄亥俄铁路发展委员会(ORDC),900 万美元来自弗吉尼亚的铁路和公共交通部门。

两个协议备忘录于 2006 年 8 月完成。一个是由联邦公路管理局(FHA)与东部联邦土地公路部门(EFLHD)和诺福克南方公司来完成的,另外一个是通过 FHA、EFLHD 和其他三个州来完成的。该协议有必要确定和同意在这个会议中环境规划、设计和通道的建设所担当的角色和责任。首先建立了一个机制,允许资助资金直接从政府流向铁路,这样的做法是前所未有的。由于大部分的隧道是在西弗吉尼亚州,第二轮的资金协议备忘录,将需要其他州同意大部分资金用于隧道。总的来说,28 个隧道和其他 26 个隧道上方的障碍物需要沿着线路提高高度,来允许双层堆垛集装箱列车能够顺利通过。2007 年 10 月开始建设,第一辆双层堆垛集装箱列车于 2010 年 9 月 9 日开始运行。

场站部分通道升级项目是为了满足联运场站发展的需要。一个新的联运场站建在里肯巴克一个大的物流园区中,将其命名为里肯巴克内陆港口。该场站是诺福克南方铁路公司运营商所有并着手经营的(通过第三方承包商),而且它的建立是为了作为可替代的枢纽港服务于美国东北部的芝加哥。一个铁路场站与物流园区的一体化,是 NS 第一次这么做(Rodrigue,2010)。该场站源于诺福克南方公司和哥伦布地区机场管理局之间的合作关系,从而获得 6 850 万美元来发展的(其中 3 040 万美元来自 SAFETEA-LU)。汉普顿路弗吉尼亚港在整个过程中起到支撑的作用,为了与西海岸港口竞争,它将受益于改进的内陆通道,它并没有积极参与场站的开发。这个场站总占地面积为 1 576acre。除了普通用户场站外,客户还可以直接通过铁路与私人仓库连接。

该场站目前每天有三列车入站和三列车出站,以及即将开始从哥伦布到弗吉尼亚的服务。也有从东海岸到芝加哥的两列列车,在这里被合并成一个,以及从每条线路来的国内列车去往芝加哥。该场站目前每天做 500 次起吊,但它可以在这基础上完成双倍的起吊次数。与美国的许多内陆港口不同的是,95% 的货流来自国际港口。列车将主要运输 20ft、40ft 和 45ft 的集装箱,而不是 53ft 的国内箱(Boyd,2010),因为连接的目的主要是为了海上通道。该操作策略也具有吸引力,因为目前美国严重短缺 53ft 的集装箱车来为双层堆垛集装箱服务。

虽然政府的注意力集中于公路运输的基础设施上,但是每个集装箱都需要来自配送中心或仓库。每一个星期到场站收集货流,因此需要大量的物流运作空间来供给场站,使铁路运营在经济方面是可行的。一个大的专用场站如 Rickenbacker,具有满足未来发展的足够的

多式联运与物流发展的制度挑战

绿地空间,能够吸引公司企业定位在一个区域,比如第三方物流,从而减少道路运输及提高多式联运的吸引力(这一点将在第7章进一步讨论)。根据一位受访者,他的公司在Rickenbacker场站上建立一个新的仓库是早期做出的决定,因为他认为这是与东海岸港口连接的新铁路,在哥伦布的洲际之间,它将成为贸易过程中最重要的发展之一。在普瑞、WV和Roanoke,VA的线路上有较小的场站,它们也被列入了规划当中,但资金仍然发放于这些场站开始工作之前(参见地图6-2)。目前在西弗吉尼亚,托运人在最近的联运场站的运输距离超过了1 130km,托运人在这个场站上进行运输是特别重要的,但这造成每个集装箱450~650美元的额外估计成本(RTI,2003)。

6.4.4 美国多式联运通道发展近况

阿拉米达通道是美国第一个由公私合作伙伴关系(PPP)模式修建的多式联运通道。它拥有一个短途的(20mile)的较高的运输能力(三条双层堆垛集装箱轨道)线路的设计,减少了拥堵现象的出现,并与圣佩德罗湾港口群极高集装箱货流有着负外部性的关系。通道涉及4条支线的合并,减少在200个铁路交叉口以及包括一条10mile长的沟壑发生冲突。新的线路开始于2002年,其一天能承载大约150列列车的运行。该项目的总成本已达24.33亿美元,其中来自收益债券11.6亿美元、向联邦政府贷款4亿美元(首次)、来自洛杉矶和长滩港口3.940亿美元、MTA的补助金3.47亿美元,以及来自其他的1.3亿美元(Goodwin,2010)。

与中心地通道不同的是,港口直接参与项目;他们是通道财政的担保人,在路线不能使用、出现亏损的情况下将弥补亏损(Jacob,2007;Callahan等人,2010)。而两个港口位于彼此相邻的地方,在这种情况下一起合作,但他们仍是独立的机构,各自受他们自己的城市港口部门管理(Jacobs,2007)。2009年,港口吞吐量为1 180万TEU,340万TEU运输经过通道(280万TEU利用码头上的连接,60万TEU的运输使用的是附近的码头)。70万TEU使用脱离场站的列车,340万TEU使用列车集装箱运输,而在转运之后使用53ft的国内集装箱,430万TEU使用卡车运输到内陆(Goodwin,2010)。

然而,虽然在通道里解决了港口的某些问题,但对两个竞争的铁路运营商提出了其他问题。UP运营一个大型联运场站(ICTF),从港口到这个场站大约5mile的距离。他们通过卡车运输集装箱,将货物整合后,统一由列车运输到阿拉米达通道以及穿越整个国家。相比之下,BNSF的主要场站在洛杉矶,位于通道的尽头。导致这些场站选择这样的区位的原因是,BNSF经常运送海运集装箱,并在仓库进行转运,在仓库中将货物重新配置到53ft的国内集装箱;然后运送这些集装箱到LA场站的列车上,因此绕过了通道来完成运输。由于SP的业务定位,SP(后来UP收购了它)买了ICTF场站,这种情况是由于在多式联运的初期选址决定的。在临近港口处有小的铁路支线与马士基达成协议,同意他们在LA港口场站使用他们的空间,然而,除了他们的ICTF场站、港口与ICTF之间存在大的铁路支线。这种情况表明,当铁路通道建成后,对于如何理解列车编组问题是非常重要的,这对于在主线上如何使用列车编组具有重要的影响。

中心地通道是第一个多州PPP联运项目,其影响可以在大型的多州联运通道项目后续的发展中表现出来。CSX的国家通道是一种类似PPP项目的中心地通道,它也与俄亥俄州加入诺克,通过不同的线路,而这些线路包括 61 个双层堆垛集装箱的清关,建设或扩建 6 个联运场站,这将耗资 8.42 亿美元(McCrary,2010),包括来自 the first TIGER 计划资金 9 800万美元。同样,诺福克南方铁路公司提出了那些被称为新月形通道的项目,在新奥尔良和纽约之间运行一个 1 400mile 的路线。其雄心勃勃的目标是为了利用一个 PPP 项目来支付 25 亿美元的估计成本。该项目远大于中心地通道的项目,涉及 13 个州、11 个新的或扩建的场站和 300mile 的新轨道。2010 年 2 月,老虎补贴计划第一阶段授予该项目 1.05 亿美元去资助宾夕法尼亚州交通部的申请,老虎补贴第二阶段计划总额为 1.092 亿美元,2010 年 8 月,6 个州提交申请,虽然这次 6 个州的申请均没有成功。

这些通道的发展结果之一是将美国的俄亥俄州转变为一个联运场站,在那里有东部铁路的主要联运场站。这将允许一些交通流在芝加哥绕行,从而有可能重绘全国联运地图。

6.5 案例分析与研究

表 6-2 列出了与各因素有关的数据的主题矩阵,以对这些研究结果的讨论进行列示。

在这种情况下,政府角色和职责在各个水平上都被准确地定义,而国家的管理尺度范围却没有确立。MacLeod(2001)建议在规模制度上应该加强对制度厚度的辨识,通过州交通部证明它是州一级。然而,对于这个项目来说,关键问题是州之间的关系,这作为一个区域性的推动力是需要国家一起努力的。主要参与者是一个相对薄弱的区域组织(ARC),它联合较强的组织,如交通运输部和私营铁路诺福克南方铁路公司。研究发现,在当前的背景下铁路经营管理缺少积极性,要求提高 ARC 让其他人更好地理解区域进入全球化的作用。

放权管理是当前流行的管理模式,并在世界很多区域得到推广(Rodríguez-Pose 和 Gill,2003),在国家层面上来看,美国运输机构基层形成规模需要很长一段时间(Haynes 等人,2005)。在下放治理系统的情况下,已经证明了区域凝聚力的重要性,因此它与其他内容也有联系。Hall 和 Hesse(2013)指出,区域规模的重要性日益增加,尽管从形式角度来看,一直是治理制度上的薄弱层。这种情况表明,在某些条件下,非正式区域范围可以被有效地利用。

从制度的角度来看,在他们的机构设置中,现有系统的显著特点是,各自的角色是非常清晰的。不幸的是,这种清晰的原因是,公共组织作用的有限,这对铁路部门的影响不大。美国的铁路发展计划由私营部门资助,这对私营部门来说,高风险投资几乎没有诱惑。由于集体行动没有良好的基础设施,因此非正式的准备安排、品牌的发展、政治上的支持和国会拨款,需要将两个部门捆绑在一起,来强调潜在的私人和公共利益。

自从美国的投资基金申请体系变得更加透明后,美国的制度环境已经改变,资金支持将可通过明确的投标过程来获取。在这一过程中,鼓励了公私合营项目的发展,这表明,集体行动是一个明确的基础设施,在项目不存在之前就已经确立了。与直觉相反的是,从国会拨款转向任意系统,意味着立法者可能会减少对战略规划的影响,这样一个系统将取决于特别的投标(见 Moe,1990)。另外,为了吸引联邦资金,需要多个私人和公共部门合作形成联盟,这样的话在更大的区域上聚集更大的凝聚力才有可能实现,这是各州通常采用的方法。

表6-2 应用主题矩阵

因素	序号	子因素	数据
1. 集体行动问题的原因	1	成本和收益分配不均	公共开支是由每个州控制,但从通道角度来看,获得利益的国家不止一个。因此,很难协调这样一个问题,一个国家可能要花更多的钱,投资升级生产线的成本会给很多给用户带来收益,但另一个国家可能会得到一个不成比例的收益。从私人角度来看,投资升级生产线的成本会给用户带来收益,但是对于经营者来说,这会使他们没有足够的收益来弥补投资
	2	资源或投资意愿不足	在第1和第4点子因素中,没有人愿意对两条一级公路的部分进行投资。受访者没有直接说明原因,但也可能是因为这样做没有明显的好处,或者从新交通经济可行性的角度以及其他运营商的竞争角度来看,这样做无利可图。当政府部门在每个国家建设自己的铁路基础设施时,都有充足的资金,但是有些资金是不能用的,需要一个通道的视角来进行规划。这是有关以下部分的治理尺度。私人部门和公共受访者也注意到,公共部门和铁路知识,因为不是美国交通部的部分的传统的权利限制
	3	战略考虑因素	在第4点子因素中,有两大主要的铁路运营服务区域。它们没有必要将占领市场作为一种竞争机制,因为企业都知道,根据以任的规律,一个大的投资需要这样的结果
	4	缺乏一个占主导地位的公司	两条一级铁路服务于该区。它们是诺福克南方公司和CSX公司
	5	风险规避的行为/短期焦点	与第1~4点子因素有关,不存在激励让我们用一个长远的目光来看待升级投资所带来的回报。由于过去十年间一级铁路网的合理化,现在的重点是高运输容量的线路而不是次要线路,将成为铁路长期投资的一个约束
	6	其他	根据区域主体和委托研究,公共部门对于区域部分需要关注各区域的重要性还缺乏理解。在采访中强调,公共部门作为一个重要的组成部分需要关注各区域,而不是只关注一个州

第6章 案例研究(美国)：多式联运通道

续上表

因素	序号	子因素	数据
2. 集体行动的基础设施1：角色、尺度和公共机构制度的存在	7	该机构处于何种规模水平	本地、州、联邦当局准确定位角色的定义、制度厚度是保持基础设施规划和投资的主要渠道。州交通部保持基础设施规划和投资的主要渠道是州级别中最高的。
	8	混乱的主权，多当局和资金来源	由于角色都被准确定义。因此主要的规模是清晰的（见第7个子因素）。问题是主要的规模是州级。这样就缺乏行动能力。其他的资金来源是已知的（如联邦拨款），但是对于如何获得资金并没有明确的过程，因此项目面临需要大量的非正式网络。然而华盛顿各大州进行资金说是非常有效的，对华盛顿各大州进行资金说是非常有效的，首先要在国家层面实现统一的项目远景。这主要是由区域主体驱动，通过一些关键利益相关者和国家参议员，如西弗吉尼亚州参议员的个人政治拥护者。
	9	不断变化和机构重新组合	在该项目期间，我们没有进行观察确定机构是否保持稳定。相应的机构设置也发生了改变。项目结束后，由于交通运输项目的联邦资金来说，多机构组织保持不变。机构设置（在游戏规则的意义上）已经改变。对于交通系统的多层级的公私合作伙伴关系已经成为一种关键的途径。
	10	有限的政府机构，由于政治设计意味着他们没有大量的直接干预。相应的机构的政治治理水平是最合理的	运输机构的政治设计意味着他们没有大量的直接干预。然而他们的角色是清楚的，所以新的利益相关群体他们对于促进多式联运和直接投资的视觉达到可以游说的自由行动的能力是有限的，但它变成一个连贯的推广项目。把它变成一个连贯的推广项目，也许在这里作任一个更好的例子。
	11	合法性与效率之间的冲突	相反，国家交通ARC机构能够使用非正式的网络来推广项目。此外，国家的限制是有限的，允许其他行动的自由。因此，我们已经观察到了合法性和效率之间的冲突
	12	其他	—
3. 集体行动的基础设施2：系统是如何工作的	13	行为准则	在第8个子因素中，这个游戏的规则是已知的。因此，集体行动的规则众所周知。铁路是主要的私营部门。这样游戏规则控制基础设施支出，铁路是主要的私营部门，因此交通部不会直接拨给铁路拨款。这样的游戏规则导致了集体行动的一些问题的出现
	14	目前的均衡结果，即一个共享的系统是如何工作的	最初没有一个对参与者明确的定义。如果一旦没有投资者投资，那么就会陷入僵局。根据这两个规则（见第13个子因素），并了解该项目的共识。它是由私营部门投资，各州进行投资的机会，从而改变系统。因此政治拥护者的利益相关体系尤其重要。在早期阶段联系利益相关者提供投资的机会，从而改变系统。因此政治拥护者的利益相关体系尤其重要。在早期阶段维护的是一种重要共识

续上表

因素	序号	子因素	数据
3. 集体行动的基础设施如何工作的	15	创新可能被不恰当的正式结构扼杀	在第8、10和11个子因素中,交通运输治理结构阻止了这方面的投资。创新是"遏制(拥堵)"的说法是不准确的。根据第13、14个子因素,它的推断可能是安全的,参与者可以了解现状,但不能激励去改变现有的系统。然而,在这种情况下没有证据表明,创新已经被目前的交通治理结构所扼杀
	16	监测可能成为主要的手段和相关的正式结构和组织的活动	公共机构或机构的监控设置没有在采访中直接出现。然而,州交通部机构的资金是基于他们的国家运输计划和战略,而不是一个区域性的解决方法,可以了解问题解决。这对于区域的托运人来说,并没有将问题解决。特别地,国家更关注"形式上"的监测,而不是实际的交通,因此交通部对"实际运动"进行评定,这是为确保市场的准入和良好的交通连接。然而,铁路是私人企业,因此交通部对"实际运动"进行评定,这是为确保市场中没有对铁路进行监控,是因为它不在公共责任范围内
	17	其他	这个项目中多州的概念沿用到了集体基础设施。在旅行途中与受访者确定又了基础设施。很难评估这个项目对后来的项目或特定的联邦运输资金的影响程度。在第二轮老虎补贴计划在进行评估,我们可以观察到一个明显的趋势,访谈将于2010年9月在美国举行,对第二轮老虎补贴计划在进行评估后。然而,这两种现象之间的清晰相关系难以明确
4. 各种相互作用(公共和私人)的组织和制度的存在	18	采取了哪些行动	区域主体阿巴拉契亚地区委员会主导开展了市场研究,并在上面讨论关于交通治理的正式结构,并建立一个指导小组定期开会,成员包括公共部门和私营部门。特别是,早期阶段、私营部门、铁路部门的参与是必不可少的,他们才能建立非正式网络。常规宣传是用来服务项目的利益相关人。在采访中,良好的相互交流被认为是非常重要的。一旦一个一致的项目意愿已经确定,该项目就会游说争取联邦各级获得国会得的资金
	19	非正式的合作及其影响	如上所述,区域发展机构ARC能够建立非正式结构,但对于集体行动来说,它们缺乏基础设施。正是因为缺少政府机构成功地运作项目。很难准确地反映了利益相关者给受访者提供资金机会。因为拥护者是参与者描述,不一定要被一过程。因为拥护者是参与者描述,不一定要被一种非正式性质比这个更加重要。然而,这些非正式性质比这个更加重要。必须客观地谨慎,其过程反而被优化了
	20	其他	在当前老虎补助的影响下,非正式网络已经在一定程度上制度化,这是基于应用性和可靠性的。因此,自底向上的方法是基于购买力平价联盟

第6章 案例研究（美国）：多式联运通道

续上表

因素	序号	子因素	数据
5.关于目的与共同议程的常识	21	利益相关者在完成任务所需的优先权和信息上达成协议	定期举行督导小组会议以达成一个共同的意愿，使该项目在不同的环境中推广。必须通过多通道上述的意愿达成协议。它是基于识别所有相关利益者的共同利益，然后将资金分配到特定区位。该集团组织开发的材料以反品牌，有助于政治拥护者在联邦层面推动项目的发展
	22	建立愿景和实现成果之间的联系	许多采访者指出，由于许多会议和演讲的举行都是为了达成共同的愿景。所以要求会议应该建议自己的发展规划。我们应该有这项工作，如果没有注意到，该项目将不会得到联邦政府的资金支持
	23	其他	—
6.龙头企业的作用	24	机构企业家对新思想的制度均衡	很难基于访谈的反馈来确定这一因素。它还涉及第26个子因素，更多的是基于观察到的铁路运营商参与了这个项目（他们的竞争对手没有参与，并且正在尝试通过行动改变他们所观察到的个过程在实际的理解和计划中是很难实现的。这个因素也许可以灵活地改变这合在这个框架中进行讨论
	25	利用自己的资源	在早期就参与了这项目。它提供了资金和工作人员的同时，指出其他参与者的采访可以灵活地改变项目计划
	26	导致其他公司的反应性动作	其他公司在随后承接许多类似的多州通项目，最引人注目的是CSX国家门户（CSX拒绝参加中心通道）
	27	其他	各州正在洽洽多式联运通道方面相关的投资者来寻找场站方面相关的投资者

上述项目是由区域发展机构发起的,而一旦其他利益相关者加入,该项目就不单纯是区域发展机构发起的,就变得有了自己的归属机构。在早期阶段,定期会议、宣传活动甚至是政治拥护者对项目的成功开展都是有重要意义的。成功开发的关键还在于,多个合作伙伴、多地区、多区域签定投资协议,而且沿通道的所有地区都会因为这个协议获得利益(McCalla,2009)。在这种情况下,为了使私人资金和公共资金进行有效混合后再分配,需要建立一个混合开发协议的新框架。

在阿拉米达通道项目中我们观察到,与自上而下和自下而上观点中有类似的决议,随着反假贸易协定能够从铁路运营商手中购买铁路线路,他们获得了一项可以使用新的通道的协议。相比之下,阿拉米达通道东部项目是一个立体交叉的项目,通过移除同等级的铁路口岸来增加该地区的安全性(Monios 和 Lambert,2013b)。Callahan 等人(2010)批评这个项目没有像 ACTA 利用相同的制度框架,但是实际原因是利益相关者之间存在着的冲突导致无法利用已有的制度框架。除了发生冲突的挑战以外,等级的区分并没有给铁路提供太大的优势(它们已经有了正确的方式)。其次,因为这个项目不会在新的线路上增进货物的运输,在美国客机运输协会(澳大利亚集装箱运输协会)协议的情况下,这个项目不会购买铁路线路。但是,它的建设工作由一个独立的联合权力机构管理负责,所以它能够成功地利用通道的品牌去筹集公共资金,但是为每个单独的项目吸引资金则会有些困难。

通过中心地带的案例分析表明,制度厚度对于中心地带是不充足的。MacLeod(1997)和 Pemberton(2000)也指出了类似的发现,在那些表现不佳的地区,两者都强调政府的角色,而不是过分地关注制度厚度。Raco(1998)发现,在地方层面增加制度厚度,还会加大现有的不平等化,因此,我们应该不仅仅只关注制度本身的厚度,还应该注重发展的过程。同样地,Henry 和 Pinch(2001)表示,一个地区若想不需要制度厚度,除非它的规模已经接近国家和国际的规模。基于本章的研究成果,建立了一个扩展框架,进一步阐述了成功开发制度厚度取决于更广泛的制度结构类型和项目的本身(Monios 和 Lambert,2013a)。

正如文献综述所讨论的,制度厚度与制度环境相关,而腹地访问机制解决了特定的项目。本章所用的理论框架的目的是要联合使用两种方法。因此,一些指标涉及整个系统,而其他人则在这一机构设置中扮演参与者的角色。

在美国,目前的机构主要由有影响力的公共组织和私人民营组织的角色组成,每一种都有着不同的体现方式,就像规划、政策、运营和市场的各个方面。而在美国政府青睐的多式联运中,关于它的政策是非常广泛的,多式联运货运规划不包括政府直接干预,因为铁路的基础设施和服务设施由私营部门所有和经营着。虽然规划者们希望了解关于他们参与项目的任何问题,但是他们的角色并不是去进行干预,他们没有足够的权利来影响这种情况。

尽管如此,我们可以发现,私营部门在交通基础设施的融资非常困难。因此,它们在很大程度上依赖于公共部门的支持,这通常是通过规划系统来实现的。问题是,当公共资金用于支持基础设施项目时,所有权的问题就会被提出,这就解释了为什么私人部门历来对接受公共资金的问题一直很谨慎。通常私人机构将根据利润动机做出决定,来对市场的运作要求或信号做出回应。由于股东的压力,这个决策往往在缺乏长期投资时的考虑。然而,在这种情况下,一个具有小制度的公共机构有必要联合制定引导政策的部门和追逐利润的私人运营商。如果目前的机构设置并没有改变,在某些情况下,该联盟能够解决当地托运人关注

第6章 案例研究(美国):多式联运通道

的既没有政策和行动的规划,也没有私营部门运营和市场的这种状况。

在这种情况下,机构制度环境改变的方式是提供公共资金来满足私人运营商加快其业务的要求,而不是由上到下地执行一个有计划的基础设施投资。这种使用公共资金的作用是使大联盟聚集的各方当事人之间的公共和私人利益可以清楚确定的地方,按照该项目开始时最初的简要进行研究。这将是有风险的结论,通过交通运输立法,老虎方案应取代一般项目的融资过程,事实上,关于这个问题,有一个重要的讨论,但对于它的影响结果,我们只能在未来才能感受到。

中心地通道项目的一个重要方面是,私营部门的铁路运营商在一开始就被带进了这个项目,在这之前还为公共资金进行了进一步的游说。在这个项目之前,我们发现在私人部门之中对政府的参与有很大的阻力,从严格意义上说,部门并没有融入长期的战略意义中来。通过利益相关者群体,包括私人运营商以及托运人,实现建立机构能力这一目的,从而形成一个共同的议程,是非常重要的。

在美国交通管理方面,制度性主要是存在于国家层面上,而区域机构没有太多的实际行动力。然而,它通过非正式的网络管理来创建机构。此外,在司法管辖区采取了通道的方法,这对于腹地通道的成功是必不可少的。在美国,铁路行业垂直统一的管理使铁路运营商的投资计划更容易,因为他们已经控制了基础设施投资业务。因此,他们知道,如果投入某一数额的资金,这些地区的客户也会得到一定数额的收入。关于投资多式联运基础设施至关重要的一点是,需求可以巩固关键路线、创造规模经济、允许运营商对统一的交通设施进行投标,如果是许多小的运营商,是无法支持这样昂贵的基础设施和服务的。中心地通道项目表明了如何采取综合通道的方法来解决这些问题。

在美国,由联邦政府所资助的交通运输项目方面的新发展也很有趣,体现出了他们建议的腹地项目的影响,以及如何实现自上而下的规划方法和自下而上的市场主导方法的协调发展,明确并合法化了由公共部门和私营企业参与方进行的资助申请过程。因此,通过协调公共和私营部门从而使得固定的运输链被周边地区打破。多国家公私合营关系的成功会促使治理方式的改革,将引导交通运输规划和公共投资的调整以吸引私营部门的加入,从而促成大型铁路基础设施项目的成功运作。

Coulson 和 Ferrario(2007)强调,当观察到一个成功的项目和一个强有力的制度环境同时出现时,不要将相关性和因果关系相混淆。因此,不能认为:这个项目引起了政策上的改变。然而,我们可以观察到一个明显的转变趋势:从联邦贷款(例如阿拉米达通道)到政府拨款(通过在腹地通道的专项拨款),再到竞争投标(老虎补助)。此外,两大重要的跨州通道项目已经开始建设,沿袭了公私合伙制的模式以及从老虎计划中提供的联邦资金。这也体现了一个跨州项目的不同发展趋势。我们可以得出结论,在自上而下的规划方法和市场驱动私营部门的发展下,交通基础设施已经朝着协调的方向发展。

在第3章关于制度的文献综述表明,合理性和效率之间存在矛盾冲突是由于制度设计受到政治组织能力有限的限制。这两个争论最后被证实了(在这个语境中机构比效更为准确)。这些问题说明政策出台困难,缺乏效率,公共和私营部门之间的沟通不足。非正式网络的作用也很重要,因为它可以克服机构的惯性,虽然难以捕捉到这个过程,但更难的是试图通过政策行动在另一个设置的机构中对非正式网络进行研究。

多式联运与物流发展的制度挑战

本章试图在个人项目和机构设置加入分析框架,在制度经济学和从经济地理学的视角间寻求平衡。它是从大量的制度文献中提取出来的,因此它目前的涵盖面是相当广泛的,它需要在不同的情况下进行更多的应用,以进一步检验其意义和作用。

6.6 结论

之前讨论的关于港口的相关性问题,我们可以从具体案例的分析得出一些研究结果。从贷款到政府拨款再到竞标的联邦政府资助,这种趋势已经确立下来了,这种潜在的关联性在老虎资金资助其他项目中也体现出来了,该基金要求公私合营,因此针对交通运输项目的规划和融资给出一个调和自下而上和自上而下方式的解决方案。在第 5 章中,我们对英国战略方针的必要性,以及一个类似计划的潜在适用性进行了讨论,同时指出,可以在英国或其他国家应用于本案例类似的机制,可能是一个未来的研究课题。通过这个研究我们发现,区域凝聚力在权力下放的管理系统中的重要性,这一点同样适用于与它相关的环境中。

这一章还可以从第 4 章的研究结果中建立,第四章中比较了一些内陆场站的案例研究。里肯巴克内河场站可以作为另一个内陆驱动的案例研究,在该案例中,内陆场站能够与港口建立良好的关系,成为大通道工程项目的一部分,从而反映出港口从一开始就参与的好处,以及采取通道方式的好处。相比之下,一个西部铁路部门接受采访时,抱怨他们没有很好地使用阿拉米达通道,因为他们在附近没有足够的场站空间进行列车调度。因此,该项目就成为一个港务局集成内陆对铁路基础设施进行建设的一个案例,但是在芬洛项目案例体现出了港口场站运营商参与连接内陆场站的铁路段的运营。因此本章提供了案例来对第 4 章的分类做了进一步拓展。

考虑到在港口区域化项目中解决集体行动问题的作用,本章表明,合理性和效率之间的矛盾以及政治组织由于政治制度设计而受到权利限制可作为政策出台困难、缺乏效率,以及有时公共和私营部门之间沟通不足等问题的主要原因。因此,这样的制度设计制约了在海运和内河运输系统之间的整合,这表明港口区域化发展进程在概念假设方面将面临挑战。这部分的研究一定程度上说明"国家、区域或地方当局试图指导(项目开展)的过程(Notteboom 和 Rodrigue,2005:p. 306)",并解释在进入市场动态时缺乏清晰的见解将会导致地方政府的一厢情愿"(p. 307)。这种公共组织的设计方式制约了他们对项目的干预,当他们在这种状况下去做时,合法性和效率之间的矛盾就凸显出来了,使他们不能进行有效地干预。

这部分的研究还突出了规模的重要性。无论如何,重要的是要确定在哪一级的交通管理规模是按比例缩小的,以及公共和私营部门如何围绕着这些尺度进行互动。在这种情况下,美国的交通治理就是一个区域机构利用非正式的网络在国家的层面上来克服迟缓。根据比较可以得出第 5 章的结论,国家提供资金支持促进多式联运项目的运作,但资金方案是个别设定而不是战略上的。这一点与本章的案例不同,所以从这个案例分析的结果表明,当讨论在港口区域化上公共部门的作用时,首先要了解特定国家或地区的公共机构权力的作用,然后才可以预测私人货运利益相关者的行为。

本案例研究分析同样表明,领头企业在项目中发挥着重要作用,在集体行为的基础设施没有被明确界定之前,这些公司都不愿意采取行动。这再次验证了我们的结论,在特定的国家或者地区预测或解释区域化过程中可能的路径时,我们必须理解上面说的那些方面。在本案例中,有两家铁路运营商相互竞争。而对于第5章介绍的英国零售业,有许多零售商在相互竞争,但其中只有一家零售商具备足够大的规模需要一整个列车的货运量;由于其他零售商也倾向于使用私营的列车,而不是那种共享式的,这导致英国无法进一步开发铁路。

需要更多的案例来验证这些建议,但是一个案例在实践中运作的细节有助于提出以下问题:港口区域化可以在何种程度上发生以及它的发生需要什么条件?这个案例阐述了港口可能会在控制或者捕获内陆地区时经历挑战的原因,它是通过港口区域化集成概念的策略进行说明的。

制度设计限制,或者至少挑战了这一区域化整合的过程。在未来,更大的解集港口区域化的发展潜力会被沿着制度模型或者其他利益相关者追踪到,特别是公共部门的策划者和资助者。对于这些组织的合法性和效率之间的问题,如果集体行动的基础设施不到位(对于集体行动来说,通常是主要的公共基础设施),私人公司不会采取行动,这些问题阻碍了港口区域化并造成海上运输和内陆空间的分离。

因此,港口区域化在一个地区的发生(至少在多式联运地区,这是本文研究的重点),这将取决于机构设置和在行动中的制约因素,包括公共组织和合法性与代理之间的冲突的设计。

第7章 多式联运与物流的制度挑战

7.1 引言

本章分别从三个实证研究章节和制度分析理论的背景方面得到结论。根据分析文献中的其他案例,发现了几个核心关系,以此为基础得出了支持多式联运与物流的治理关系结构。本章不会将公共部门的支持作为多式联运项目在理想的常规满载运行情境下降低成本的一种途径。这种类型有助于识别决定多式联运服务成功与否的内部和外部运营模式。未来研究者可以用该框架对不同的治理关系进行细分,并以此作为前提并继续分析新发展方向和成功的可能性。

7.2 联运场站和物流平台的治理制度分析

7.2.1 简介

本节将汇总在三个实证研究章节中已经提出的问题,以其他文献为背景解释关于物流和多式联运涉及的关键制度问题。三个实证研究章节分别介绍了一个单独元素(场站、物流和通道),本节将制度问题结构化,因此把多式联运与物流作为一个统一的主题来分析,再根据第3章的文献提出了四个主要方面。

第4章表明,港口可以积极发展内陆场站以及港口管理部门和港口场站运营商开发的项目之间存在差异。此外,发展间的差异可以在港口和内陆参与者发展方面得到体现。第5章显示,尽管铁路仍然是一个边际商业,其行业依然支离破碎且不存在行业第三方整合的趋势,并且货物运输方面的政府补贴仍然很少,联运通道依然不能成为腹地占领和控制港口的工具。第6章的制度分析表明,制度设计往往限制了海运和内陆运输系统间的一体化。合法性与效率间的冲突造成了项目开发的阻碍,如果一个基础设施的集体行动不到位(通常是以集体行动为主的公共基础设施),那么私营企业就不会采取行动,因此港口区域化的尝试要面临挑战,使海上和内陆在空间上分离。每个港口通用的多标量的正式和非正式的规划制度将意味着:通用的基于腹地一体化的港口发展策略将面临区域一体化的挑战。本章通过分类和对治理关系的分析,从细节上探索研究这些案例中不同的运营模式。

本章将探索联运场站、物流运营和联运通道之间存在的治理关系。首先分析联运场站和物流平台的开发和所有权问题,然后再扩展到物流实践和港口腹地的通道集成的问题。第3章的四个研究课题需要被讨论:

(1)在项目规划和开发过程中公共部门和私营部门的角色;

第7章　多式联运与物流的制度挑战

(2)最初的开发人员和最终的运营商之间的关系,包括销售和租赁;

(3)运输和物流功能之间的关系,以及场站内部的其他问题;

(4)场站功能和运营模型,包括与客户和外部利益相关者的关系。

每个课题将在独立的章节内进行讨论,其中将涉及本书的案例以及其他文献给出的案例,我们最后得出一个最终的治理关系结构,可对主要的治理关系进行分类。

7.2.2　规划与发展

在第4章案例分析中提出的主要问题是政府规划与资金的作用(无论开发人员是来自于公共部门还是私营部门)以及在运输和物流运营中开发人员的本质角色。第3章表明联运方面的文献中很少直接强调治理问题;本章节将提出治理问题其实间接地体现在以下方面:如讨论政府在项目开发支持上扮演的角色,房地产开发商的作用以及公共部门在不同程度对公私合营项目的参与。第3章也提到对资源和关系进行管理达到预期的结果;本节将继续探索关键的利益相关者以及他们之间的关系。

由于场站的建立很难开展经济上可行方案的运营,所以港口公共投资的效果已经遭到质疑。然而第4章提到的意大利维罗纳例子(由城、省和商会共同拥有)显示,政府机构可以作为内陆货运设施的直接开发主体。文献中的一个案例介绍了由瑞典市政当局开发的Falkoping项目,这个由公共部门参与的项目开发模型是不常见的,它取决于公共机构的能力。同时项目成功与否取决于该场站是否在开发后可以出租或出售给一个私人运营商。政府干预是更常见的实现作为PPP形式、一次性资助授予或土地供应的方式;或通过让步构建它而不是简单的运营,例如,通过BOT、DBOTDBOM 或 BOOT 模型(例如 Nola, Italy-第4章;LatKrabang, Thailand-Hanaoka 和 Regmi, 2011)。

由公共部门主导的项目开发存在过剩供应的风险,这一问题在北美并不突出,因为北美私营部门往往将关注利润作为一种调节乐观偏差的方法,另一方面,公共部门的开发更有可能坚持规划策略来发展,如在布朗菲尔德或经济不发达的地区进行场站选址。原则上,私营部门的发展都遵循同样的规划审批,但实际上他们经常成功地逃避这些限制(Hesse, 2004),其部分原因是缺乏制度能力去管理规划方面的计划冲突(Hesse, 2011)。即使地方规划规则能够得到实施,缺乏区域视角的整体协调可能会导致一些不良的后果;其中包括物流平台向郊区的蔓延(Bowen, 2008; Dablanc 和 Ross, 2012)、投资动机的缺乏(Ng 等人,2013)和项目在各行政区形成分裂从而阻碍规模经济效应的产生。(Notteboom 和 Rodrigue, 2009a; Wilms-meier 等人,2011)。

物流平台通常比联运场站更具经济吸引力,因此房地产开发商更容易选择前者。对于公共部门,通常很少直接参与项目开发的国家,如美国和英国在这一点尤其突出。例如,美国普洛斯跨国集团与 CenterPoint 合作在芝加哥开发了 BNSF 物流园区,同时在该物流园区内坐落了一个由铁路运营商 BNSF 开发的大联运场站(Rodrigue 等人,2010)。随着货运行业资源越来越倾向于由私营部门所有,甚至在欧洲大陆私人部门负责开发的模型也越来越普遍,例如英国达文特里的物流平台和联运场站由普洛斯集团建造(第5章),或是 Hense 在德国发展研究的麦格纳公园项目(2004)。

关于物流房地产的分析介绍了所有权水平较高的旧模式、当地主要的企业、一些投机性的开发、十年租赁以及投资市场疲软的情况是如何发生变化的。当前的市场显示,租赁场站、国际开发商、地产发展商、3~5年的短租以及和对新发展有着很强发展预期的投资市场的比重在增长。其他作者也这样认为。英国和美国仓库的平均面积都在增加(McKinnon,2009;Cidell,2010)。

房地产开发和公共部门的开发都可以归结为场站,其目的是出售或租赁给运营商。其他场站由最终运营商直接开发并供自己使用。欧洲的大多数铁路网络都是由国家政府管理(MartHenneberg,2013),直到最后才发生改变,因此,场站的开发由附属于国家网络的私人交通运营商和国家铁路运营商负责。这些场站目前主要由私人运营商拥有和/或经营。第5章中关于英国的讨论和第4章中欧洲大陆的欧盟自由化环境也表明了这一点(如垂直分离和准私有,但仍由国家持有的铁路运营者管理比利时的 Muizen 场站)。在其他国家,铁路运营仍全部或主要处于国家控制之下(如印度的许多场站由国有企业 Concor 发展,尽管现在允许私营部门参与——Ng 和 Gujar,2009a,b;Gangwar 等人,2012)。美国铁路在垂直整合模式下由私人拥有和经营;因此,联运场站由私人铁路公司开发和经营(如 Joliet 联运场站等,2010)。联运场站也可以由港口参与者进行开发,如港口管理部门(如西班牙 Coslada 项目,参考第4章;悉尼恩菲尔德项目,Roso,2008)或港口场站运营商(如荷兰 Venlo 项目,参考第4章,如墨西哥伊达尔戈项目,Rodrigue 和 Wilmsmeier,2013)。

7.2.3 所有权与运营

场站是否一旦开发就按照地主港模型租赁或出售给运营商将是下一个需要考虑的治理问题。场站由房地产商开发的目的是通过出售或租赁整个场站或个别区域以赚取利润。政府运营开发场站有一个截然不同的动机,那些案例中关于出售和租赁的决策都与获得社会利益必然相关,该决策的次要元素是整个场站是否被配置或只是个人地基。房地产开发商可能租赁或出售个别区域,而公共机构更倾向于将整个站点租赁给运营商并管理该区域。

第4章中讨论的公私合营模式中显示,政府在运营中的角色取决于政府是否直接参与或只是作为股东。在维罗纳的纯粹由公共部门进行开发的案例中(第4章),这个场所是由一个公共部门作为股东以公平为原则设立的公司来管理,所以他们不直接参与日常的运行。在其他情况下,至少在监管"工具港口"方面,场站实际由公共部门所有者运营(如中国石家庄项目、Beresforde 等,2012),上述案例属于比较罕见的。更大可能的是公共机构拥有场站的全部所有权,但将运营权按照地主港模型投标给私人运营商(如西班牙 Coslada 项目,参考第4章;尼泊尔 Birgunj 项目,Hanaoka 和 Regmi,2011)。

公共部门开发人员关于是租赁还是出售的决策很大程度上取决于开发场站的最初动机。例如,先前系统中的哪些问题是公共部门的利益相关者通过投资、占有或运营一个内陆货运节点想要解决的?它要么很可能与支持物流行业的经济发展相关,公共部门希望由此促进当地的就业和经济活力,要么与寻求从道路到铁路的交通方式转换从而缓解负面的外部因素的有关,如拥堵或尾气排放。本书的案例分析表明,不可能仅通过建立一个联合场站或物流平台来保证这种结果。为了成功发展场站的多式联运,还需要克服一些运营和制度上的障碍。这就是为什么公共部门的规划者和投资人提供决策帮助的治理分析研究必须超越简单的所有权问题的原因。运输需求和物流之间的关系是场站运营成功的一个重要组成部分,也可以理解为是批准或投资联运场站决策的一部分。这些问题将在下面的章节中进行分析。

7.2.4 内部运营模式

在某些情况下,联运场站和物流平台可能是由单一的运营商来运营的。原则上,这可以产生协同效应,但实际上这种双重角色不可能为该单一运营商带来核心竞争力。例如,由铁路运营商运营场站和物流联合平台,其效果显然不同于由第三方物流公司运营相同的该联合场站。在实际活动中,即使物流平台和联运场站有一个名义上统一的组织结构(如意大利物流园区,参考第 4 章;中国西安项目——Beresford,2012;BNSF 芝加哥物流园区项目——Rodrigue 等,2010),联运场站和物流平台的各个部分仍由不同的组织运营。每个组织可能在市场上已经有自身的业务,或者他们可能纯粹是为获得场站所有方的部分投资而仅仅在名义上扮演运营人的角色。这种商业模式出现在第 4 章的意大利物流园区案例中,铁路场站运营商和物流园区常常是新建的公司,新公司会接受来自于物流园区运营公司和铁路运营商的部分投资。大型项目的开发过程属于资本密集型投资,且其最终的成功运营存在一些风险,由房地产开发商、铁路运营商和公共部门进行的联合开发过程正是如此。因此,由此产生的场站将由铁路运营商(场站)和房地产开发商(物流平台)分开管理(Rodrigue 和 Notteboom,2012)。

一旦场站建成,联运场站和物流平台通常会单独运营,但仍可能保持密切的业务关系。这种关系的多样性和随意性在治理分析上是很难控制的。荷兰芬洛(第 4 章)的案例是关于场站和物流利益相关者密切联系的典型例证,其场站运营商持有物流平台 50%的股份。第 4 章中分析的 5 个意大利物流园区,在所有案例中联运场站都由物流平台的单独运营商运营;然而,在大多数情况下,物流平台运营商在铁路场站运营公司持有高比例的投资股份。正如前面所讨论的,在大多数案例中,场站运营商是为场站运营专门设立的,其所有权源于物流平台和铁路运营商。这些例子说明的"组织植入"的概念在第 3 章讨论过(Grawe 等人,2012),即通过将一个组织的代表和另一个组织的代表共同合作来增加管理的协调效应。场站、私人仓库和配送中心(同时包括物流平台和周边地区)的集装箱分流运营需要进一步的业务整合。通常情况下,这将由托运人或货运代理安排,但也可以通过物流平台运营公司直接管理,该物流平台运营公司通过分流运营对场站租户和其他附近地点的客户进行服务,从而增加业务的整合性和降低成本。

由于没有经营者的直接参与,场站的开发受到质疑(Bergqvist 等人,2010)。为理解由运营商开发项目的商业模式,下一节将会对比本书研究中观察到的不同的运营模型以及文献中的案例,进而揭示支持这些模型的治理关系。

7.2.5 外部运营模型

Rodrigue 等人(2010)将联运场站的基本功能分为卫星场站、转运场站和载运中心。

卫星场站通常靠近港口(参见近距离无水港模型 Roso 等,2009),用来缓解集装箱从港口快速转移到内陆所造成的拥堵(Slack,1999;Roso,2008),通常可实现较高程度的运营整合。近距离场站的运营焦点通常是完成管理任务,其包括但不限制通关;这就意味着有价值的和拥挤的港口土地用于集装箱的装卸,而不是由卡车以及等待完成任务的集装箱所造成的拥堵。文献中卫星场站的例子包括恩菲尔德、悉尼(Roso,2008)和中国北京(Monios 和 Wang,2013 年)。从运输的角度来看,港口和卫星场站之间的短距离意味着更可能使用道路模式;然而铁路和驳船也会用到(如所谓的最近在附近的阿尔布拉瑟丹开发的"container transferium"项目,Schuylenburg 和 Borsodi,2010)。与道路连接的场站似乎忽略了其克服拥堵的主要功能,但这种模式可以通过减少每辆卡车在港口站务管理区的时间来缓解拥堵。此外,如果卡车是由港口运营商控制的专属分流服务运营的,这一整合将确保整个过程内部可控,以及减少关口手续。

一个转运中心是一个场站,其致力于改变模式或同一模式下服务间的交换。例如比利时安特卫普港的 IFB Mainhub 场站为支持穿梭于几个港口场站、几个内陆始发地和目的地间为交换火车而重新配置货车,转运场站可以是没有任何服务或附近储存地的场站,但实际上它也包括这些服务;纯转运场站是很少见的。因此,虽然其主要用于交换而不是服务当地市场,但在大多数情况下它是为了使场站在经济上可行,并使其具有第三个主要功能,即成为载运中心。

载运中心适用于运输场站,它是指一个较大的联运场站为一个大型的生产地区或消费地区提供服务。因此,它一般倾向于成为通往内陆的节点,其更有可能被设置在一个特定的物流平台或对该服务有较高需求的地方。载运中心的概念符合美国内无水港类型学,一般在一个大型的场地,该场站附近配有物流平台或将其作为综合场站的一部分。类似例子包括里肯巴克无水港(详见第 6 章)和芝加哥 BNSF(罗德里格等人,2010)。然而,第 4 章中物流园区的案例研究表明,大部分物流园区租户即使在综合仓库和场站内,也并不常常使用场站。同样,McCalla 等人(2001)阐明,通常在一个地区只有少数企业利用所在地的联运设施。因此可以认为,负荷中心的集聚属性相当薄弱。

因为第四个运营模型包括以上三个功能,所以它必须包括在内,尤其是卫星场站和负荷中心。延伸闸概念是一种特定的联运服务,其港口和内陆节点由相同的运营商运营,并在一个封闭系统内管理集装箱流从而实现更高的效率。第 4 章荷兰芬洛案例中,联运场站与物流平台建在一起,且港口场站和联运场站的运营商占该物流平台 50% 的股份(更多细节见 Rodrigue 和 Notteboom,2009;Rodrigue 等人,2010;Veenstra 等人,2012;Monios 和 Wilmsmeier,2012a)。因此,延伸闸口服务的成功开发需要运营人员克服一些制度性的障碍,同时为提高服务规划效率和提高联运港口班轮的经济可行性提供了重要机会。在这本书中强调港口与内陆的区别,进一步扩展了国际交通增值和国内交通增值的区别;这些发展趋势往往有不同的设备需求(见第 5 章),而这取决于运营港口的模式以及港口和内陆谁拥有优先权之间的冲突。上述问题在 Monios 和 Wilmsmeier(2012a)与 Monios 和 Wang(2013)应用的定向模型中进行了讨论。

物流平台和联运场站一样,存在不同大小、提供不同的服务、可以进行不同程度的开发(如第 2 章中讨论)。一些场站是较小的,用于当地的托运人提供一些服务给需要的客户,而另一些则是大型的场站,它将提供全面的增值服务和广泛的地理覆盖面。目前,配送中心隶属于交通流运营方(见第 2 章),它与运输的关系需要更详细的分析。

不同的物流平台可以使用不同的运营模式。第 4 章分析显示,意大利物流园区应用不同模型。在大多数情况下,场站运营商(机构设置和受所有者的控制)仅仅出售或租赁个别区

第7章 多式联运与物流的制度挑战

域给客户(例如博洛尼亚)。租户可以是独立的发货人,内部经营他们自己的物流,或者在某些情况下,一个场站的租户可能有多个第三方物流公司(如 Marcianise)。然而,在 Rivalta Scrivia,案例研究阐述了物流平台的运营商为租户提供物流服务的过程。这一整合模型更高地加强了联运场站的运营,结果在这个场站的物流平台,租户的货流量比例远高于其他物流园区。

这本书的实证章节研究分析表明,了解港口、场站以及联运通道的外部利益相关者之间的关系非常重要。联合场站是如何与铁路运营商以及使用公司列车的提供物流商建立联系的?场站运营商是如何与港口当局、港口场站运营商以及管理港口班轮的航线相互作用的?如第3章所讨论的,联运通道的运营可以通过不同的管理方式来降低交易成本,如合同承包、合资经营或通过并购和联盟而建立的合资企业和一体化的企业。最重要的是,场站的容量与交通流量有着密切的关系,因此场站运营商需要与铁路经营商建立密切的关系,或者与铁路运营商进行一定程度的整合以确保对铁路的使用权(Bergqvist 等人,2010)。

本书的实证案例,以及那些来自文献例证证明,在联运通道项目中存在不同级别的协作和集成。联运场站运营商可能独立于铁路服务商(如西班牙 Azqueca 项目,参考第 4 章),它可能为任何用户提供铁路服务(如比利时 Delcatrans 项目,参考第 4 章;英国 Freightliner 项目,Monios 和 Wilmsmeier,2012b)或者直接为场站租户提供铁路服务(荷兰 Venlo 项目,第 4 章;悉尼 Minto 项目,Roso,2008)。同样,物流平台的运营商可能为场站的租户提供物流服务(意大利 Rivalta Scrivia 项目,参考第 4 章),或者不提供服务给租户。

从港口的角度来看,可以由港务局进行投资(如西班牙 Coslada 项目,参考第 4 章;悉尼 Enfield 项目,Roso,2008)或港口场站运营商进行投资(如荷兰 Venlo 项目,参考第 4 章;墨西哥 Hidalgo 项目,Rodrigue 和 Wilmsmeier,2013)。另外,港口和内陆场站之间的关系可能是一个高度一体化的延伸港的运营模式(荷兰 Venlo 项目,参考第 4 章)或者它可能不是(绝大多数)。同样,港口参与者可以直接参与建立联运服务或建设联运通道(如荷兰 Venlo 项目,参考第 4 章;西班牙 Barcelona 项目,Van der Berg 等人,2012;Alameda 通道项目,Jacobs,2007;Rodrigue 和 Notteboom,2009;Monios 和 Lambert,2013b;Eurogate 项目,Notteboom 和 Rodrigue,2009a)。可见,只有具备必要资源的大型港口才能采取这样的战术来经营港口,这意味着如果野心勃勃地希望对内陆战场进行控制,需要如此水平的一体化规模。

7.3 联运场站和物流平台之间的分类治理关系

根据本书的实证案例以及结合其他文献案例得出的调查结果,前面分成四个部分讨论过的内容,揭示了联运运输和物流的核心治理关系。

一个场站的开发需要多种参与者:例如,政府、房地产开发商、铁路运营商、第三方物流公司、港口当局、港口场站运营商、航运公司、独立的运营商以及其他。每个参与者都有着不同的动机;例如,获得社会效益和经济效益(政府),出售场站或其中的部分来获得利润(房地产开发商)囊括到现有业务的一部分(如铁路运营商或第三方物流公司),或为了夺得内陆市场(如港口参与者)。利用先前交通治理方面的文献,分析出不同的所有者和经营者之间的关系。这一治理结构涵盖了所有者是否直接运营场站,通过在公平原则下设立公司的形式,通过合同、授权经营或租赁的方式来运营场站。

联运场站和物流平台之间的分类治理关系

表7-1

		以销售/租赁获利益为目的进行的建设（政府注重经济和社会，开发商注重利润）		以自身的商业策略和经营为目的进行的建设（尽管可能含有政府投资或规划支持）							其他
1	每个部分的开发商（场站或物流或两者都有）	政府机构（级别和类型）	房地产开发商	铁路运营商	第三方物流	港务局	港口场站运营商	航线	独立运营商	PPP公私合营	其他

		所有者和经营者之间的关系				
		由所有者直接运营	公司的运营半径		租用	其他
2	每个部分的运营商（场站或物流或两者都有）	房地产开发商	工具（直接运营，但有一些分包）	所有者（国有，但由私人公司在特许的情况下运营）		

		每个部分运营商类型				场站运营商和物流服务提供商之间的关系		
		铁路运营商	第三方物流	港务局	港口场站运营商	场站运营独立于铁路服务运营商	单一运营商	混合	独立运营商
3	内部运营模式（场站和物流之间的关系）					场站和铁路服务供应商			

场站和铁路服务供应商之间的关系

		租户自营或内部物流活动					
4	外部运营模型（与客户的关系等）	租户是为不同客户提供物流服务的第三方物流公司	场站为场站运营商经营租站提供铁路服务	场站运营商经营站租户提供铁路服务	运输路线	与港口无关	港口参与者投入了部分或全部的场所	港口参与者的联合运营

上面讨论的第三个问题是场站的主要功能,特别是场站是否是联运场站或物流平台或两者兼有。这个问题涵盖了场站运营商的性质(联运场站和物流平台)以及它们之间的关系。这一问题是随着开发过程而产生的(与最初的开发目标有关),可引申出关于运营模式更加具体的问题。

第四个问题有关运营方面。文献中提出了关于多式联运的成效和经济可行性相关的许多详细的运营问题。文献指出不同的协作和集成模型,以辅助整个项目的成功运作,因此本节将不同的模型进行分类,以此作为治理结构的一部分。

对上文确定的治理关系进行分类,如表 7-1 所示。

7.4 探讨

第 3 章的文献分析解释了港口治理方面的研究如何侧重处理所有人(通常是本地或地方政府)和运营商(通常由投标租赁商任命)之间的关系。相比之下,该书中的案例分析表明,联运场站和物流平台的主要治理方式与经营特点有关。运营类型源于运营商和外部参与者(港口和铁路运营商)之间的关系,以及运营商和租户的关系,若将这些关系反映在该分类上,就是联运场站和物流平台之间的关系。

这些关系在成功的多式联运与物流中非常重要,因为它们关系到所有权和运营的治理问题(包括所有人问题和招投标)。相比内地场站,这些关系对港口更为重要,且占据分类的前一半。对于内陆联运场站或物流平台来说,所有权问题主要来自对投资的期望(公共部门参与者的社会效益和经济效益或房地产开发商出售房地产获得的利润)。一个行业的参与者(铁路运营商、第三方物流、港口管理局、港口场站等)决定开发新场站,不仅是基于短期利润,更是一个长期的战略决策(将场站作为其更大业务的一部分来运营)。

本章所得出的分类对所有权加以扩展,其中还包括运营类型——内部(场站和物流平台之间的关系以及它们的运营问题)和外部(与租户、铁路服务和港口的关系)运营模型。这些问题至关重要,因为就像一个港口的成功(自己和其他地区)是与所有者的谈判能力有关一样,如果所有者能够成功地争取到特许权,那么港口就会吸引航线。联运场站的成功也与许多运营方面有关,如建立定期联运服务、加强货流来填充运输工具、与海事部门(港口和航线)决策者对接以使得场站融入全球的货物运输流当中。

上述的治理方法与之前港口的治理方法形成了鲜明的对比,对于港口的治理而言,对外关系与最初的租赁决策关系并不大。因为场站租赁由港口场站运营商负责。此外,近十年来,通过战略合并,大多数场站已经与航线相连接,同时也通过跨国公司实现了与其他场站的连接。联运场站和物流平台的重要性远小于港口,因为前者不太可能成为全球甚至国家投资组合的一部分,这意味着它们可以与各种铁路运营商、场站使用者、港口建立关系。本研究确立的三种对外关系在表 7-1 的第四部分有所阐述;可以使用它们作为未来研究的基础,因为它们直接关系到取得成功的联运服务的能力。

使用这一分类可以了解每一种与模型相关的资源和它们之间的关系,由此可以了解多式联运服务的政策背景。本章所提出的更为庞大的内部和外部集成的要求,在一定程度上说明了为什么尽管经常是政府做了大量的投资,但联运场站并不总是朝着政府希望的模式去转变。还有一种隐患,政府投资基础设施时没有充分解决治理问题,特别是内部和外部集成模型之间的关系。如第3章所示,供应链方面的文献将这些问题作为集成业务决策的一部分,这种做法是越来越多的企业获得竞争优势的必要条件。不仅仅是单个公司,整个供应链之间显现出日益激烈的竞争,这个结论很早之前就已经在供应链方面的文献中得到证实(Christopher,1992),但是这个结论缺乏运输方面的文献支持。在理想的情况下降低运输成本需要对多式联运与物流平台提供资金,但目前这方面缺乏政府的支持,这其与运营模式的分析相独立。

本书的案例分析以及其他文献案例分析表明,在合作、集成、合并以及计划的基础上,运营模式直接关系到经营者能否成功发展联运服务。这些不仅仅是运营问题,在大多数情况下,它们都来源于治理模型中派生而来的问题。未来的研究可以使用这些分类去帮助识别这种集成实施下的不同方式,更重要的是,使用该模型去识别这种集成的缺乏。

7.5 总结

正如简介中所讨论的,运营困难阻碍多式联运的经济可行性是众所周知的。虽然在文献中已经提出关于集成和协作作用的讨论,但是所有者、运营商、货运场站的运营模式之间的关系问题有待解决,这表明有必要对这些模型进行制度分析。从政府文件中总结出来的经验教训(第3章)已经被多式联运场站和物流平台(从第4~6章的案例研究扩展而得)相互借鉴学习,目的是区分已经取得成功的内部和外部模型或者多式联运与物流之间的区别。

本章的结论是要认识到理解运营模式提供更大的协同效应的必要性,这不仅存在于联运场站和物流平台的用户之间,而且还包括两个站点之间的关系以及与外部利益相关者的关系,如交通运输供应商和港口参与者。以前的文献把关注点放在根据所有权来对场站进行分类(例如世界银行和港口治理模型),这是第一步,但是其本身就存在着不足。这些模型已经在本章中进行了扩展,另外增加了两个来自于供应链方面的文献内部和外部集成模型,这一扩展对于理解多式联运与物流及其成功之处至关重要。如果政策目标是想要取得根本的交通运输模式转变,就不能孤立地看待多式联运,而应将其与物流方面的战略共同考虑。我们可以得出明确的结论,政府在投资联运基础设施和提供运营补贴时,必须了解多式联运货流是如何嵌入到内部和外部的关系中。

第8章 多式联运与物流制度选择和展望

8.1 引言

最后一章将多式联运与物流放在港口地理学的大背景下来进行研究。本章内容通过对文献的综述,将欧洲和北美的多式联运案例与跨洲多式联运的地理分布对比分析。这种比较展示了多式联运与物流的空间和制度特征是如何从每一个大陆的运输和物流环境中得到的。发展中的亚洲、非洲和拉丁美洲经济都分别学习了欧洲和北美之前的发展经验教训,但是其自身的制度框架决定了各自的多式联运与物流的运作方式。

本章将这些发现归因于港口区域化和腹地一体化的理论背景。指出并讨论了港口通过一体化战略占领和控制腹地的能力,这是预期理想的港口区域化情况。港口区域化的成功实现需要良好的运营和制度环境,这意味着港口管理者要想成功管理区域化过程,还需要艰难的努力。本章讨论了一些近期关于港口经营者在面临区域化过程的困难时适应制度方面的研究,并给出了未来的研究方向。

8.2 多式联运与洲际物流的地理特征对比

在过去十年的文献研究中,已经开始利用概念模型对港口发展和腹地一体化背景下内陆港口发展的不同策略进行分类和分析。研究方法从空间研究(节点、通道、集群、装载中心和蔓延)向制度研究(所有权、投资、利益相关者管理和运输链的集体行动)转变。如本书中所看到的,货物运输和物流地理分析介于空间分析和制度分析之间。

占主导地位的是欧洲和美国(例如 Rodrigue 和 Notteboom,2009;Roso 等人,2009;Bergqvist 等人,2010;Rodrigue 等人,2010;Monios 和 Wilmsmeier,2012a)。近年来亚洲的一些文献(如 Ng 和 Gujar,2009a,b;Ng 和 Tongzon,2010;Hanaoka 和 Regmi,2011;Beresford 等人,2012;Gangwar 等人,2012;Ng 和 Cetin,2012;Lu 和 Chang,2013;Monios 和 Wang,2013)、非洲的文献(如 Garnwa 等人,2009;Kunaka,2013)和拉丁美洲的文献(如 Padilha 和 Ng,2012;Ng 等人,2013,Rodrigue 和 Wilmsmeier,2013)都已经开始出版,他们坚持认为在发展中经济体内,以地理学视角理解多式联运的空间发展的观点并不足以成立(Padilha 和 Ng,2012;Ng 等人,2013,Rodrigue 和 Wilmsmeier,2013)。

北美的腹地货运在地理中呈陆桥分布,欧洲则是沿海的关口和内陆装载中心(Rodrigue 和 Notteboom,2010),而东亚腹地模式被归类为沿海集聚而内陆覆盖率较低(Lee 等人,2008)。随着腹地一体化的逐渐加强,欧洲和北美港口逐渐与内陆场站紧密联系起来,就像本书中所讨论的区域化模式一样,但是亚洲和拉美港口一直缺乏对内陆的渗透,一般会认为

多式联运与物流发展的制度挑战

这样的腹地一体化模式并不适用于亚洲和拉美洲。这一现象符合印度(Ng 和 Cetin,2012)和拉丁美洲(Ng 等人,2013)的情况,但这个空间模式在中国正在改变,例如,中国腹地在过去十年建立了一些内陆场站。

Monios 和 Wang(2013)发现,中国最近出现的内陆场站网络与欧洲和北美国家更加一体化的网络模式相似。在过去的十年里,由于与邻近港口存在着激烈竞争和重复建设的问题,大多数中国港口越来越关注开发内陆场站。在过去的十年里,港口基础设施投资激增,这主要是为了方便货物装卸能力的扩展和改进,结果却导致港口间的过度竞争。Cullinane 和 Wang(2012)认为这些投资可能是不可持续的,可能会导致港口资源的低效利用,因此市场环境难以从根本上发生变化。尤其在中国,这种情况更加明显,这主要是因为出口导向型经济面临着快速增长的国内劳动力成本和全球经济萎缩的双重压力。因此对于港口管理部门和场站运营商来说,通过确保运输流量以保持增长是十分必要的,以平衡对出口的依赖,并且提高对腹地的供应。后者是一个更简单的选择,这在一定程度上解释了投资内陆场站的战略。

中国的内陆城市也对这一概念表现出了很大的兴趣,因为这样可以增强当地经济的竞争力。然而,正如本书中的一些案例研究所示,港口的战略(与其他港口竞争)和运营(为用户改善进入港口的方式)目标并不总是和中央政府的政策导向或地方政府的规划策略一致。这些冲突具体体现在运营中,例如在中国国内的货流需求下,海路运输中的货车和集装箱无法进行匹配(港口管理者主要利益)。这种情况可以参考美国先前的经验,美国的大多数集装箱都是在国内运输,也许有一天美国的这种情况在中国也会在出现。

同样,最近的研究表明,美国中部的全球港口场站运营商的腹地战略,也显示出一些欧洲港口主导的策略风格(Rodrigue 和 Wilmsmeier,2013)。本书中所讨论的最成功的外化发展的案例是荷兰芬洛内陆场站子港的开发(见 Veenstra 等人,2012)。这个场站由 ECT(HPH 的子公司)运营,是一家坐落在鹿特丹港的私人港口场站运营商。Rodrigue 和 Wilmsmeier(2013)研究了墨西哥的韦拉克鲁斯港,其港口场站的运营商 HPH 致力于与案例相似的由外向内发展战略。就像发展中国家的情况一样,墨西哥的案例使铁路运输可行性与安全性问题存在诸多困难,阻止了内陆港口清关的设立。因此,制度问题是制约多式联运与物流成功建立的主要问题。

内陆场站发展的不同模式与使用场站的动机有部分相关性,发展中国家和发达国家各自的动机也并不总是相同的。其中一种是在关键路线通过大批量运输实现规模经济从而减少运输成本,而另一个则是将政治审批活动(如海关)转移至内陆从而减少交易成本。内陆场站可以设在很远的内陆或者靠近港口,因此对港口运营商和托运人来说,无须承担由于拥堵造成的成本损失。

从本书中可以看到,物流服务对内陆场站运营的成功也很重要,尤其是对发展中国家。集装箱运输对发展中国家来说是个难题,因为在发展中国家,贸易对象主要是原材料和大批散装货物,因此集装箱贸易及其附带服务并未得到很好的发展。托运人需要将货物运往港口并等待很长时间才能将集装箱装载上船。上述成本降低了这些国家的出口竞争力。与此同时,在日益扩大的集装箱运输市场中,集装箱运输散装货物(例如粮食)成为一个新的趋势(Rodrigue 和 Notteboom,2011),并在中国东北的大连港得到应用。集装箱管理也是长期以来发达国家需要解决的问题。例如,美国航运公司不愿意向内陆发送海运集装箱,因为他们不能保证每一个出口箱都能载货回程(美国是一个进口型经济)(Monios 和 Lambert,2013b),所以它们在港口进行换装时,将20ft 和 40ft 的深海集装箱换成53ft 的内陆集装箱(Notteboom 和 Rodrigue,2009b)。

与欧洲和北美的内陆场站不同,内陆海关清关对发展中国家来说是一个更加重要的问题。欧洲内陆的清关堆场(ICDs)在20世纪60年代出现,集装箱革命和高速公路的发展改变了从沿海到内陆集中分布的货物配送运输的地理问题。将提单和清关指定一个内陆位置的设计才能对托运人产生吸引力。现在随着电子文档的使用,托运人可以在对实际业务影响很小的情况下进行清关。欧洲的授权经营者(AEO)系统允许指定经营者不进行货物检查就可以入关。此外,欧盟的关税同盟和货币统一大大简化了通关过程。美国对海关和货币进行统一管理,此外,美国89%的货运是国内货运(FHA,2010),跨国货物流动与纯粹的国内货物流动基本分离,因此没必要在内陆清关。

在欧洲和美国,统一的海关管理和单一货币政策使得通关程序更简单、更快、更便宜,这主要是因为参与其中的组织较少,所以消除了货币的转换费用。有些国家情况并不如此,它们能够执行内陆港的管理职责(包括但不限于海关),可以产生显著的成本节约效果。

在非洲和中国,有很多小规模的托运人可以享受流畅的通关和行政程序。尤其对于在港口和内陆之间设置额外壁垒的非洲国家来说,尤为如此(Adzigbey 等人,2007)。在国际层面上,已经做了很多工作去协调海关程序,并从关税同盟中受益,例如欧盟。让货物先进入并将清关点设置在内陆(进口情况下),可以通过收取进口关税提高现金流(或者更确切地说,在货物从内陆场站运出时清关,这会增加潜在的货物存储的收入,因为只有当货物被需要时才能被运走)。该系统的缺点是,资金可能与海关保证金关联在一起,但他们正在尝试建立一个进口商授权系统,即报告需求会减少,并且不要求保证金(Arvis 等人,2011)。欧洲和美国有更成熟的运输和物流业,因此运输和物流公司规模往往更大且拥有更高的现金流。

自2006年以来,中国的托运人受益于海关改革——设立 A 或者 AA 证书。这些证书由海关管理部门进行信用评级并授予以下公司:①注册超过两年;②进出口值至少达到50万美元(2008年4月1日之前达到100万美元);③一直遵守海关法律、规则和规定。符合条件的企业可以在内陆场站清关,同时其货物将通过受监控的公路和固定编组的整列列车在港口和内陆之间运输。

中国的自然地理条件和多式联运的成本效益,意味着中国和北美有相似的发展多式联运的潜力,北美的铁路比公路运输具有竞争力,因为运输距离长而且有运输双层堆垛容量长列车的能力。尤其对美国而言,铁路的纵向一体化意味着交易成本降低,铁路基础设施的投资与服务开发和运营要求有更为直接的联系。此外,由于美国规模经济效益更大,铁路运营商可以专注于他们的核心业务,经营吞吐量超过100 000TEU 集装箱/年的大型铁路站点(Monios 和 Lambert,2013b)。集装箱被运到其他地方进行物流活动,而运输和物流在同一个地点进行的情况更为少见(Rodrigue 和 Notteboom,2010)。

在非洲,公路运输仍占主导地位,由于很多原因,即使有铁路连接的内陆地区也很难吸引运输量(Nathan Associates,2011;Kunaka,2013)。尽管距离远,低效率的铁路运营和薄弱的基础设施意味着:第一,铁路成本远高于其他运输方式;第二,即使铁路运输成本相对较低，不便性和不可靠性的问题比节省运输成本更为重要，因为在整个供应链中必须开销更多的时间，同时需要更高的库存水平来解决货物缓存的问题（Arvis 等人，2007）。中国同样存在类似的服务不足和分散的情况，这会阻碍铁路与公路在短距离和中等距离间进行竞争。

欧洲内陆场站通常在政府补贴下发展，该补贴取决于项目是否促进货运从公路到铁路的模式转换从而增进社会效益，无论是通过减少污染和拥堵获得社会效益，还是通过托运人减少运输成本而获得社会效益（Wilmsmeier 等人，2011）。然而，多式联运的经济可行性仍然面临挑战，运输距离短而且不能支持双层堆垛运输，并且由于欧洲铁路网络由多个制度管辖，这就不可避免地造成分散。为了吸引足够的客户满足铁路运输的需要，许多运营商提供上门服务，经常扮演物流供应商的角色，根据不同策略采取更直接的方法参与集装箱管理（Monios 和 Wilmsmeier，2012a）。然而，激烈的港口竞争导致市场覆盖重叠，阻碍了潜在规模经济的产生。在中国，也可以观察到类似的风险，一些内陆场站与特定的港口有专门的协议，然而其他场站则有多个协议；类似的竞争将会阻碍运输业的整合。因此，除非有长距离支持双层集装箱的铁路（像美国那样），否则多式联运的发展将会受到挑战。

因此，多式联运的空间发展是运输和物流需求共同作用的结果，并且在发达国家和发展中国家情况有所不同。特别是，不同大陆环境的制度约束对多式联运与物流的成功发挥着重要的作用。虽然一些迹象表明发展中国家复制发达国家的腹地一体化策略已经初步呈现出来，但进一步调查显示，铁路运输不同方面的优点和缺点、集装箱化运输的物流需求、集装箱实用性、清关、库存缓存等都以不同方式影响着运输的决策制定。在发展中国家，物流的改善主要是通过贸易便利化措施、业务发展战略和海关协调等来实现的。这些问题需要在多式联运发挥整合规范的长距离运输的优势之前得到解决。即使在具有统一货币和关税同盟的欧洲，许多行政障碍也已被清除，除了需求最高流量最密度的通道，多式联运的制度挑战依然难以应付。这就是为什么美国仍然是整个世界范围内多式联运的领导者的原因。中国有潜力复制它的成功之处，但首先必须克服自身的局限性。

8.3 广义港口地理学背景下的多式联运与物流

三个实证研究章节都强调了海运和内陆参与者之间的冲突，如缺乏整合、制度障碍以及了解市场结构特性的重要性和政治设计制约，其中任何一个因素都会限制港口区域化的程度。然而，根据之前对不同地理环境下多式联运与物流的讨论表明，这些问题依然是相互联系的，因此孤立地去把握任何单个问题是存在困难的。

Rodrigue 等人（2010，p.2）指出，"如果能维持良好的商业条件和制度环境，内陆港只是内陆货物配送的一种更优选择（并非必须）。"类似地，我们可以说港口区域化要求有一系列有利的商业和制度环境。这本书中第4章到第6章的案例分析结果表明，维持这种条件并不容易。第7章治理关系的分析也表明，需要一些制度多样性是支撑这些条件产生的基础。

第2章所讨论的港口分权和对运输服务放松管制的趋势增加了私营和公共部门合作的可能性，就像在第7章中阐述的那样，公司合作可以采用不同的形式。为了影响和引导港口发展（包括内陆投资策略），土地利用和交通规划需要地区、区域和跨国等不同层面的一体化整合方式。第4章关于场站发展的讨论和第5章关于运营的讨论都强调了多式联运可行性的困难之处，尤其在欧洲比较突出。在欧洲，许多场站的开发有公共部门的补贴资助，同时许多运营商还接受公共基金投资。欧洲许多铁路运营商仍接受来自国家政府的补贴，用于间接支持小规模场站的存在。

16年前，Holtgen（1996）关注到货运场站的成长并不是战略计划的一部分，如今这些问题依然存在。最近，Bergqvist和Wilmsmeier（2009）指出，（欧洲的）内陆场站是在特定的基础上开发的，这种发展方式可能威胁它们的效率，因此有着潜在的模式转变的需求。他们建议政府制定的政策可以促进实现内陆场站位置的统一规划，确保场站位置最优，并能与高质量的运输基础设施相连接。这就要求任何受益于这一立法的公用设施，都有一个透明的定价机制。

Woxenius和Barthel（2008）指出场站重点考虑的应该是基础设施，而不是运营，将场站列入政府的影响范围内，这将使其更容易通过政府补贴来实施开发，然后由私营部门来经营。Ng和Guja（2009a,b）讨论了印度政府采取的不同措施来引导内陆场站的发展。某些措施促成了人造运输链的形成，同时也对政府不干涉的思想进行了质疑。Rahimi等人（2008：pp. 363-4）指出，现在越来越多的非规划师和私营部门认为，"自由市场"的方法对于物流通道的形成今后不会很有效，尤其是在大都市区域。

因此，无论是出于市场需求还是运营要求，地方和区域规划部门必须提高他们"交通运输规划与行业需求的一体化"。然而这个目标是复杂的，因为资金通常是国家政府提供给地方和区域的。第6章强调了跨越空间与尺度去管理这些制度关系的困难性。特别是展示了非正式区域间通过下放治理空间达到凝聚的重要性，欧洲环境特定相关性的发现说明补贴可以是当地的、区域的、行业的、国家的或者超越国家的（如欧盟）。

港口参与者通常不具有制度能力去驱动远远超出它们范围的项目发展。这对港口管理部门来说更加明显，它更有可能在所属城市或区域的范围内工作，当然这一点也适用于私人港口场站运营者。由于私营企业的制度设计（如向股东汇报的董事会）通常专注于集装箱处理的核心竞争力上，这方面的关注点不太可能与相关业务部门在从事购买土地和处理监管以及在腹地发展子公司等其他问题上达成一致。设立短程卫星场站以满足场站的溢出需求是可行的，但是港口场站运营者制定的港口发展策略通常不能与开发几百米以外的装载中心进行同步。然而，本书中的案例和文献表明，一些港口场站运营商已经成功地投资腹地场站。由于港口区域化的概念主要是以港口管理部门为核心的，港口对场站运营商重视不够。Slack和Wang（2002）认为，新的港口地理空间模型必须将港口场站运营商考虑进港口区域化的规划中。

Wilmsmeier等人（2010，2011）引入了一个关于开发内陆场站的概念性方法，通过采用产业组织术语（即前向一体化和后向一体化）提供了一个重点关注的方向，这在Taaffe等人（1963）提出的优先通道模型是不曾有的。在这个模型中，作者对比由内向外发展（土地驱动，如铁路运营商或公共组织）和由外向内发展（海洋驱动，如港口管理部门、场站运营商）模式。这种方法探明了不同的制度框架的细微差别如何导致内陆场站、物流平台、铁路运营商和海港之间行成不同类型的一体化。

第4章中西班牙的案例展示了这两种类型的发展。由外向内模式是港口管理部门试图进入内陆市场的策略下产生的，然而由内向外模式是区域行政部门追求本区域发展而采取的策略所致的。确保港口腹地的优先权与内陆优先权具有紧密联系,内陆优先权是为当地和区域托运人提供高容量服务,这也是地区和区域管理部门的经济发展目标。

第4章的芬洛项目就是由外向内发展的案例,由私人港口场站运营商驱动。因为它是一体化操作,因此可以视为一个适合港口区域化的例子。芬洛是一个港口进入内陆机制的典型代表,很多港口和内陆地区都愿意效仿,但是这存在很多制度性、运营商和法律方面的困难(Veenstra等人,2012)。第3章的供应链文献综述表明,对内部和外部一体化的分析必须不仅要考虑所有权和投资,同时也应考虑流程一体化。这些问题都在芬洛案例中体现出来了,因为它不仅仅是共同所有权,也是港口和内陆地区的闭环式运输,能更加高效。通过港口拥挤附加费(PCS)使得集装箱全程可视,同时工作人员在内陆场站引导运输方向,这些方面使该项目比单个铁路运营商对运输流的分散处理具有更高的效率。

在第4章中讨论的意大利物流园区是一个由内向外发展的典型例子,因为它的物流、仓库和物流园区的活动用地集中。案例分析表明,物流园区的概念对物流来说很实用,但很难与港口成功结合。事实上,意大利由于以公路为主导且物流系统分散,即便铁路位于园区南侧的场站,也不容易做到整合。实际上意大利的一些物流园区有着比较大的多式联运场站,但是铁路运输量非常少。一位被采访者发表了令人深思的观点,"意大利不存在铁路运输"。

由内向外模式往往是公共部门驱动的,是吸引投资和到该地区发展的手段,因为公共部门在基础设施发展方面的一个重要作用便是调控私营部门投资方向。通常情况下,私人投资者在多式联运发展中的潜在利润尚不清楚,因此类似项目很难吸引他们。发展这样的基础设施允许集装箱运输与高货运流相捆绑,这样私人运营商便会愿意针对更大的货物流量进行投资。通过建设一条新的基础设施通道,进入门槛就会消除(以大量前期投资的形式),这样就将更多的私人运营商纳入了市场。因此,由内向外的模式往往倾向于让不同的公司在较低程度上进行整合,而由外向内模式通常需要更深的合作,因为它的目标是增加进入成熟市场的机会和效率。

虽然由外向内模式可以作为私人驱动的企业来保护或开发现存公司的业务,这些公司可能是公有的。因此,荷兰的欧洲集装箱场站是一个私人公司整合内陆的案例,而在西班牙则是公有的港口管理部门作为营利性公司参与开发的案例。第6章的案例中,阿拉米达通道代表了港口管理部门由外向内战略下内陆一体化的案例(尽管项目只包括基础设施通道,不包括内陆场站)。Rickenbacker内陆场站属于由内向外的发展策略,由诺克福南方铁路运营公司开发,该项目通过更大的内陆通道项目与弗吉尼亚港有很好合作的关系。

即使是由外向内的发展模式,内陆的组织仍然会积极参与。例如,港口管理部门或场站运营商被认为主导了项目的进程和方向,他们实际也会与内陆运营商或场站、铁路服务、物流供应商和其他参与者形成合作关系。所以在西班牙的案例中,港口只占有少数股权,尽管最初的驱动过程和大力营销来自于港口海运方面,但真正进行直接运营的是内陆场站运营商。同样在荷兰,欧洲集装箱场站以内陆一体化的方式管理集装箱运输量,但是他们与物流公司合作经营内陆的业务。因此,即使港口参与者追求内陆一体化,作为港口区域化策略,港口仍然会专注于他们的核心业务。这种对港口核心业务和航运业务的关注在最近的趋势中体现得很明显。面临当前经济衰退的挑战,一些承运人除了改变他们的内陆运输公司外,也开始将内部物流部门转变为独立盈利的部门。2013年6月,马士基向Freightliner出售了

第8章 多式联运与物流制度选择和展望

其欧洲铁路子公司 ERS,就是一个典型的例子(Wackett,2013)。

这种区别是了解具有不同动机的参与者之间潜在战略冲突的一种简便方法。参与者通过投资内陆场站的方式占领和控制内陆,同时将推动集装箱往内陆转移,从而缓解港口拥堵,这取决于港口战场通过合资企业或类似商业模式参与铁路运营的能力。铁路运营商开发场站和港口往返汽运也是出于同样的原因,面对不同集装箱和货车的需求以及其他计划的困难,铁路运营商还需要整合国际和国内货运流。本地、地区或国家政府机构,一般以经济发展为动机开发港口,因此通常会包括将港口开发与物流平台整体考虑。港口参与者的动机(不论是港口场站或港口管理部门)与内陆参与者不同,需要辅助的运营模式才能顺利完成工作。同样地,Hesse(2013:p.40)将城市利益相关者在地方和区域方面的利益和影响与港口参与下者在包括区域、国家和国际方面的关注进行了对比后得到结论:"两组不同的利益相关者群体在达成各自目标的权力和潜力上截然不同。"

Wilmsmeier 等人(2011)认为,这种在讨论港口区域化概念时的差异化视角一直没有受到足够的关注。此后这一模型应用在分离区域化策略上,以及比较同一个港口可能采用的具有潜在冲突的区域化策略上,或同一区域范围内不同港口可能采用的具有潜在冲突的区域化策略上。Ng 和 Cetin(2012)表明,发展中国家采用由内向外的发展模式是很常见的,而发达国家最通常采用的是由外向内的发展模式,Monios 和 Wilmsmeier(2012)表明,由内向外的发展在发达国家也很常见。在中国,港口间日益激烈的竞争已经刺激了一些由外向内发展模式的出现。

本书第 7 章中的案例和文献分析揭示了在实践中腹地一体化的缺乏和港口受到的限制,同时详细阐述了港口在通过一体化去控制或占领内陆过程中可能受到的潜在制约。Notteboom 和 Rodrigue(2005)指出区域化是土地参与者"强加于港口的"(p.302),"港口本身并不是区域化的主要动力和发起者"(p.306),这在某种程度上是正确的。但他们的研究同时也揭示了一个固有的矛盾,该概念的定义也强调了港口竞争的重要性和对港口参与者获取和控制这些内陆网络的要求,例如通过在"相互竞争的港口(打造)的自然腹地"开发一个"信息岛"(p.303)。正如上面所指明的那样,港口管理者的局限性尤其反映了这一事实,即有必要资源的大型港口才能采用这样的战术。这意味着,真正的区域化过程所需要的一体化程度是一个例外,而不是常态。

需要调整港口区域化的概念来明确成功进行港口区域化所面临的机会和障碍,并认识到内在的困难是内陆货运运营的本质属性造成的。确保港口区域化成功所要求的有利的运营和制度条件很难实现,这意味着,如果他们想要成功完成港口区域化,港口参与者需要调整(策略)。最近的发展显示,一些港口的确在调整自身以适应现实问题,改变了行动能力,从而他们能够积极地参与到这样的策略中,我们将在接下来的部分进行具体讨论。

8.4 港口活动参与者的制度适应性

第 4 章的内陆场站案例研究表明,由于港口管理者没有制度上的能力去推动腹地深入发展,土地驱动或由内向外的场站发展模式通常是最常见的,但是这种情况正在改变。港口拥堵和激烈的重叠腹地竞争迫使港口管理部门和场站运营商不仅需要投资,而且需要推动投资的实现(Monios 和 Wilmsmeier,2012a;Monios 和 Wang,2013)。如果他们追求这种由外向内的发展模式,港口管理者必须扩大他们的制度能力,扩展当前以集装箱装卸为核心能力的系统。他们的制度设计可以通过私有化或者公司化过程得到改变(Notteboom 和 Rodrigue,2005;Ng 和 Pallis,2010;Sanchez 和 Wilmsmeier,2010;Jacobs 和 Notteboom,2011;Notteboom 等人,2013)。从理论的角度看,这个过程必须通过关系(Jacobs 和 Notteboom,2011)、领土(Debrie 等人,2013)和联合(Monios 和 Wilmsmeier,2012b)等方法实现。

针对港口管理者的制度分析探讨了由于他们的本质属性造成的制约他们行动能力的因素。港口的发展有路径依赖的特征,严重受制于港口过去的行为和制度设计,但也可能与私人投资和公共部门的规划有关。Ng 和 Pallis(2010)考察了当地和区域的制度特征对港口治理模式的影响,他们尝试使用的是通用的治理解决方案。为了更详细地探索港口发展的过程,Notteboom 等人(2013)使用了制度弹性的概念;他们认为,即使港口发展有路径依赖,港口管理部门也可以通过在现有安排中增加层级的方法来实现治理改革。因此,港口管理部门可以不脱离现有的发展道路,而是通过一个被描述为"制度性延伸"的过程开发新功能和活动。这个过程体现在第四章中港口管理部门在腹地投资装载中心的例子中,作者特别强调非正式运输网络的重要性。Jacobs 和 Notteboom(2011)从经济地理学文献出发,提出了从"关键时刻"到"关键节点"的运输活动,并给出了结论,港口管理部门在集体行动中存在"机会之窗"的可能。作者总结到,"在多大程度上'关键时刻'要求制度的调整以实现'关键连接'的问题需要进行更多思考"(p.1690)。

扩展这条线索,Wilmsmeier(2013)等人在对拉丁美洲和加勒比地区二级港口的分析中探索了使关键时刻变成关键节点的因素。该观点从理论上讲是从自生系统的概念而来的(Maturana 和 Varela,1980)。这个概念最初是由 Sanchez 和 Wilmsmeier(2010)引入到港口地理学中的,他们观察到运输系统呈现出一个自组织结构。当一个交通系统面临着市场力量等不确定的环境压力时,它试图面对现有组织系统的挑战。如果反馈环消失,那么这些行为可能导致部分系统无法控制地增长。最后,通过其本质特征的局限性,这些行为可能导致运输系统的过度反应和崩溃。如此循环往复,随着每个输入的转换,系统就会改变其状态(Schober,1991)。

前面港口管理部门和场站运营商的理论特征为今后的研究提供了一个途径,我们可以更详细地探索这种制度适应性。本书中的讨论反映了这些过程是如何受全球化规范和地域特异性影响的(例如,全球场站运营商战略再制定)。运输自生的循环过程将要改变系统多样性时可能会有一个特别高的惯性(Maturana,1994;Jantsch,1982),与运输基础设施投资的不平衡性相关。影响系统变量的因素和影响海运量分散的因素很相似(见 Ducruetetal.,2009;Notteboom,2010;Wilmsmeier 和 Monios,2013),是主动和被动的混合物。这些因素以及循环过程需要更深入的研究。

8.5 结论和未来的研究方向

实证分析的章节指出,由于多式联运与物流的本质产生了一些困难,这些困难可能会对港口区域化战略的成功实现构成挑战。第四章的案例研究表明,港口可以积极发展内陆场

第8章 多式联运与物流制度选择和展望

站,尽管由港务局开发和港口场站运营商开发的港口之间存在差异。但我们同时也可以看到,那些由港口开发和由内陆参与者开发的港口之间也存在差异。第5章多式联运物流的案例揭示了虽然铁路仍然是一个微利业务,而且该行业存在很多问题,它们并不追求联合,不稳定的政府补贴仍然是许多货流的基础。但是多式联运通道不能成为内陆占领和控制港口腹地的工具。直到内陆物流系统变得比海运部门更加集聚,港口区域化概念预测的一体化过程才会发生。第6章的制度分析表明,制度设计往往限制了海运和内陆运输系统间的一体化。合法性与效率间的冲突造成了障碍,如果一个基础设施的集体行动不到位(通常是集体行动为主的公共基础设施),那么私营企业不会采取行动,因此港口区域化面临的挑战,使海上运输和内陆运输在空间上分离。每个港口通用的多标量的正式或非正式的规划制度意味着,通用的假设腹地一体化的港口发展策略将面临一些区域特有的挑战,这将对港口治理的其他研究保持一致。

虽然本书的案例指出了潜在的障碍,可能像港口区域化概念指出的那样,通过一体化策略阻止港口控制或者占领腹地,但是这还需要额外的案例分析。本书也认为港口区域化过程有更大的因素分解挑战,比较港口和其他利益相关者的制度模式,尤其是公共部门规划者和资助者。第7章治理关系运作模式的制度分析在一定程度上接近这一目标。它可能对于一个国家来说更加准确,港口区域化只有在保持一套有利的商业条件和制度条件下才会发生。

本书中给出的案例结果表明,维持这样的条件并不容易,但它也阐述了它们之间如何进行转换。例如,商业环境可以改变(如港口场站直接参与管理腹地铁路服务),制度条件可以改变(如制度的适应性允许港口权力部门在腹地采取直接投资)。本书认为多式联运与物流的空间和制度特征可以进行讨论,这种最佳实践可以被分离出来进行分析和理解。

最近对港口制度适应性的研究表明,港口区域化是"强加于港口"的,这导致了制度设计的不断变化,以及一种关系到自身核心竞争力的转化,在目前还不清楚这是否超出了主要港口的处理能力。"制度弹性""机会之窗"和"自我复制系统"的过程在文献中已经指出,并给出了未来的研究安排,即检验港口权力部门和场站运营商采取的竞争策略是如何适应陆地运输参与者所处的当地和区域经济发展约束限制的。

索　引

图

2-1　重载和空载集装箱运输在全球集装箱运输中所占的份额 …………… 8
2-2　1992—2011 年集装箱船舶尺寸的演变趋势 …………………………… 9
2-3　西班牙科斯拉达的小型联运场站 ……………………………………… 16
2-4　美国孟菲斯的大型联运场站 …………………………………………… 16
2-5　英国麦格纳园区的物流平台 …………………………………………… 17
2-6　意大利博洛尼亚拥有两个联运场站的物流园区 ……………………… 18
5-1　各行业铁路运输货运量统计 …………………………………………… 77
5-2　2010 年英国港口空箱的运输情况 ……………………………………… 85
6-1　2009 年北美每个一级铁路的年度收入情况 …………………………… 102

地图

4-1　西班牙四大主要集装箱港口位置 ……………………………………… 47
4-2　马德里地区现有和规划中的铁路枢纽位置 …………………………… 49
4-3　安特卫普和泽布吕赫港口及穆斯克龙/里尔和 Muizen 内陆场站 …… 51
4-4　鹿特丹港口和芬洛内陆港口的位置 …………………………………… 54
4-5　意大利排名前五的集装箱港口 ………………………………………… 56
4-6　意大利的物流园区 ……………………………………………………… 57
5-1　主要大型超市配送中心的位置 ………………………………………… 75
6-1　美国主要港口和内陆场站的位置 ……………………………………… 102
6-2　拥有内陆场站中心走廊的线路示意 …………………………………… 106

表

2-1　配送中心的中心化和去中心化 ………………………………………… 12
4-1　内陆货运节点的分类标准 ……………………………………………… 41
4-2　第 4 章内陆场站地点列表 ……………………………………………… 46
4-3　2009 年西班牙四大港口吞吐量 ………………………………………… 47
4-4　案例分析表:亚佐魁卡 ………………………………………………… 48
4-5　案例分析表:科斯拉达 ………………………………………………… 48
4-6　案例分析表:萨拉戈萨 ………………………………………………… 48
4-7　案例分析表:Muizen ……………………………………………………… 52

4-8	案例分析表:穆斯克龙/里尔	52
4-9	案例分析表:芬洛	54
4-10	2010年意大利十大港口集装箱吞吐量	56
4-11	案例分析表:马尔恰尼塞	58
4-12	案例分析表:诺拉	58
4-13	案例分析表:博洛尼亚	59
4-14	案例分析表:维罗纳	59
4-15	案例分析表:里瓦尔塔里维亚	59
4-16	内陆场站(港口驱动)的主要特性	61
4-17	内陆场站(内陆驱动)的主要特性	62
4-18	内陆场站的四种发展模式	64
4-19	港口内陆系统集成的等级矩阵	66
5-1	当前铁路联运在盎格鲁—苏格兰的运行路线表	77
5-2	零售商使用多式联运的情况	78
5-3	每个受访零售商的分销结构	80
5-4	英格兰和苏格兰联运场站的FFG奖励	88
5-5	2010—2011年通过MSRS联运的运营补贴受助人	89
5-6	应用主题矩阵	90
6-1	2009年美国十大港口的集装箱吞吐量	100
6-2	应用主题矩阵	110
7-1	联运场站和物流平台之间的分类治理关系	124

参 考 文 献

AAR. (2010). *Class I Railroad Statistics*. Available at: http://www. aar. org/ ~/media /aar/Industry%20Info/AAR%20Stats%202010%200524. ashx(Accessed 26 October 2010).

AASHTO. (2003). *Transportation: Invest in America; Freight-Rail Bottom Line Report*. Washington, DC: AASHTO.

Abrahamsson, M., Brege, S. (1997). Structural changes in the supply chain. *International Journal of Logistics Management*. 8(1): 35-44.

Adzigbey, Y., Kunaka, C., Mitiku, T. N. (2007). *Institutional Arrangements for Transport Corridor Management in Sub-Saharan Africa*. SSATP working paper 86. Washington DC: World Bank.

Albrechts, L., Coppens, T. (2003). Megacorridors: striking a balance between the space of flows and the space of places. *Journal of Transport Geography*. 11(3): 214-24.

Allen, J., Cochrane, A. (2007). Beyond the territorial fix: regional assemblages, politics and power. *Regional Studies*. 41(9): 1161-75.

Allen, J., Massey, D., Thrift, N. with Charlesworth, J., Court, G., Henry, N., Sarre, P. (1998). *Rethinking the Region*. London: Routledge.

Alphaliner. (2012). *Evolution of carriers fleets*. Available at: http://www. alphaliner. com/liner2/research_files/liner_studies/misc/AlphalinerTopCarriers-2012. pdf(Accessed 25 September 2013).

Amin, A. (1994). The difficult transition from informal economy to Marshallian industrial district. *Area*. 26(1):13-24.

Amin, A. (2001). Moving on: institutionalism in economic geography. *Environment & Planning A*. 33(7):1237-41.

Amin, A., Thrift, N. J. (1994). Living in the global. In: Amin, A., Thrift, N. (eds). *Globalization, Institutions and Regional Development in Europe*. Oxford: Oxford University Press, pp. 1-22.

Amin, A., Thrift, N. J. (1995). Globalization, institutional "thickness" and the local economy. In: Healey, P., Cameron, S., Davoudi, S., Graham, S., Madinpour, A. (eds). *Managing Cities; The New Urban Context*. Chichester: Wiley, pp. 91-108.

Amin, A., Thrift, N. (2002). *Cities: Reimagining the Urban*. Cambridge: Polity Press.

Aoki, M. (2007). Endogenizing institutions and institutional changes. *Journal of Institutional Economics*. 3(1):1-31.

ARC. (2010). *The Heartland Corridor: Opening New Access to Global Opportunity*. Washington,

DC:ARC.

Arnold, P., Peeters, D., Thomas, I. (2004). Modelling a rail/road intermodal transportation system. *Transportation Research Part E.* 40(3):255-70.

Arthur, W. B. (1994). *Increasing Returns and Path Dependence in the Economy.* Ann Arbor:University of Michigan Press.

Arvis J. F., Carruthers R., Smith G., Willoughby C. (2011). *Connecting Landlocked Developing Countries to Markets:Trade Corridors in the 21st Century.* Washington, DC:World Bank.

Arvis, J.-F., Raballand, G., Marteay, J.-F. (2007). *The Cost of Being Landlocked:Logistics, Costs, and Supply Chain Reliability.* Washington, DC:World Bank.

Baird, A. (2002). Privatization trends at the world's top-100 container ports. *Maritime Policy & Management.* 29(3):271-84.

Baird, A. J. (2000). Port privatisation:objectives, extent, process and the UK Experience. *International Journal of Maritime Economics.* 2(2):177-94.

Ballis, A., Golias, J. (2002). Comparative evaluation of existing and innovative rail-road freight transport terminals. *Transportation Research Part A.* 36(7):593-611.

Baltazar, R., Brooks, M. R. (2001). The governance of port devolution:a tale of two countries. Paper presented at the 9th World Conference on Transport Research, Seoul, 2001.

Barke, M. (1986). *Transport and Trade; Conceptual Frameworks in Geography.* Edinburgh:Oliver & Boyd.

Barney, J. (1991). Firm resources and sustained competitive advantage. *Journal of Management.* 17(1):99-120.

Bärthel, F., Woxenius, Y. (2004). Developing intermodal transport for small flows over short distances. *Transportation Planning & Technology.* 27(5):403-24.

Beresford, A. K. C., Dubey, R. C. (1991). *Handbook on the Management and Operation of Dry Ports.* RDP/LDC/7. Geneva, Switzerland:UNCTAD.

Beresford, A. K. C., Gardner, B. M., Pettit, S. J., Naniopoulos, A., Wooldridge, C. F. (2004). The UNCTAD and WORKPORT models of port development:evolution or revolution? *Maritime Policy & Management.* 31(4):93-107.

Beresford, A., Pettit, S., Xu, Q., Williams, S. (2012). A study of dry port development in China. *Maritime Economics & Logistics.* 14(1):73-98.

Beresford, A. K. C. (1999). Modelling freight transport costs:a case study of the UK-Greece corridors. *International Journal of Logistics:Research and Applications.* 2(3):229-46.

Bergqvist, R. (2008). Realising logistics opportunities in a public-private collaborative setting:the story of Skaraborg. *Transport Reviews.* 28(2):219-37.

Bergqvist, R., Behrends, S. (2011). Assessing the effects of longer vehicles:the case of pre- and post-haulage in intermodal transport chains. *Transport Reviews.* 31(5):591-602.

Bergqvist, R., Falkemark, G., Woxenius, J. (2010). Establishing intermodal terminals. *World Review of Intermodal Transportation Research.* 3(3):285-302.

Bergqvist, R., Wilmsmeier, G. (2009). Extending the role and concept of dryports: A response to the public consultation of "A sustainable future for transport: Towards an integrated, technology-led and user friendly system" by the Dryport project. Gothenburg: Dryport.

Berkeley, T. (2010). Rail freight in the UK. Presentation given at the International Conference on Intermodal Strategies for Integrating Ports and Hinterlands, Edinburgh, October, 2010.

Bichou, K., Gray, R. (2004). A logistics and supply chain management approach to port performance measurement. *Maritime Policy & Management.* 31(1):47-67.

Bichou, K., Gray, R. (2005). A critical review of conventional terminology for classifying seaports. *Transportation Research Part A: Policy and Practice.* 39(1):75-92.

Bichou, K. (2009). *Port Operations, Planning and Logistics.* London: Informa Law.

Bird, J. (1963). *The Major Seaports of the United Kingdom.* London: Hutchinson & Co.

Bird, J. (1971). *Seaports and Seaport Terminals.* London: Hutchinson & Co.

Bonacich, E., Wilson, J. B. (2008). *Getting the Goods; Ports, Labour and the Logistics Revolution.* Ithaca, NY: Cornell University Press.

Bontekoning, Y. M., Macharis, C., Trip, J. J. (2004). Is a new applied transportation research field emerging? A review of intermodal rail-truck freight transport literature. *Transportation Research Part A: Policy and Practice.* 38(1):1-34.

Bouley, C. (2012). *Manifesto for the 45' palletwide container: a green container for Europe.* Available at: http://issuu.com/cjbouley/docs/manifesto_for_the_45_pallet_wide_container (Accessed 16 March 2012).

Bowen, J. (2008). Moving places: the geography of warehousing in the US. *Journal of Transport Geography.* 16(6):379-87.

Bowersox, D. J., Daugherty, P. J., Dröge, C. L., Rogers, D. S., Wardlow, D. L. (1989). *Leading Edge Logistics: Competitive Positioning for the 1990s.* Oak Brook, IL: Council of Logistics Management.

Boyd, J. D. (2010). If you build it... stacking up hopes in the heartland. Journal of Commerce. 6 Sept 2010. Available at: http://www.joc.com/rail-intermodal/ if-you-build-it-stacking-hopes-heartland (Accessed 10 April 2011).

Brenner, N. (1999). Beyond state-centrism? Space, territoriality, and geographical scale in globalization studies. *Theory and Society.* 28(1):39-78.

Brenner, N. (2004). *New State Spaces; Urban Governance and the Rescaling of Statehood.* Oxford: Oxford UP.

Broeze, F. (2002). *The Globalisation of the Oceans: Containerisation From the 1950s to the Present.* St. Johns, NF, Canada: International Maritime Economic History Association.

Brooks, M. R. (2004). The governance structure of ports. *Review of Network Economics.* 3(2): 168-83.

Brooks, M. R., Cullinane, K. (eds). (2007). *Devolution, Port Governance and Port Performance.* London: Elsevier.

Brooks, M., Pallis, A. A. (2008). Assessing port governance models: process and performance components. *Maritime Policy & Management*. 35(4):411-32.

Bryman, A. (2008). *Social Research Methods*. Oxford: Oxford UP.

Burt, S. L., Sparks, L. (2003). Power and competition in the UK retail grocery market. *British Journal of Management*. 14(3):237-54.

Caballini, C., Gattorna, E. (2009). The expansion of the port of Genoa: the Rivalta Scrivia dry port. *UNESCAP Transport and Communications Bulletin for Asia and the Pacific. No. 78: Development of Dry Ports*. New York, UNESCAP.

Callahan, R. F., Pisano, M., Linder, A. (2010). Leadership and strategy: a comparison of the outcomes and institutional designs of the Alameda Corridor and the Alameda Corridor East projects. *Public Works Management & Policy*. 14(3):263-87.

Castells, M. (1996). *The Rise of the Network Society*. The Information Age: Economy, Society and Culture, vol. 1. Oxford: Blackwell.

Chapman, D., Pratt, D., Larkham, P., Dickins, I. (2003). Concepts and definitions of corridors: evidence from England's Midlands. *Journal of Transport Geography*. 11(3):179-91.

Charlier, J. J., Ridolfi, G. (1994). Intermodal transportation in Europe: of modes, corridors and nodes. *Maritime Policy & Management*. 21(3):237-50.

Chatterjee, L., Lakshmanan, T. R. (2008). Intermodal freight transport in the United States. In: Konings, R., Priemus, H., Nijkamp, P. (eds). *The Future of Intermodal Freight Transport*. Cheltenham: Edward Elgar, pp. 34-57.

Chen, H., Daugherty, P. J., Roath, A. S. (2009). Defining and operationalizing supply chain process integration. *Journal of Business Logistics*. 30(1):63-84.

Choong, S. T., Cole, M. H., Kutanoglu, E. (2002). Empty container management for intermodal transportation networks. *Transportation Research Part E: Logistics and Transportation Review*. 38(6):423-38.

Christaller, W. (1933). *Die Zentralen Orte in Süddeutschland (Central Places in Southern Germany)*. Trans. C. W. Baskin(1966). Englewood Cliffs, NJ: Prentice Hall.

Christopher M. (1992). *Logistics and Supply Chain Management: Strategies for Reducing Costs and Improving Services*. London: Pitman Publishing.

Cidell, J. (2010). Concentration and decentralization: the new geography of freight distribution in US metropolitan areas. *Journal of Transport Geography*. 18(3):363-71.

Cidell, J. (2013). From hinterland to distribution centre: the Chicago region's shifting gateway function. In: Hall, P. V., Hesse, M. (eds). *Cities, Regions and Flows*. Abingdon: Routledge, pp. 114-28.

Coase, R. H. (1937). The nature of the firm. *Economica*. 4(16):386-405.

Coase, R. H. (1983). The new institutional economics. *Journal of Institutional and Theoretical Economics*. 140(1):229-31.

Containerisation International. (2012). Available at: http://www.ci-online.co.uk/default.asp

(Accessed 2 September 2013).

Cooke, P., Morgan, K. (1998). *The Associational Economy: Firms, Regions and Innovation*. Oxford: Oxford UP.

Coulson, A., Ferrario, C. (2007). 'Institutional thickness': local governance and economic development in Birmingham, England. *International Journal of Urban and Regional Research*. 31(3):591-615.

CREATE. (2005). *CREATE Final Feasibility Plan*. Chicago: CREATE.

Cronbach, L. (1975). Beyond the two disciplines of scientific psychology. *American Psychology*. 30(2):116-27.

Cruijssen, F., Dullaert, W., Fleuren, H. (2007). Horizontal cooperation in transport and logistics: a literature review. *Transportation Journal*. 46:22-39.

Cullinane, K. P. B., Wilmsmeier, G. (2011). The Contribution of the Dry Port Concept to the Extension of Port Life Cycles. In: Böse, J. W. (ed.). *Handbook of Terminal Planning*. New York, Springer, pp.359-80.

Cullinane, K. P. B., Wang, Y. (2012). The hierarchical configuration of the container port industry: an application of multiple linkage analysis. *Maritime Policy & Management*. 39(2):169-87.

Cullinane, K., Song, D. W. (2002). Port privatisation policy and practice. *Maritime Policy and Management*. 22(1):55-75.

Cullinane, K. P. B., Khanna, M. (1999). Economies of scale in large container ships. *Journal of Transport Economics and Policy*. 33(2):185-208.

Curtis, C., Lowe, N. (2012). *Institutional Barriers to Sustainable Transport*. Farnham, Surrey: Ashgate.

Dablanc, L., Ross, C. (2012). Atlanta: a mega logistics center in the Piedmont Atlantic Megaregion(PAM). *Journal of Transport Geography*. 24:432-42.

David, P. A. (1985). Clio and the Economics of QWERTY. *American Economic Review*. 75:332-7.

De Langen, P. W. (2008). *Ensuring Hinterland Access: the Role of Port Authorities*. JTRC OECD/ITF Discussion Paper 2008-11. Paris: ITF.

De Langen, P. W. (2004). *The performance of seaport clusters, a framework to analyze cluster performance and an application to the seaport clusters of Durban, Rotterdam and the Lower Mississippi*. Rotterdam: ERIM PhD series.

De Langen, P. W., Chouly, A. (2004). Hinterland access regimes in seaports. *European Journal of Transport and Infrastructure Research*. 4(4):361-80.

De Langen, P., Visser, E.-J. (2005). Collective action regimes in seaport clusters: the case of the Lower Mississippi port cluster. *Journal of Transport Geography*. 13(2):173-86.

De Vries, J., Priemus, H. (2003). Megacorridors in north-west Europe: issues for transnational spatial governance. *Journal of Transport Geography*. 11(3):225-33.

de Wulf, L. , Sokol, J. (eds). (2005). *Customs Modernization Handbook*. Washington, DC: The World Bank.

Debrie, J. , Gouvernal, E. , Slack, B. (2007). Port devolution revisited: the case of regional ports and the role of lower tier governments. *Journal of Transport Geography*. 15(6):455-64.

Debrie, J. , Lavaud-Letilleul, V. , Parola, F. (2013). Shaping port governance: the territorial trajectories of reform. *Journal of Transport Geography*. 27:56-65.

Dekker, R. , van Asperen, E. , Ochtman, G. , Kusters, W. (2009). Floating stocks in FMCG supply chains: using intermodal transport to facilitate advance deployment. *International Journal of Physical Distribution & Logistics Management*. 39(8):632-48.

Department for Transport. (2011). *DfT Port Statistics*. London: DfT.

Department for Transport. (2011). *Britain's Transport Infrastructure. Strategic Rail Freight Network: The Longer Term Vision*. London: DfT.

Dicken, P. (2011). *Global Shift*. 6th edn. New York: Guildford.

Djankov, S. , Freud, C. , Pham, C. C. (2005). *Trading on Time*. Research paper 3909. Washington DC: World Bank.

Drewry Shipping Consultants. (2012). *Global Container Terminal Operators Annual Review and Forecast* 2012. London: Drewry Publishing.

Drewry Shipping Consultants. (2013). *Container Market - 2012/13. Annual Review and Forecast*. London: Drewry publishing.

Ducruet, C. (2009). Port regions and globalization. In: Notteboom, T. , Ducruet, D. , deLangen, P. (eds). *Ports in Proximity*. Farnham: Ashgate, pp. 41-54.

Ducruet, C. , Lee, S. W. (2006). Frontline soldiers of globalisation: Port-city evolution and regional competition. *GeoJournal*. 67(2):107-22.

Ducruet, C. , Roussin, S. , Jo, J. -C. (2009). Going west? Spatial polarization of the North Korean port system. *Journal of Transport Geography*. 17(5):357-68.

Ducruet, C. , Van der Horst, M. (2009). Transport integration at European ports: measuring the role and position of intermediaries. *EJTIR*. 9(2):121-42.

Dussauge, P. , Garrette, B. (1997). Anticipating the evolutions and outcomes of strategic alliances between rival firms. *International Studies of Management & Organization*. 27:104-26.

Dyer, J. H. , Singh, H. (1998). The relational view: cooperative strategy and sources of interorganizational competitive advantage. *Academy of Management Review*. 23(4):660-79.

Eng-Larsson, F. , Kohn, C. (2012). Modal shift for greener logistics - the shipper's perspective. *International Journal of Physical Distribution and Logistics Management*. 42(1):36-59.

European Commission. (2001). *European Transport Policy for 2010: Time to Decide*. Luxembourg: European Commission.

Evangelista, P. , Morvillo, A. (2000). Maritime transport in the Italian logistic system. *Maritime Policy & Management*. 27(4):335-52.

Everett, S. , Robinson, R. (1998). Port reform in Australia: issues in the ownership debate. *Mari-

time Policy & Management. 25(4):41-62.

Fan, L., Wilson, W. W., Tolliver, D. (2009). Logistical rivalries and port competition for container flows to US markets: impacts of changes in Canada's logistics system and expansion of the Panama Canal. *Maritime Economics & Logistics.* 11(4):327-57.

Fawcett, S. E., Magnan, G. M., McCarter, M. W. (2008a). A three-stage implementation model for supply chain collaboration. *Journal of Business Logistics.* 29(1):93-112.

Fawcett, S. E., Magnan, G. M., McCarter, M. W. (2008b). Benefits, barriers and bridges to effective supply chain management. *Supply Chain Management: An International Journal.* 13(1):35-48.

FDT. (2007). *Feasibility Study on the Network Operation of Hinterland Hubs (Dry Port Concept) to Improve and Modernise Ports' Connections to the Hinterland and to Improve Networking.* Aalborg, Denmark: FDT.

FDT. (2009). *The Dry Port: Concepts and Perspectives.* Aalborg, Denmark: FDT. Fernie, J., McKinnon, A. C. (2003). The Grocery Supply Chain in the UK: Improving Efficiency in the Logistics Network. *International Review of Retail, Distribution and Consumer Research.* 13(2):161-74.

Fernie, J., Pfab, F., Merchant, C. (2000). Retail grocery logistics in the UK. *International Journal of Logistics Management.* 11(2):83-90.

Fernie, J., Sparks, L., McKinnon, A. C. (2010). Retail logistics in the UK: past, present and future. *International Journal of Retail and Distribution Management.* 38(11/12):894-914.

Ferrari, C., Musso, E. (2011). Italian ports: towards a new governance? *Maritime Policy & Management.* 38(3):335-46.

Ferreira, L., Sigut, J. (1993). Measuring the performance of intermodal freight terminals. *Transportation Planning & Technology.* 17(3):269-80.

FHA. (2010). *Freight Analysis Framework, version 3.1, 2010.* Washington DC: U. S. Department of Transportation, Federal Highway Administration, Office of Freight Management and Operations.

Flämig, H., Hesse, M. (2011). Placing dryports. Port regionalization as a planning challenge - the case of Hamburg, Germany, and the Süderelbe. *Research in Transportation Economics.* 33(1):42-50.

Fleming, D. K., Hayuth, Y. (1994). Spatial characteristics of transportation hubs: centrality and intermediacy. *Journal of Transport Geography.* 2(1):3-18.

Flyvbjerg, B. (2006). Five misunderstandings about case-study research. *Qualitative Inquiry.* 12(2):219-45.

Forum for the Future. (2007). *Retail Futures: Scenarios for the Future of UK Retail and Sustainable Development.* London: Forum for the Future.

FRA. (2012). FRA website. Available at: http://www.fra.dot.gov/rpd/freight/1486.shtml (Accessed 4 November 2010).

Frémont, A., Franc, P. (2010). Hinterland transportation in Europe: combined transport versus road transport. *Journal of Transport Geography*. 18(4): 548-56.

Frémont, A., Soppé, M. (2007). Northern European range: shipping line concentration and port hierarchy. In: Wang, J., Olivier, D., Notteboom, T., Slack, B. (eds). *Ports, Cities and Global Supply Chains*. Aldershot: Ashgate, pp. 105-20.

Friedman, T. L. (2005). *The World is Flat: A Brief History of the Twenty-First Century*. New York: Farrar, Straus and Giroux.

FTA. (2012). *On Track: Retailers Using Rail Freight to Make Cost and Carbon Savings*. London: FTA.

Fundación Valenciaport. (2010). Personal communication, 13 October, 2010.

Gangwar, R., Morris, S., Pandey, A., Raghuram, G. (2012). Container movement by rail in India: a review of policy evolution. *Transport Policy*. 22(1): 20-28.

Garnwa, P., Beresford, A., Pettit, S. (2009). Dry ports: a comparative study of the United Kingdom and Nigeria. In: *Transport and Communications Bulletin for Asia and the Pacific No. 78: Development of Dry Ports*. New York: UNESCAP.

Geerlings, H., Stead, D. (2003). The integration of land use planning, transport and environment in European policy and research. *Transport Policy*. 10(3): 187-96.

Gifford, J. L., Stalebrink, O. J. (2002). Remaking transportation organizations for the 21st century: consortia and the value of organizational learning. *Transportation Research Part A*. 36(7): 645-57.

Gimenez, C., Ventura, E. (2005). Logistics-production, logistics-marketing and external integration. *International Journal of Operations & Production Management*. 25(1): 20-38.

Golicic, S. L., Mentzer, J. T. (2006). An empirical examination of relationship magnitude. *Journal of Business Logistics*. 27(1): 81-108.

González, S., Healey, P. (2005). A sociological institutionalist approach to the study of innovation in governance capacity. *Urban Studies*. 42(11): 2055-69.

Goodwin, A. (2010). *The Alameda Corridor: A Project of National Significance*. Carson, CA: ACTA.

Goodwin, M., Jones, M., Jones, R. (2005). Devolution, constitutional change and economic development: explaining and understanding the new institutional geographies of the British state. *Regional Studies*. 39(4): 421-36.

Gouvernal, E., Debrie, J., Slack, B. (2005). Dynamics of change in the port system of the western Mediterranean. *Maritime Policy & Management*. 32(2): 107-21.

Graham, M. G. (1998). Stability and competition in intermodal container shipping: finding a balance. *Maritime Policy & Management*. 25(2): 129-47.

Grawe, S. J., Daugherty, P. J., Dant, R. P. (2012). Logistics service providers and their customers: gaining commitment through organizational implants. *Journal of Business Logistics*. 33(1): 50-63.

Groenewegen, J., De Long, M. (2008). Assessing the potential of new institutional economics to explain institutional change: the case of road management liberalization in the Nordic countries. *Journal of Institutional Economics.* 4(1):51-71.

Groothedde, B., Ruijgrok, C., Tavasszy, L. (2005). Towards collaborative, intermodal hub networks: A case study in the fast moving consumer goods market. *Transportation Research Part E: Logistics and Transportation Review.* 41(6):567-83.

Guan, W., Rehme, J. (2012). Vertical integration in supply chains: driving forces and consequences for a manufacturer's downstream integration. *Supply Chain Management: An International Journal.* 17(2):187-201.

Hailey, R. (2011). CMA CGM signs two-year rail deal with DB Schenker at Southampton. *Lloyd's List.* 18 April 2011. Available at: http://www. lloyds list. com/ll/sector/ports-and-logistics/article368643. ece (Accessed 25 August 2013).

Hall, D. (2010). Transport geography and new European realities: a critique. *Journal of Transport Geography.* 18(1):1-13.

Hall, P. V. (2003). Regional institutional convergence? Reflections from the Baltimore waterfront. *Economic Geography.* 79(4):347-63.

Hall, P. V., Hesse, M. (2013). Reconciling cities and flows in geography and regional studies. In: Hall, P. V., Hesse, M. (eds). *Cities, Regions and Flows.* Abingdon: Routledge, pp. 3-20.

Hall, P. V., Jacobs, W. (2012). Why are maritime ports (still) urban, and why should policymakers care? *Maritime Policy & Management.* 39(2):189-206.

Hall, P. V., Jacobs, W. (2010). Shifting proximities: the maritime ports sector in an era of global supply chains. *Regional Studies.* 44(9):1103-15.

Hall, P., Hesse, M., Rodrigue, J.-P. (2006). Reexploring the interface between economic and transport geography. *Environment & Planning A.* 38(7):1401-8.

Hall, P., McCalla, R. J., Comtois, C., Slack, B. (eds) (2011). *Integrating Seaports and Trade Corridors.* Aldershot: Ashgate.

Halldórsson, A., Skjøtt-Larsen, T. (2006). Dynamics of relationship governance in TPL arrangements - a dyadic perspective. *International Journal of Physical Distribution & Logistics Management.* 36(7):490-506.

Hammersley, M. (1992). *What's Wrong with Ethnography?* London: Routledge.

Hanaoka, S., Regmi, M. B. (2011). Promoting intermodal freight transport through the development of dry ports in Asia: an environmental perspective. *IATSS Research.* 35(1):16-23.

Haynes, K. E., Gifford, J. L., Pelletiere, D. (2005). Sustainable transportation institutions and regional evolution: global and local perspectives. *Journal of Transport Geography.* 13(3):207-21.

Hayuth, Y. (1980). Inland container terminal - function and rationale. *Maritime Policy and Management.* 7(4):283-9.

Hayuth, Y. (1981). Containerization and the load center concept. *Economic Geography.* 57(2):160-76.

Hayuth, Y. (2007). Globalisation and the port-urban interface: conflicts and opportunities. In: Wang, J., Olivier, D., Notteboom, T., Slack, B. (eds). *Ports, Cities and Global Supply Chains*. Aldershot: Ashgate, pp. 141-56.

Haywood, R. (1999). Land development implications of the British rail freight renaissance. *Journal of Transport Geography*. 7(4):263-75.

Heaver, T., Meersman, H., Moglia, F., Van de Voorde, E. (2000). Do mergers and alliances influence European shipping and port competition? *Maritime Policy & Management*. 27(4): 363-73.

Heaver, T., Meersman, H., Van de Voorde, E. (2001). Co-operation and competition in international container transport: strategies for ports. *Maritime Policy & Management*. 28(3): 293-305.

Henry, N., Pinch, S. (2001). Neo-Marshallian nodes, institutional thickness, and Britain's 'Motor Sport Valley': thick or thin? *Environment & Planning A*. 33(7):1169-83.

Hernández-Espallardo, M., Arcas-Lario, N. (2003). The effects of authoritative mechanisms of coordination on market orientation in asymmetrical channel partnerships. *International Journal of Research in Marketing*. 20(2):133-52.

Hernández-Espallardo, M., Rodríguez-Orejuela, A., Sánchez-Pérez, M. (2010). Inter-organizational governance, learning and performance in supply chains. *Supply Chain Management: An International Journal*. 15(2):101-14.

Hesse, M. (2004). Land for Logistics. locational dynamics, real estate markets and political regulation of regional distribution complexes. *Tijdschrift voor Sociale en Economische Geografie*. 95(2):162-73.

Hesse, M. (2008). *The City as a Terminal. Logistics and Freight Distribution in an Urban Context*. Aldershot: Ashgate.

Hesse, M. (2013). Cities and flows: re-asserting a relationship as fundamental as it is delicate. *Journal of Transport Geography*. 29:33-42.

Hesse, M., Rodrigue, J.-P. (2004). The transport geography of logistics and freight distribution. *Journal of Transport Geography*. 12(3):171-84.

Hingley, M, Lindgreen, A., Grant, D. B., Kane, C. (2011). Using fourth-party logistics management to improve horizontal collaboration among grocery retailers. *Supply Chain Management: An International Journal*. 16(5):316-27.

Hoare, A. G. (1986). British ports and their export hinterlands: a rapidly changing geography. *Geografiska Annaler*. 68B(1):29-40.

Hoffmann, J. (2001). Latin American ports: results and determinants of private sector participation. *International Journal of Maritime Economics*. 3(2):221-41.

Holguin-Veras, J., Paaswell, R., Perl, A. (2008). The role of government in fostering intermodal transport innovations: perceived lessons and obstacles in the United States. In: Konings, R., Priemus, H., Nijkamp, P. (eds). *The Future of Intermodal Freight Transport*. Cheltenham: Edward Elgar, pp. 302-24.

Höltgen, D. (1996). *Intermodal Terminals in the Trans-European Network*. Discussion Paper. Rotterdam: European Centre for Infrastructure Studies.

Hooghe, L., Marks, G. (2003). Unraveling the central state, but how? Types of multi-level governance. *American Political Science Review*. 97(2): 233-43.

Hooghe, L., Marks, G. (2001). *Multi-Level Governance and European Integration*. Boulder, Col.: Rowman & Littlefield.

Hotelling, H. (1929). Stability in competition. *Economic Journal*. 39(153): 41-57.

Hoyle, B. S. (1968). East African seaports: an application of the concept of 'anyport'. *Transactions & Papers of the Institute of British Geographers*. 44: 163-83.

Hoyle, B. S. (2000). Global and local change on the port-city waterfront. *Geographical Review*. 90(3): 395-417.

Humphries, A. S., Towriss, J., Wilding, R. (2007). A taxonomy of highly interdependent supply chain relationships. *The International Journal of Logistics Management*. 18(3): 385-401.

Iannone, F. (2012). Innovation in port-hinterland connections. The case of the Campanian logistic system in Southern Italy. *Maritime Economics & Logistics*. 14(1): 33-72.

IGD. (2012). Over 200 million food miles removed from UK roads. Available at http://www.igd.com/print.asp?pid=1&pflid=6&plid=5&pcid=2303 (Accessed 11 April 2012).

Jaccoby, S. M. (1990). The new institutionalism: what can it learn from the old? *Industrial Relations*. 29(2): 316-59.

Jacobs, W. (2007). Port competition between Los Angeles and Long Beach: an institutional analysis. *Tijdschrift voor Economische en Sociale Geografie*. 98(3): 360-72.

Jacobs, W., Notteboom, T. (2011). An evolutionary perspective on regional port systems: the role of windows of opportunity in shaping seaport competition. *Environment & Planning A*. 43(7): 1674-92.

Janic, M. (2007). Modelling the full costs of an intermodal and road freight transport network. *Transportation Research Part D: Transport and Environment*. 12(1): 33-44.

Jantsch, E. (1982). *Die Selbstorganisation des Universums*. Munich: Hanser.

Jaržemskis, A., Vasiliauskas, A. V. (2007). Research on dry port concept as intermodal node. *Transport*. 22(3): 207-13.

Jessop, B. (2001). Institutional (re)turns and the strategic-relational approach. *Environment & Planning A*. 33(7): 1213-35.

Jessop, B. (1990). *State Theory: Putting Capitalist States in their Place*. Cambridge: Polity.

Jones, M. (1997). Spatial selectivity of the state? The regulationist enigma and local struggles over economic governance. *Environment and Planning A*. 29(5): 831-64.

Jones, P., Comfort, D., Hillier, D. (2005). Corporate social responsibility and the UK's top ten retailers. *International Journal of Retail and Distribution Management*. 33(12): 882-92.

Jones, P., Comfort, D., Hillier, D. (2008). UK retailing through the looking glass. *International*

Journal of Retail and Distribution Management. 36(7):564-70.

Jordan, A., Wurzel, R. K., Zito, A. (2005). The rise of 'new' policy instruments in comparative perspective:has governance eclipsed government? *Political Studies.* 53(3):477-96.

Kelle, U. (1997). Theory Building in Qualitative Research and Computer Programs for the Management of Textual Data. *Sociological Research Online.* 2(2). Available at:www. socresonline. org. uk/2/2/1. html. (Accessed 19 September 2013).

Kim, N. S., Wee, B. V. (2011). The relative importance of factors that influence the break-even distance of intermodal freight transport systems. *Journal of Transport Geography.* 19(4):859-75.

Klint, M. B., Sjöberg, U. (2003). Towards a comprehensive SCP-model for analysing strategic networks/alliances. *International Journal of Physical Distribution & Logistics Management.* 33(5):408-26.

Knowles, R., Shaw, J., Docherty, I. (2008). *Transport Geographies:Mobilities, Flows and Apaces.* Oxford:Blackwell.

Konings, J. W. (1996). Integrated centres for the transhipment, storage, collection and distribution of goods. *Transport Policy.* 3(1):3-11.

Konings, R. (2007). Opportunities to improve container barge handling in the port of Rotterdam from a transport network perspective. *Journal of Transport Geography.* 15(6):443-54.

Konings, R., Kreutzberger, E., Maraš, V. (2013). Major considerations in developing a hub-and-spoke network to improve the cost performance of container barge transport in the hinterland:the case of the port of Rotterdam. *Journal of Transport Geography.* 29:63-73.

Konings, R., Priemus, H., Nijkamp, P. (eds). (2008). *The Future of Intermodal Freight Transport.* Cheltenham:Edward Elgar.

Kreutzberger, E. D. (2008). Distance and time in intermodal goods transport networks in Europe:a generic approach. *Transportation Research Part A:Policy & Practice.* 42(7):973-93.

Kuipers, B. (2002). The rise and fall of the maritime mainport. Paper presented at the European Transport Conference, Cambridge, September 2002.

Kunaka, C. (2013). Dry ports and trade logistics in Africa. In:Bergqvist, R., Cullinane, K. P. B., Wilmsmeier, G. (eds). *Dry Ports:A Global Perspective.* London:Ashgate, pp. 83-105.

Lambert, D. M., Emmelhainz, M. A., Gardner, J. T. (1999). Building successful logistics partnerships. *Journal of Business Logistics.* 20(1):165-81.

Lambert, D. M., García-Dastugue, S. J., Croxton, K. L. (2008). The role of logistics managers in the cross-functional implementation of supply chain management. *Journal of Business Logistics.* 29(1):113-32.

Lammgård, C. (2012). Intermodal train services:a business challenge and a measure for decarbonisation for logistics service providers. *Research in Transportation Business & Management.* 5:48-56.

Lavie, D. (2006). The competitive advantageof interconnected firms:an extension of the resource-based view. *Academy of Management Review*. 31(3):638-58.

le Blanc, H. M., Cruijssen, F., Fleuren, H. A., de Koster, M. B. M. (2006). Factory gate pricing: An analysis of the Dutch retail distribution. *European Journal of Operational Research*. 174(3):1950-67.

LeCompte, M. D., Goetz, J. P. (1982). Problems of reliability and validity in ethnographic research. *Review of Educational Research*. 52(2):31-60.

Lee, S.-W., Song, D.-W., Ducruet, C. (2008). A tale of Asia's world ports: the spatial evolution in global hub port cities. *Geoforum*. 39(1):372-85.

Legacy, C., Curtis, A., Sturup, S. (2012). Is there a good governance model for the delivery of contemporary transport policy and practice? An examinationof Melbourne and Perth. *Transport Policy*. 19(1):8-16.

Lehtinan, J., Bask, A. H. (2012). Analysis of business models for potential 3 Mode transport corridor. *Journal of Transport Geography*. 22(1):96-108.

Lemoine, O. W., Skjoett-Larsen, T. (2004). Reconfigurations of supply chains and implications for transport: a Danish study. *International Journal of Physical Distribution and Logistics Management*. 34(10):793-810.

Levinson, M. (2006). *The Box: How the Shipping Container Made the World Smaller and the World Economy Bigger*. Princeton: Princeton UP.

Lewis, J., Ritchie, J. (2003). Generalising from qualitative research. In: Ritchie, J., Lewis, J. (eds). *Qualitative Research Practice*. London: Sage, pp. 263-86.

Liedtke, G., Carrillo Murillo, D. G. (2012). Assessment of policy strategies to develop intermodal services: the case of inland terminals in Germany. *Transport Policy*. 24(C):168-78.

Limbourg, S., Jourquin, B. (2009). Optimal rail-road container terminal locations on the European network. *Transportation Research Part E*. 45(4):551-63.

Lipietz, A. (1994). The national and the regional: their autonomy vis-à-vis the capitalist world crisis. In: Palan, R., Gills, B. (eds). *Transcending the State-Global Divide: A Neo-Structuralist Agenda in International Relations*. London: Lynne Reimer, pp. 23-43.

Lösch, A. (1940). *Die Räumliche Ordnung der Wirtschaft (The Economics of Location)*. Trans. W. W. Woglom, W. F. Stolper(1954). New Haven, CT: Yale UP.

Lovering, J. (1999). Theory led by policy: the inadequacies of the 'new regionalism' (illustrated from the case of Wales). *International Journal of Urban and Regional Research*. 23(2):379-95.

Lowe, D. (2005). *Intermodal Freight Transport*. Oxford: Elsevier Butterworth-Heinemann.

Lu, J., Chang, Z. (2013). The construction of seamless supply chain network-development of "dry ports" in China. In: Bergqvist, R., Cullinane, K. P. B., Wilmsmeier, G. (eds). *Dry Ports: A Global Perspective*. London: Ashgate, pp. 155-69.

Macharis, C., Pekin, E. (2009). Assessing policy measures for the stimulation of intermodal transport: a GIS-based policy analysis. *Journal of Transport Geography*. 17(6):500-508.

MacLeod, G. (1997). 'Institutional thickness' and industrial governance in Lowland Scotland. *Area*. 29(4):299-311.

MacLeod, G. (2001). Beyond soft institutionalism: accumulation, regulation and their geographical fixes. *Environment & Planning A*. 33(7):1145-67.

Mangan, J., Lalwani, C., Fynes, B. (2008). Port-centric logistics. *The International Journal of Logistics Management*. 19(1):29-41.

Mangan, J., Lalwani, C., Gardner, B. (2004). Combining quantitative and qualitative methodologies in logistics research. *International Journal of Physical Distribution and Logistics Management*. 34(7):565-78.

Marks, G. (1993). Structural Policy and Multilevel Governance in the EC. In: Cafruny, A., Rosenthal, G. (eds). *The State of the European Community*. Boulder: Lynne Rienner, pp. 391-411.

Markusen, A. (2003). Fuzzy concepts, scanty evidence, policy distance: the case for rigour and policy relevance in critical regional studies. *Regional Studies*. 37(6-7):701-17.

Marsden, G., Rye, T. (2010). The governance of transport and climate change. *Journal of Transport Geography*. 18(6):669-78.

Martí-Henneberg, J. (2013). European integration and national models for railway networks (1840-2010). *Journal of Transport Geography*. 26:126-38.

Martin, C. (2013). Shipping container mobilities, seamless compatibility and the global surface of logistical integration. *Environment & Planning A*. 45(5):1021-36.

Martin, R. (2000). Institutional approaches in economic geography. In: Sheppard, E., Barnes, T. J. (eds). *A Companion to Economic Geography*. Malden: Blackwell, pp. 77-94.

Mason, R., Lalwani, C., Boughton, R. (2007). Combining vertical and horizontal collaboration for transport optimisation. *Supply Chain Management: An International Journal*. 12(3):187-99.

Maturana, H. R. (1994). *Was ist Erkennen?* Munich: Piper.

Maturana, H. R., Varela, F. J. (1980). *Autopoiesis and Cognition*. Dordrecht, Holland: D. Reidel.

McCalla, R. J. (1999). Global change, local pain: intermodal seaport terminals and their service areas. *Journal of Transport Geography*. 7(4):247-54.

McCalla, R. J. (2009). Gateways are more than ports: the Canadian example of cooperation among stakeholders. In: Notteboom, T., Ducruet, D., deLangen, P. (eds). *Ports in Proximity*. Farnham: Ashgate, pp. 115-31.

McCalla, R. J., Slack, B., Comtois, C. (2001). Intermodal freight terminals: locality and industrial linkages. *The Canadian Geographer*. 45(3):404-13.

McCalla, R. J., Slack, B., Comtois, C. (2004). Dealing with globalisation at the regional and local level: the case of contemporary containerization. *The Canadian Geographer*. 48(4):473-87.

McCrary, T. P. (2010). *National Gateway Update*. Jacksonville, FL: CSX.

McKinnon, A. (2009). The present and future land requirements of logistical activities. *Land Use Policy*. 26(S):S293-S301.

McKinnon, A. (2010). *Britain Without Double-deck Lorries*. Edinburgh:Heriot-Watt University.

McKinnon, A., Edwards, J. (2012). Opportunities for improving vehicle utilisation. In: McKinnon, A., Browne, M., Whiteing, A. (eds). *Green Logistics; Improving the Environmental Sustainability of Logistics*. 2nd edn. London:KoganPage, pp. 205-22.

MDS Transmodal Ltd. (2002). *Opportunities for developing sustainable freight facilities in Scotland*. Report prepared for the Scottish Executive. Edinburgh:Scottish Executive.

Mentzner, J. T., Min, S., Bobbitt, L. M. (2004). Toward a unified theory of logistics. *International Journal of Physical Distribution and Logistics Management*. 34(8):606-27.

Merriam, S. B. (1988). *Case Study Research in Education:A Qualitative Approach*. San Francisco: Jossey-Bass.

Meyer, J. W., Rowan, B. (1977). Institutionalized organizations:formal structure as myth and ceremony. *American Journal of Sociology*. 83(2):340-63.

Meyer, J. W., Scott, R. S. (1983). Centralization and the legitimacy problems of local government. In:Meyer, J. W., Scott, R. S. (eds). *Organizational Environments:Ritual and Rationality*. Beverly Hills, CA:Sage, pp. 199-215.

Miles, M. B., Huberman, A. M. (1994). *Qualitative Data Analysis*. Thousand Oaks, CA:Sage.

Min, S., Roath, A. S., Daugherty, P. J., Genchev, S. E., Chen, H., Arndt, A. D., Richey, R. G. (2005). Supply chain collaboration:what's happening? *The International Journal of Logistics Management*. 16(2):237-56.

Moe, T. M. (1990). Political institutions:the neglected side of the story. *Journal of Law, Economics and Organization*. 6(special issue):213-53.

Moglia, F., Sanguineri, M. (2003). Port planning:the need for a new approach? *Maritime Economics & Logistics*. 5(4):413-25.

Monios, J. (2011). The role of inland terminal development in the hinterland access strategies of Spanish ports. *Research in Transportation Economics*. 33(1):59-66.

Monios, J. (2014). Intermodal transport as a regional development strategy:the case of Italian freight villages. *Growth and Change*. In press.

Monios, J., Lambert, B. (2013a). The heartland intermodal corridor:public-private partnerships and the transformation of institutional settings. *Journal of Transport Geography*. 27:36-45.

Monios, J., Lambert, B. (2013b). Intermodal freight corridor development in the United States. In:Bergqvist, R., Cullinane, K. P. B., Wilmsmeier, G. (eds). *Dry Ports:A Global Perspective*. London:Ashgate, pp. 197-218.

Monios, J., Wang, Y. (2013). Spatial and institutional characteristics of inland port development in China. *GeoJournal*. 78(5):897-913.

Monios, J., Wilmsmeier, G. (2012a). Giving a direction to port regionalisation. *Transportation Research Part A:Policy & Practice*. 46(10):1551-61.

Monios, J., Wilmsmeier, G. (2012b). Port-centric logistics, dry ports and offshore logistics hubs: strategies to overcome double peripherality? *Maritime Policy & Management*. 39(2):207-26.

Monios, J., Wilmsmeier, G. (2013). The role of intermodal transport in port regionalisation. *Transport Policy*. 30:161-72.

Näslund, D. (2002). Logistics needs qualitative research - especially action research. *International Journal of Physical Distribution and Logistics Management*. 32(5):321-38.

Nathan Associates. (2011). *Corridor Diagnostic Study of the Northern and Central Corridors of East Africa. Action Plan*. Volume 1: main report. Arusha, Tanzania: East African Community.

National Audit Office. (1996). *Department of Transport: Freight Facilities Grants in England*. London: NAO.

Network Rail. (2007). *Freight Route Utilisation Strategy*. London: Network Rail.

Network Rail. (2011). *Initial Industry Plan (Scotland). Proposals for Control Period* 5. London: Network Rail.

Ng, A. K. Y. (2013). The evolution and research trends of port geography. *The Professional Geographer*. 65(1):65-86.

Ng, K. Y. A., Cetin, I. B. (2012). Locational characteristics of dry ports in developing economies: some lessons from Northern India. *Regional Studies*. 46(6):757-73.

Ng, K. Y. A., Gujar, G. C. (2009a). The spatial characteristics of inland transport hubs: evidences from Southern India. *Journal of Transport Geography*. 17(5):346-56.

Ng, K. Y. A., Gujar, G. C. (2009b). Government policies, efficiency and competitiveness: the case of dry ports in India. *Transport Policy*. 16(5):232-9.

Ng, A. K. Y., Padilha, F., Pallis, A. A. (2013). Institutions, bureaucratic and logistical roles of dry ports: the Brazilian experience. *Journal of Transport Geography*. 27(1):46-55.

Ng, A. K. Y., Pallis, A. A. (2010). Port governance reforms in diversified institutional frameworks: generic solutions, implementation asymmetries. *Environment & Planning A*. 42(9):2147-67.

Ng, A. K. Y, Tongzon, J. L. (2010). The transportation sector of India's economy: dry ports as catalysts for regional development. *Eurasian Geography & Economics*. 51(5):1-14.

North, D. C. (1990). *Institutions, Institutional Change and Economic Performance*. Cambridge: Cambridge University Press.

Notteboom, T. E. (1997). Concentration and load centre development in the European container port system. *Journal of Transport Geography*. 5(2):99-115.

Notteboom, T. E. (2005). The peripheral port challenge in container port systems. In: Leggate, H., McConville, J., Morvillo, A. (eds). *International Maritime Transport: Perspectives*. London: Routledge, pp. 173-88.

Notteboom, T. (2007). The changing face of the terminal operator business: lessons for the regulator. Paper presented at the ACCC Regulatory Conference. Gold Coast, Australia, July 2007.

Notteboom, T. (2008). Bundling of freight flows and hinterland network developments. In: Konings, R., Priemus, H., Nijkamp, P. (eds). *The Future of Intermodal Freight Transport*. Cheltenham: Edward Elgar, pp. 66-88.

Notteboom, T. E. (2010). Concentration and the formation of multi-port gateway regions in the European container port system: an update. *Journal of Transport Geography*. 18(4):567-83.

Notteboom, T., de Langen, P., Jacobs, W. (2013). Institutional plasticity and path dependence in seaports: interactions between institutions, port governance reforms and port authority routines. *Journal of Transport Geography*. 27:26-35.

Notteboom, T. E., Rodrigue, J. (2005). Port regionalization: towards a new phase in port development. *Maritime Policy & Management*. 32(3):297-313.

Notteboom, T. E., Rodrigue, J.-P. (2009a). Inland terminals within North American & European Supply Chains. In: *Transport and Communications Bulletin for Asia and the Pacific No. 78: Development of Dry Ports*. New York: UNESCAP.

Notteboom, T., Rodrigue, J.-P. (2009b). The future of containerization: perspectives from maritime and inland freight distribution. *GeoJournal*. 74(1):7-22.

Notteboom, T., Rodrigue, J.-P. (2012). The corporate geography of global container terminal operators. *Maritime Policy & Management*. 39(3):249-79.

Notteboom, T. E., Winklemans, W. (2001). Structural changes in logistics: how will portauthorities face the challenge? *Maritime Policy & Management*, 28(1):71-89.

O'Laughlin, K. A., Cooper, J. C., Cabocal, E. (1993). *Reconfiguring European Logistics Systems*. Oak Brook: CLM.

Olivier, D., Slack, B. (2006). Rethinking the port. *Environment & Planning A*. 38(8):1409-27.

ORR. (2011). *Rail freight sites - ORR market study*. London: ORR.

ORR. (2012). *National Rail Trends*. Available at: http://www.rail-reg.gov.uk/server/show/nav.1862(Accessed 26 November 2012).

Overman, H. G., Winters, L. A. (2005). The port geography of UK international trade. *Environment & Planning A*. 37(10):1751-68.

Padilha, F., Ng, A. K. Y. (2012). The spatial evolution of dry ports in developing economies: the Brazilian experience. *Maritime Economics & Logistics*. 14(1):99-121.

Pallis, A. A. (2006). Institutional dynamism in EU policy-making: the evolution of the EU maritime safety policy. *Journal of European Integration*. 28(2):137-57.

Panayides, P. M. (2002). Economic organisation of intermodal transport. *Transport Reviews*. 22(4):401-14.

Panayides, P. M. (2006). Maritime logistics and global supply chains: towards a research agenda. *Maritime Economics & Logistics*. 8(1):3-18.

Parkhe, A. (1991). Interfirm diversity, organizational learning, and longevity in global strategic alliances. *Journal of International Business Studies*. 22(4):579-601.

Parola, F., Sciomachen, A. (2009). Modal split evaluation of a maritime container terminal. *Maritime Economics & Logistics.* 11(1):77-97.

Patton, M. Q. (2002). *Qualitative Research and Evaluation Methods.* 3rd edn. Thousand Oaks, CA:Sage.

Peck, J. (2001). Neoliberalizing states:thin policies/hard outcomes. *Progress in Human Geography.* 25(3):445-55.

Pemberton, S. (2000). Institutional governance, scale and transport policy - lessons from Tyne and Wear. *Journal of Transport Geography.* 8(4):295-308.

Perakis, A. N., Denisis, A. (2008). A survey of short sea shipping and its prospects in the USA. *Maritime Policy & Management.* 35(6):591-614.

Peters, N. J., Hofstetter, J. S., Hoffmann, V. H. (2011). Institutional entrepreneurship capabilities for interorganizational sustainable supply chain strategies. *The International Journal of Logistics Management.* 22(1):52-86.

Pettit, S. J., Beresford, A. K. C. (2009). Port development:from gateways to logistics hubs. *Maritime Policy & Management.* 36(3):253-67.

Pettit, S. J., Beresford, A. K. C. (2008). An assessment of long-term United Kingdom port performance:a regional perspective. *Maritime Economics & Logistics.* 10(1):53-74.

Pfohl, H.-C., Buse, H. P. (2000). Inter-organizational logistics systems in flexible production networks. *International Journal of Physical Distribution and Logistics Management.* 30(5):388-408.

Pittman, R. (2004). Chinese railway reform and competition:lessons from the experience in other countries. *Journal of Transport Economics & Policy.* 38(2):309-32.

Pittman, R. (2011). Risk-averse restructuring of freight railways in China. *Utilities Policy.* 19(3):152-60.

Port of Barcelona. (2010). *Annual Report* 2009. Barcelona:Autoridad Portuaria de Barcelona.

PortStrategy. (2012). Maersk calls ports to the table. Port Strategy. 17 October 2011. Available at:http://www.portstrategy.com/news101/products-and-services/ maersk-calls-ports-to-the-table (Accessed 2 September 2013).

Porter, J. (2013). Maersk snubs Panama Canal with shift to Suez. Lloyd's List. 4 March 2013. Available at:http://www.lloydslist.com/ll/sector/ containers/article417648. ece(Accessed 24 August 2013).

Potter, A., Mason, R., Lalwani, C. (2007). Analysis of factory gate pricing in the UK grocery supply chain. *International Journal of Retail and Distribution Management.* 35(10):821-34.

Priemus, H. (1999). On modes, nodes and networks:technological and spatial conditions for a breakthrough towards multimodal terminals and networks of freight transport in Europe. *Transportation Planning and Technology.* 23:83-103.

Priemus, H., Zonneveld, W. (2003). What are corridors and what are the issues? Introduction to special issue:the governance of corridors. *Journal of Transport Geography.* 11(3):167-77.

Proost, S., Dunkerley, F., De Borger, B., Gühneman, A., Koskenoja, P., Mackie, P., Van der Loo, S. (2011). When are subsidies to trans-European network projects justified? *Transportation Research Part A.* 45(3):161-70.

Public Accounts Committee. (1997). *Department of Transport: Freight Facilities Grants in England*, 24th Report. London:PAC.

Puertos del Estado. (2009). *Annuario Estadístico* 2008. Madrid:Puertos del Estado.

Raco, M. (1998). Assessing 'institutional thickness' in the local context:a comparison of Cardiff and Sheffield. *Environment & Planning A.* 30(6):975-96.

Raco, M. (1999). Competition, collaboration and the new industrial districts:examining the institutional turn in local economic development. *Urban Studies.* 36(5-6):951-68.

Racunica, I., Wynter, L. (2005). Optimal location of intermodal freight hubs. *Transportation Research Part B.* 39(5):453-77.

Rafiqui, P. S. (2009). Evolving economic landscapes:why new institutional economics matters for economic geography. *Journal of Economic Geography.* 9(3):329-53.

Rahimi, M., Asef-Vaziri, A., Harrison, R. (2008). An inland port location-allocation model for a regional intermodal goods movement system. *Maritime Economics & Logistics.* 10(4):362-79.

Regmi, M. B., Hanaoka, S. (2012). Assessment of intermodal transport corridors:cases form north-east and central Asia. *Research in Transportation Business & Management.* 5:27-37.

RHA. (2007). *Inhibitors to the Growth of Rail Freight.* Edinburgh:Scottish Executive.

Rhodes, R. A. W. (1994). The hollowing out of the state:the changing nature of the public service in Britain. *The Political Quarterly.* 65(2):138-51.

Richey, R. G., Roath, A. S., Whipple, J. M., Fawcett, S. E. (2010). Exploring a governance theory of supply chain management:barriers and facilitators to integration. *Journal of Business Logistics.* 31(1):237-56.

Rimmer, P. J. (1967). The search for spatial regularities in the development of Australian seaports 1861 - 1961/2. *Geograkiska Annaler.* 49:42-54.

Rimmer, P. J., Comtois, C. (2009). China's container-related dynamics, 1990-2005. *GeoJournal.* 74(1):35-50.

Rinehart, L. M., Eckert, J. A., Handfield, R. B., Page, T. J., Atkin, T. (2004). Structuring supplier-customer relationships. *Journal of Business Logistics.* 25(1):25-62.

Robinson, R. (2002). Ports as elements in value-driven chain systems:the new paradigm. *Maritime Policy & Management.* 29(3):241-55.

Rodrigue, J.-P. (2004). Freight, gateways and mega-urban regions:the logistical integration of the Bostwash corridor. *Tijdschrift voor Economische en Sociale Geografie.* 95(2):147-61.

Rodrigue, J.-P. (2006). Challenging the derived transport-demand thesis:geographical issues in freight distribution. *Environment & Planning A.* 38(8):1449-62.

Rodrigue, J.-P. (2008). The thruport concept and transmodal rail freight distribution in North America. *Journal of Transport Geography.* 16(4):233-46.

Rodrigue, J. -P. (2010). *Rickenbacker Global Logistics Park*, *Columbus*, *Ohio*. Available at: http://people.hofstra.edu/geotrans/eng/ch4en/appl4en/ rickenbacker.html(Accessed 22 February 2011).

Rodrigue, J. -P., Comtois, C., Slack, B. (2013). *The Geography of Transport Systems*. 3rd edn. Abingdon:Routledge.

Rodrigue, J. -P., Debrie, J., Fremont, A., Gouvernal, E. (2010). Functions and actors of inland ports:European and North American dynamics. *Journal of Transport Geography*. 18(4): 519-29.

Rodrigue, J. -P., Notteboom, T. (2009). The terminalisation of supply chains: reassessing the role of terminals in port/hinterland logistical relationships. *Maritime Policy & Management*. 36 (2):165-83.

Rodrigue, J. -P., Notteboom, T. (2010). Comparative North American and European gateway logistics:the regionalism of freight distribution. *Journal of Transport Geography*. 18(4):497-507.

Rodrigue, J. -P., Notteboom, T. (2011). Looking inside the box: evidence from the containerization of commodities and the cold chain. Paper presented at the European Conference on Shipping and Ports, Chios Greece, June 2011.

Rodrigue, J. -P, Wilmsmeier, G. (2013). *The Benefits of Logistics Investments: Opportunities for Latin America and the Caribbean*. Washington DC:Inter-American Development Bank.

Rodríguez-Pose, A. (2013). Do institutions matter for regional development? *Regional Studies*. 47 (7):1034-47.

Rodríguez-Pose, A., Gill, N. (2003). The global trend towards devolution and its implications. *Environment & Planning C*. 21(3):333-51.

Roe, M. (2009). Multi-level and polycentric governance: effective policymaking for shipping. *Maritime Policy & Management*. 36(1):39-56.

Roe, M. (2007). Shipping, policy & multi-level governance. *Maritime Economics & Logistics*. 9 (1):84-103.

Romein, A., Trip, J. J., de vries, J. (2003). The multi-scalar complexity of infrastructure planning: evidence from the Dutch-Flemish megacorridor. *Journal of Transport Geography*. 11(3): 205-13.

Rong, Z., Bouf, D. (2005). How can competition be introduced into Chinese railways? *Transport Policy*. 12(4):345-52.

Roso, V. (2008). Factors influencing implementation of a dry port. *International Journal of Physical Distribution & Logistics Management*. 38(10):782-98.

Roso, V., Lumsden, K. (2010). A review of dry ports. *Maritime Economics & Logistics*. 12(2): 196-213.

Roso, V., Woxenius, J., Lumsden, K. (2009). The dry port concept: connecting container seaports with the hinterland. *Journal of Transport Geography*. 17(5):338-45.

Roson, R., Soriani, S. (2000). Intermodality and the changing role of nodes in transport networks. *Transportation Planning and Technology.* 23:183-97.

RTI. (2000). *Transportation and the Potential for Intermodal Efficiency Enhancements in Western West Virginia.* Report prepared by the Nick J. Rahall Appalachian Transportation Institute on behalf of the Appalachian Regional Commission, the West Virginia DOT and West Virginia Planning and Regional Development Council. Huntington:RTI.

RTI. (2003). *Central Corridor Double-Stack Initiative: Final Report.* Report prepared by the Nick J. Rahall Appalachian Transportation Institute. Huntington:RTI.

Runhaar, H., van der Heijden, R. (2005). Public policy intervention in freight transport costs: effects on printed media logistics in the Netherlands. *Transport Policy.* 12(1):35-46.

Sánchez, R., Wilmsmeier, G. (2010). Contextual Port Development: A Theoretical Approach. In: Coto-Millán, P., Pesquera, M., Castanedo, J. (eds). *Essays on Port Economics.* New York: Springer, pp. 19-44.

Schaetzl, L. (1996). *Wirtschaftsgeographie 1 - Theorie.* 6th edn. Paderborn: UTB.

Schmoltzi, C., Wallenburg, C. M. (2011). Horizontal cooperations between logistics service providers: motives, structure, performance. *International Journal of Physical Distribution and Logistics Management.* 41(6):552-76.

Schober, H. (1991). Irritation und Bestätigung - Die Provokation der systemischen Beratung oder: Wer macht eigentlich die Veränderung? In: Hofmann, M. (ed.). *Theorie und Praxis der Unternehmensberatung.* Heidelberg: Physica, pp. 345-70.

Scott, W. R. (2008). *Institutions and Organizations.* 3rd edn. Los Angeles: Sage.

Scott, W. R., Meyer, J. W. (1983). The organization of societal sectors. In: Meyer, J. W., Scott, W. R. (eds). *Organizational Environments: Ritual and Rationality.* Beverly Hills, CA: Sage, pp. 129-53.

Scottish Government. (2010). *Food and Drink in Scotland: Key Facts* 2010. Edinburgh: Scottish Government.

Seale, C. (1999). *The Quality of Qualitative Research.* London: Sage.

Shaw, J., Sidaway, J. D. (2010). Making links: On(re)engaging with transport and transport geography. *Progress in Human Geography.* 35(4):502-20.

Simatupang, T. M., Sridharan, R. (2005). The collaboration index: a measure for supply chain collaboration. *International Journal of Physical Distribution and Logistics Management.* 35(1): 44-62.

Simons, H. (2009). *Case Study Research in Practice.* London: Sage.

Skjoett-Larsen, T. (2000). Third party logistics - from an interorganizational point of view. *International Journal of Physical Distribution and Logistics Management.* 30(2):112-27.

Slack, B. (1990). Intermodal transportation in North America and the development of inland load centres. *Professional Geographer.* 42(1):72-83.

Slack, B. (1993). Pawns in the game: ports in a global transport system. *Growth and Change.* 24 (4):579-88.

Slack, B. (1999). Satellite terminals: a local solution to hub congestion? *Journal of Transport Geography.* 7(4):241-6.

Slack, B. (2007). The terminalisation of seaports. In: Wang, J., Olivier, D., Notteboom, T., Slack, B. (eds). *Ports, Cities and Global Supply Chains.* Aldershot: Ashgate, pp. 41-50.

Slack, B., Frémont, A. (2005). Transformation of port terminal operations: from the local to the global. *Transport Reviews.* 25(1):117-30.

Slack, B., Vogt, A. (2007). Challenges confronting new traction providers of rail freight in Germany. *Transport Policy.* 14(5):399-409.

Slack, B., Wang, J. J. (2002). The challenge of peripheral ports: an Asian perspective. *GeoJournal.* 56(2):159-66.

Smith, D. L. G., Sparks, L. (2004). Logistics in Tesco: past, present and future. In: Fernie, J., Sparks, L. (eds). *Logistics and Retail Management.* 2nd edn. London: Kogan Page, pp. 101-20.

Smith, D. L. G., Sparks, L. (2009). Tesco's supply chain management. In: Fernie, J., Sparks, L. (eds). *Logistics and Retail Management.* 3rd edn. London: Kogan Page, pp. 143-71.

Song, D.-W., Panayides, P. M. (2008). Global supply chain and port/terminal: integration and competitiveness. *Maritime Policy & Management.* 35(1):73-87.

Spekman R. E., Kamauff, J. W., Myhr, N. (1998). An empirical investigation into supply chain management: a perspective on partnerships. *International Journal of Physical Distribution & Logistics Management.* 28(8):630-50.

SRA. (2004). *Strategic Rail Freight Interchange Policy.* London: SRA.

Stake, R. E. (1995). *The Art of Case Study Research.* Thousand Oaks, CA: Sage.

Stank, T. P., Keller, S. B., Daugherty, P. J. (2001). Supply chain collaboration and logistical service performance. *Journal of Business Logistics.* 22(1):29-48.

Steinberg P. (2001). *The Social Construction of the Ocean.* Cambridge: Cambridge University Press.

Stone, J. I. (2001). *Infrastructure Development in Landlocked and Transit Developing Countries: Foreign Aid, Private Investment and the Transport Cost Burden of Landlocked Developing Countries.* UNCTAD\LDC\112. Geneva: UNCTAD.

Storper, M. (1997). *The Regional World: Territorial Development in a Global Economy.* New York: Guilford Press.

Stough, R. R., Rietveld, P. (1997). Institutional issues in transport systems. *Journal of Transport Geography.* 5(3):207-14.

Strambach, S. (2010). Path dependency and path plasticity: the co-evolution of institutions and innovation - the German customized business software industry. In: Boschma, R., Martin, R. (eds). *Handbook of Evolutionary Economic Geography.* Cheltenham, Edward Elgar, pp. 406-31.

Suchman, M. C. (1995). Managing legitimacy: strategic and institutional approaches. *Academy of*

Management Review. 20(3):571-610.

Swyngedouw, E. (1992). Territorial organization and the space/technology nexus. *Transactions of the Institute of British Geographers*. 17(4):417-33.

Swyngedouw, E. (1997). Neither global nor local:'Glocalisation' and the politics of scale. In: Cox, K. (ed.). *Spaces of Globalization*. New York:Guildford, pp. 137-66.

Swyngedouw, E. (2000). Authoritarian governance, power and the politics of rescaling. *Environment & Planning D*. 18(1):63-76.

Taaffe, E. J., Morrill, R. L., Gould, P. R. (1963). Transport expansion in underdeveloped countries:a comparative analysis. *Geographical Review*. 53:503-29.

Talley, W. K. (2009). *Port Economics*. Abingdon:Routledge.

Todeva, E., Knoke, D. (2005). Strategic alliances and models of collaboration. *Management Decision*. 43(1):123-48.

Towill, D. R. (2005). A perspective on UK supermarket pressures on the supply chain. *European Management Journal*. 23(4):426-38.

Trip, J., Bontekoning, Y. (2002). Integration of small freight flows in the intermodal transport system. *Journal of Transport Geography*. 10(3):221-9.

Tsamboulas, D. A., Kapros, S. (2003). Freight village evaluation under uncertainty with public and private financing. *Transport Policy*. 10(2):141-56.

Tsamboulas, D., Vrenken, H., Lekka, A.-M. (2007). Assessment of a transport policy potential for intermodal mode shift on a European scale. *Transportation Research Part A*. 41(8):715-33.

UIR. (2009). *Il Disegno Dell' interportualita Italiana*. Milan:FrancoAngeli.

UNCTAD. (1982). *Multimodal Transport and Containerization*. TD/B/C. 4/238/ supplement 1, Part Five:Ports and Container Depots. Geneva:UNCTAD.

UNCTAD. (1992). *Development and Improvement of Ports:the Principles of Modern Port Management and Organisation*. Geneva:UNCTAD.

UNCTAD. (2004). *Assessment of a Seaport Land Interface:an Analytical Framework*. Geneva:UNCTAD.

UNCTAD. (2013). *The Way to the Ocean; Transit Corridors Servicing the Trade of Landlocked Developing Countries*. Geneva:UNCTAD.

UNESCAP. (2006). *Cross-Cutting Issues for Managing Globalization Related to Trade and Transport:Promoting Dry Ports as a Means of Sharing the Benefits of Globalization with Inland Locations*. Bangkok, Thailand:UNESCAP.

UNESCAP. (2008). *Policy Framework for the Development of Intermodal Interfaces as Part of an Integrated Transport Network in Asia*. Bangkok, Thailand:UNESCAP.

Van de Voorde, E., Vanelslander, T. (2009). *Market power and vertical and horizontal integration in the maritime shipping and port industry*. JTRC OECD/ITF Discussion Paper 2009-2. Paris:ITF.

Van den Berg, R., de Langen, P. W. (2011). Hinterland strategies of port authorities: a case study of the Port of Barcelona. *Research in Transportation Economics*. 33:6-14.

Van den Berg, R., De Langen, P. W., Costa, C. R. (2012). The role of port authorities in new intermodal service development: the case of Barcelona Port Authority. *Research in Transportation Business & Management*. 5:78-84.

Van der Horst, M. R., Van der Lugt, L. M. (2009). Coordination in railway hinterland chains: an institutional analysis. Paper presented at the annual conference of the International Association of Maritime Economists (IAME), Copenhagen, June 2009.

Van der Horst, M. R., De Langen, P. W. (2008). Coordination in hinterland transport-chains: a major challenge for the seaport community. *Maritime Economics & Logistics*. 10(1-2):108-29.

Van der Horst, M. R., Van der Lugt, L. M. (2011). Coordination mechanisms in improving hinterland accessibility: empirical analysis in the port of Rotterdam. *Maritime Policy & Management*. 38(4):415-35.

Van Ham, H., Rijsenbrij, J. (2012). *Development of Containerization: Success Through Vision, Drive and Technology*. Amsterdam: IOS Press.

Van Ierland, E., Graveland, C., Huiberts, R. (2000). An environmental economic analysis of the new rail link to European main port Rotterdam. *Transportation Research Part D*. 5(3):197-209.

Van Klink, H. A. (1998). The port network as a new stage in port development: the case of Rotterdam. *Environment and Planning A*. 30(1):143-60.

Van Klink, H. A. (2000). Optimisation of land access to sea ports. In: *Land Access to Sea Ports*, European Conference of Ministers of Transport. Paris, December 1998, pp. 121-41.

van Klink, H. A., van den Berg, G. C. (1998). Gateways & Intermodalism. *Journal of Transport Geography*. 6(1):1-9.

Van Schijndel, W. J., Dinwoodie, J. (2000). Congestion and multimodal transport: a survey of cargo transport operators in the Netherlands. *Transport Policy*. 7(4):231-41.

Van Schuylenburg, M., Borsodi, L. (2010). Container transferium: an innovative logistic concept. Available at: http://www.citg.tudelft.nl/fileadmin/Faculteit/CiTG/Over_de_faculteit/Afdelingen/Afdeling_Waterbouwkunde/sectie_waterbouwkunde/chairs/ports_and_waterway/Port_Seminar_2010/Papers_and_presentations/doc/Paper_Schuylenburg_-_Container_Transferium_Port_Seminar__2_.pdf (Accessed 9 April 2013).

Veenstra, A., Zuidwijk, R., Van Asperen, E. (2012). The extended gate concept for container terminals: expanding the notion of dry ports. *Maritime Economics and Logistics*. 14(1):14-32.

Verhoeven, P. (2009). European ports policy: meeting contemporary governance challenges. *Maritime Policy & Management*. 36(1):79-101.

Verhoeven, P., Vanoutrive, T. (2012). A quantitative analysis of European port governance. *Maritime Economics & Logistics*. 14(2):178-203.

Von Thünen, J. H. (1826). *Der Isolierte Staat (The Isolated State)*. Trans. C. M. Wartenberg (1966). Oxford: Pergamon.

Wackett, M. (2013). Carriers rethink one-stop-shop strategy. Lloyd's List. 22 August 2013. Available at: http://www.lloydslist.com/ll/sector/containers/article428237.ece (Accessed 3 September 2013).

Wang, C.; Ducruet, C. (2012). New port development and global city making: emergence of the Shanghai-Yangshan multi-layered gateway hub. *Journal of Transport Geography*. 25:58-69.

Wang, J. J., Ng, A. K. Y., Olivier, D. (2004). Port governance in China: a review of policies in an era of internationalizing port management practices. *Transport Policy*. 11(3):237-50.

Wang, J., Olivier, D., Notteboom, T., Slack, B. (eds). (2007). *Ports, Cities and Global Supply Chains*. Aldershot: Ashgate.

Wang, J. J., Slack, B. (2004). Regional governance of port development in China: a case study of Shanghai International Shipping Centre. *Maritime Policy & Management*. 31(4):357-73.

Wang, K., Ng, A. K. Y., Lam, J. S. L., Fu, X. (2012). Cooperation or competition? Factors and conditions affecting regional port governance in South China. *Maritime Economics & Logistics*. 14(3):386-408.

Wathne, K. H., Heide, J. B. (2000). Opportunism in interfirm relationships: forms, outcomes, and solutions. *Journal of Marketing*. 64(4):36-51.

Weber, A. (1909). *Über den Standort der Industrien (Theory of the Location of Industries)*. Trans. C. J. Friedrich (1929). Chicago: The University of Chicago Press.

Wernerfelt, B. (1984). A resource-based view of the firm. *Strategic Management Journal*. 5(2): 171-80.

Whipple, J. M., Frankel, R. (2000). Strategic alliance success factors. *The Journal of Supply Chain Management*. 36(3):21-8.

Whipple, J. M., Russell, D. (2007). Building supply chain collaboration: a typology of collaborative approaches. *The International Journal of Logistics Management*. 18(2):174-96.

Wiegmans, B. W., Masurel, E., Nijkamp, P. (1999). Intermodal freight terminals: an analysis of the terminal market. *Transportation Planning & Technology*. 23(2):105-28.

Wilding, R., Humphries, A. S. (2006). Understanding collaborative supply chain relationships through the application of the Williamson organisational failure framework. *International Journal of Physical Distribution and Logistics Management*. 36(4):309-29.

Williamson, O. E. (1975). *Markets and Hierarchies: Analysis and Antitrust Implications*. New York: The Free Press.

Williamson, O. E. (1985). *The Economic Institutions of Capitalism*. New York: The Free Press.

Wilmsmeier, G., Monios, J. (2013). Counterbalancing peripherality and concentration: an analysis of the UK container port system. *Maritime Policy & Management*. 40(2):116-32.

Wilmsmeier, G., Monios, J., Lambert, B. (2010). Observations on the regulation of "dry ports" by national governments. Paper presented at the annual conference of the International Association of Maritime Economists (IAME), Lisbon, July 2010.

Wilmsmeier, G., Monios, J., Lambert, B. (2011). The directional development of intermodal freight corridors in relation to inland terminals. *Journal of Transport Geography*. 19（6）: 1379-86.

Wilmsmeier, G., Monios, J., Perez, G. (2013). Port system evolution - the case of Latin America and the Caribbean. Paper presented at the annual conference of the International Association of Maritime Economists(IAME). Marseille, France, July 2013.

Wilmsmeier, G., Notteboom, T. (2011). Determinants of liner shipping network configuration: a two-region comparison. *GeoJournal*. 76(3):213-28.

Woo, S.-H., Pettit, S. J., Kwak, D.-W., Beresford, A. K. C. (2011a). Seaport research: a structured literature review on methodological issues since the 1980s. *Transportation Research Part A*. 45(7):667-85.

Woo, S.-H., Pettit, S., Beresford, A. K. C. (2011b). Port evolution and performance in changing logistics environments. *Maritime Economics & Logistics*. 13(3):250-77.

Woodburn, A. (2003). A logistical perspective on the potential formodal shift of freight from road to rail in Great Britain. *International Journal of Transport Management*. 1(4):237-45.

Woodburn, A. (2007). Evaluation of rail freight facilities grants funding in Britain. *Transport Reviews*. 27(3):311-26.

Woodburn, A. (2008). Intermodal rail freight in Britain: a terminal problem? *Planning, Practice & Research*. 23(3):441-60.

Woodburn, A. (2011). An investigation of container train service provision and load factors in Great Britain. *European Journal of Transport and Infrastructure Research*. 11(2):147-65.

Woodburn, A. (2012). Intermodal rail freight activity in Britain: where has the growth come from? *Research in Transportation Business & Management*. 5:16-26.

World Bank. (2001). *Port Reform Toolkit*. Washington DC: World Bank.

World Bank. (2007). *Port Reform Toolkit*. 2nd edn. Washington DC: World Bank.

Woxenius, J., Bärthel, F. (2008). Intermodal road-rail transport in the European Union. In: Konings, R., Priemus, H., Nijkamp, P. (eds). *The Future of Intermodal Freight Transport*. Cheltenham: Edward Elgar, pp. 13-33.

Woxenius, J., Bergqvist, R. (2011). Comparing maritime containers and semi trailers in the context of hinterland transport by rail. *Journal of Transport Geography*. 19(4):680-88.

WSP. (2006). *Scottish Freight Strategy Scoping Study*. Report prepared for the Scottish Executive. Edinburgh: Scottish Executive.

Wu, J. H., Nash, C. (2000). Railway reform in China. *Transport Reviews*. 29(1):25-48.

Xie, R., Chen, H., Nash, C. (2002). Migration of railway freight transport from command economy to market economy: the case of China. *Transport Reviews*. 22(2):159-77.

Yin, R. (2009). *Case Study Research*. Thousand Oaks, CA: Sage.

Yin, R. (2012). *Applications of Case Study Research*. Thousand Oaks, CA: Sage.

Zacharia, Z. G., Sanders, N. R., Nix, N. W. (2011). The emerging role of the third-party logistics provider(3PL) as an orchestrator. *Journal of Business Logistics*. 32(1):40-54.